정치경제학

김성수

Political

ECONOMY

박영사

서문

이 책은 정치경제학을 어떻게 하면 쉽게 이해할 수 있을까에 초점을 맞추어 집필하였다. 정치와 경제의 상호작용에 초점을 맞춰 주요 학자들의 쟁점과 흐름을 역사적으로 고찰하였나.

'정치경제학'이라는 용어는 언제부터 사용되었을까? 1760년대 리카도(Ricardo) 등으로 상징되는 영국 고전학파가 가장 먼저 사용한 학문 분과의 명칭이다. 후에 아담 스미스(Smith)의 『국부론(An Inquiry into the Nature and Causes of the Wealth of Nations)』에서 정치경제학을 구체적으로 다룬다. 정치경제학은 본래 자본주의 경제 발전을 위한 국가 개입 또는 자본주의 발전이 요구하는 국가의 역할을 다룬 학문으로 '경제학'의 모태라고 볼 수 있다. 정치가 제도와 권력의 작동 양식으로 경제학의 화려한 수식 모형으로 풀지 못하는 경제적인 문제들의 원인을 찾아 합의점을 찾아 나가기 때문이다. 비록 마르크스(Marx)는 『정치경제학 비판(A Contribution to the Critique of Political Economy)』을 통해 자본주의 지배계급과 질서 유지에 기여하는 국가를 상정하면서 정치경제학을 비판했지만, 정치경제학의 근본 취지는 경제와 정치의 밀접한 관계에 주목하여 자본주의와 민주주의의 상호보안적 발전을 모색하는 것이다. 더불어 정치경제학의 역사는 보다 살기 좋고 질서 잡힌 상생의 공동체를 향한 학문적 노력이었다는 점도 분명하다.

역사적 흐름 속에서 학자에 따른 서로 다른 관점을 확인할 수 있다. 정치에 대한 정의와 역할이 상이하였고, 민주주의를 바라보는 시각도 서로 다르고 대립적이었으며, 때로는 양립 불가능한 측면도 있다는 사실을 발견해 온 것이 정치경제학의 흐름이다. 고전적으로 정치에 대한 개념은 현실적으로 아주 제한된 사회적 가치들–부, 지위, 명예, 기회 등–에 대한 경쟁과 권위적인 배분으로 정의되었다. 정치는 희소한 자원을 둘러싼 '게임의 규칙(the rules of the game)'을 결정하고 관리하는 것이며 개인과 집단들 사이의 갈등을 조정하고 통합하는 기술로서 규정된다. 그러나 정치에 대한 이와 같은 정의에는 현실적인 설명력은 있으나 정치를 지나치게 협소하게 규정한다는 비판도 만만치 않다. 예컨대, 아리스토텔레스 이래로 중요한 흐름 중 하나는 정치가 단순히 개인의 부, 명예, 이익 등의 가치를 추구하는 수단으로써뿐만 아니라 공동체의 다양한 의사결정에 적극적으로 참여함으로써 자신의 도덕과 인간성, 자유와 능력의 잠재력을 최대한 발휘하고 함양할 수 있는 근본적인 가치 또한 갖고 있다는 주장이었다. 정치는 수단으로써뿐만 아니라 그 자체로도 가치를 갖는다는 것이다. 이런 맥락에서 자본주의와 민주주의의 관계를 어떻게 설정하느냐가 정치경제학뿐만 아니라 정치 발전에 있어서도 매우 중요한 과제가 된다.

플라톤(Plato), 아리스토텔레스(Aristotle)의 고전에서 시작하여, 사회계약론자이자 근대적 자유주의자들인 홉스(Hobbes), 로크(Locke), 루소(Rousseau) 그리고 벤담(Bentham)과 밀(Mill) 등의 공리주의자, 미국 건국의 아버지들(Founding Fathers)인 해밀턴(Hamilton), 제퍼슨(Jefferson) 등을 거쳐 현대 정치경제학에서 자유시장을 우선시하는 하이예크(Hayek), 프리드먼(Friedman), 노직(Nozik)을 통과하여 국가 개입을 통한 시장과 민주주의의 균형점을 주장하는 마셜(Marshall), 케인스(Keynes), 롤스(Rawls) 등, 그리고 시장에서 파생되는 불평등으로 고통받는 개인의 자유를 보장하는 민주주의가 우선되어야 한다는 주장을 고수하는 누스바움(Nusbaum), 샌델(Sandel) 등의 주장들이 존재한다.

이들 모두에게 정치의 중요한 구성 요소로서 국가의 역할 또한 대단히 논쟁적인 주제이다. 국가는 정치 행위의 독립변수이자 종속변수의 역할을 수행하기 때문이다. 이 주제는 정치철학적으로 개인의 자유를 주요시하는 우파 자유주의와 공공선을 중요시하는 좌파 자유주의 혹은 절대적 가치를 주요시하는 급진적인 정치경제학의 논쟁과도 깊은 관련이 있다. 우파 자유주의는 사회계약설에 기반하여 '국가의 능력을 제한하여 개인의 자유를 보장하고 그들의 권리가 침해받지 않게 질서를 유지하는 것'이라고 강조한다. 이에 비해 좌파 자유주의는 다수의 권리, 즉 '평등이나 유대감, 혹은 공공선과 같은 특정한 가치를 함양하는 국가의 모습'을 지향한다. 우파 자유주의가 시장자본주의와 개인의 능력, 경쟁 등을 배타적으로 강조하고 있다면 좌파 자유주의는 공공선의 중요성을 강조하기 때문에 개 개인의 덕성 함양과 복지 등을 강조하고 있는 것이다. 이것은 근본적으로 국가의 존재 목적과도 깊이 연관된다. 어떻게 정의로운 공동체를 구성하고 유지하기 위해 노력할 것이냐의 문제가 바로 국가의 가장 중요한 역할이기 때문이다. 이는 민주주의를 절차의 문제로 보느냐, 실질적인 참여의 평등으로 보느냐, 결과의 평등으로 보느냐의 문제와도 긴밀하게 연관되어 있다.

과거부터 정치경제학의 일관된 흐름을 살펴보면 결국 '경제성장 및 부의 분배와 정치권력의 균형과 조화를 어떤 수준에서 어떻게 달성하는가가 오랜 과제였다'는 것을 발견하게 된다. 즉, '지금 여기'의 문제는 이미 기원전 플라톤부터 고민하고 해결하려고 했던 인류의 공통된 과제이기도 했다는 것이다. 대표적으로, 아리스토텔레스는 경제적 부의 문제는 정치적 독립성과 밀접한 연관을 가지기 때문에 시민적 덕성은 단지 정치적 제도나 교육만이 아니라 경제적 조건에 의해서도 영향을 받는다고 강조했다. 아리스토텔레스는 경제적 불평등의 조건은 제한되어야 하고 광범위한 중산층이 중요한 정치적 공동체의 중추가 되어야 한다고 보았다. 이를 위해 토지 소유에서 일정한 한도의 제한을 부여하고 가난한 이들의 독립을 보장할 수 있도록 고용을 활성화하고 토지를 부여해야 한다고 주장하기도 하였다. 이러한 아리스토텔레스의 주장은 재산 역시 사적 소유뿐만 아니라 어느 정도의 선에서는 공공선의 관점에서 다스려져야 함을 의미한다. 이 원칙은 공화주의, 사회주의 및 현대의 민주주의자들에게 근본적이고 지속적인 영향을 미치고 있다. 부의 불평등을 당연한 것으로 간주했던 고전적 자유주의자들 역시 부의 격차가 국가의 치명적인 위험이 된다는 경고를 이해하고 대응하면서 시장과 정치, 자본주의와 민주주의 관계에 대한 다양한 입장들이 발전해 온 것이다.

미국 건국에 영향을 미친 해링턴(Harrington) 역시 아리스토텔레스의 영향을 받아 극심한 경제적 불평등은 자유로운 공화국에 암적인 요소임을 강조하면서 적절한 규모의 소유를 통해 독립성을 구가할 수 있는 중산층 계급의 중요성을 강조했다. 특히 해링턴은 역작 『오세아나 공화국(The Commonwealth of Oceana)』에서 다수 국민이 공평한 토지 소유로 인해 진정한 주권자가 되는 공화국은 재산의 균형 위에 수립됨으로써 안전하고 완전한 공화국이 될 것이며 이와 함께 직접민주적인 아이디어, 즉 공직의 순환적 교체의 중요성을 강조했다. 17세기 초의 이러한 고민과 이상적인 원리들은 지금 우리가 살고 있는 시대에도 여전히 빛을 발하는 고전적인 혜안이 될 수 있다. 이런 고전의 힘을 재해석하고 현대화시켜 현대 정치경제학의 발전뿐만 아니라 이 시대의 과제를 해결하는 데 기여할 수 있을까 하는 작은 소망으로 이 책을 집필하였다. 그렇기 때문에 플라톤, 아리스토텔레스라는 고전 사상가에서 논의를 출발하는 이유이기도 하다.

현대 다수의 국가는 민주주의를 정치체제로 자본주의를 경제제도로 채택한다. 그 이유는 역사적으로 증명된 조합이며 지속가능한 성장을 위한 최선의 조합이기 때문이다. 그런데 증명된 조합에 긴장이 존재한다면 조합의 방식에 문제가 존재하기 때문인 것 아닐까? 시장중심 자본주의의 강화에 따른 불평등 속에서 발생하는 자유와 권리 간의 부조화인 '자본주의와 민주주의 긴장'이다. 우리는 긴장 속에서 최선의 선택을 찾아 나가고 있지만 간과하는 점이 있다. 바로 자유주의를 가치 중립적으로 이해해야 한다는 것이다. 자유주의는 봉건제를 능력 기반의 소유권을 보장하는 자본주의와 권력을 국민의 손으로 돌려주는 민주주의의 등장에 기반이 되었다. 하지만 현재 우리 사회는 자유주의를 민주주의와 자본주의 각각의 필요에 따라 해석하고 적용하고 있다. 자본주의는 개인의 자유와 권리만을 강조하고 민주주의는 다수의 권리(평등의 원리)만을 강조하는 오류를 범하고 있다. 우리는 두 체제가 자유주의에 기반하여 자유로운 경제활동과 사유재산 그리고 정치참여를 강조하면서, 법의 지배(rule of law)를 존중하기 때문에 자본주의 시장의 예측가능성과 민주적 의사결정 과정의 공정성을 담보한다는 점을 이해해야 한다. 그렇기 때문에 자유주의 가치에 기반이 되는 개인의 자유와 권리 그리고 절차적으로 인정되는 다수의 권리를 통해 자본주의는 자원의 효율적 배분 방식을 만들어 내며, 민주주의는 사회적 결정의 방식을 제시하는 조화를 찾아야 한다.

이 책은 기존에 출간했던 『자본주의와 민주주의: 상생의 정치경제학을 위하여』의 학자들의 주장과 골격을 유지하면서 분석수준을 달리하여 전반적으로 수정하였다. 책을 쓰는 것을 작은 조각들을 모으는 과정과 같다. 에티오피아 속담에 이런 말이 있다. "단 한 조각의 나무는 연기만 낼 뿐 불을 낼 수는 없다." 완전하지는 않더라도 정치와 경제, 민주주의와 자본주의 관계를 중심으로 고대부터 현대까지의 쟁점과 흐름들을 하나하나 정리하고 비판적으로 재구성한 책으로서, 사회적 논쟁의 거센 바람 속에서도 중용의 가치를 찾아가는 꺼지지 않은 불씨를 틔울 수 있는 기회가 되었으면 한다. 물론 이 책이 모든 사상가와 쟁점을 다루고 있지는 않지만 자본주의와 민주주의의 병행 발전을 고민하는 모든 분들께 유용한 나침판이 될 것으로 믿는다. 개인적으로는 우리 사회의 정치적 집단주의와 양극화의 심화로 고통받는 공동체의 발전에 이론적인 도움뿐만 아니라 무엇보다도 현실적인 도움이 될 수 있기를 간절히 바라는 바이다.

책이 나오기까지 많은 분들의 관심과 도움이 있었다. 특별히, 경제학 전문지식을 전달해 준 서울 시립대 송헌재 교수, 인문학적 소양을 담아 준 한양대학교 미래문화융합연구센터의 임지훈 교수와 정보영 교수에게 감사함을 표하며 잊지 않을 것을 약속한다. 그리고 쉽지 않은 상황에서 출판을 추진해 준 안종만 회장님, 임재무 전무님과 최동인 대리님 그리고 예쁘게 편집을 해 주신 이수연 대리님께 감사드린다.

항상 글을 마무리할 때 생각나는 우리 아내와 아들 용권 그리고 두 분의 아버지가 계시다. 두 분을 보낸 지도 여러 해가 지났지만 생전의 모습과 말씀은 시간의 흐름 속에도 강하게 찾아온다. 조금 더 함께하는 시간이 있었다면 하는 아쉬움이 너무나도 많이 남는다. 책 서두에 두 분 아버지에 대한 이름이라도 올리는 것이 자식 된 뒤늦은 도리인가 싶다. 감사합니다. 그리고 보고 싶습니다.

2025년 7월

차례

I.

정치경제학의 탄생과 사유의 기원

I. 정치경제학의 탄생과 사유의 기원

1 고전적 인간관: 플라톤(Plato)과 아리스토텔레스(Aristotle)

1) 진정한 시민의 자격

역사적 문화적 맥락에 따라 다를 수는 있지만, 오늘날 다수 국가의 정치와 경제의 상호관계 속에서 발생하는 문제들은 민주주의(Democracy)와 자본주의(Capitalism)의 상관관계와 관련된다. 특히 정치와 경제, 민주주의와 자본주의의 관계에 있어 어떤 영역이 더욱 근본적이며 우선시되는가, 서로 어떤 상호적 영향을 주고받는가, 양자의 바람직한 관계는 어떠해야 하는가 등의 의제는 현대 정치경제적 문제의 핵심이라고 할 수 있다. 이 문제를 어떻게 인식하고 어떤 해결 방향과 방안을 모색하고 제시하느냐에 따라 한 국가의 미래가 달라질 수 있기 때문이다.

사실 민주주의와 자본주의 모두 16세기 이후 근대에 들어와서 형성되고 정착된 제도들이기 때문에 대부분의 정치·경제학 문헌들은 아담 스미스(Adam Smith)의 국부론에서부터 출발하거나 좀 더 거슬러 올라가 중상주의와 중농주의자들의 논의에서 시작하는 것이 일반적이다. 그러나 비록 현대 민주주의와 자본주의 제도가 모두 근대적 발전의 산물이라 할지라도 민주주의라는 개념은 고대 그리스에서 이미 형성되었으며 시장 원리와 부의 분배라는 자본주의의 원형적 개념역시 인류의 역사만큼 오래되었다는 점에 주목할 필요가 있다. 민주주의는 그리스 아테네 이후로 사라지고 나서 근대 이전까지 공식적인 통치 이념으로는 등장하지 않았지만, 로마를 거쳐 중세 시대에도 정치적 정당성과 제도의 근원적인 원리 및 개념으로 영향력을 미쳤다. 또한 민주주의와 자본주의 이념을 정립한 많은 사상가들 역시 고대의 위대한 철학자인 플라톤과 아리스토텔레스로부터 근원적인 영감과 영향을 받았다. 따라서 오늘날 민주주의와 자본주의의 관계, 즉 정치경제학을 역사적으로 이해하기 위해서는 고대 그리스 도시국가(Polis) 시기의 정치경제적 상황과 플라톤·아리스토텔레스의 시대 인식과 대안을 이해하는 것에서 시작할 필요가 있다.

물론 차이는 있다. 무엇보다 돈과 경제활동에 대한 인식 자체가 오늘날과 매우 달랐다. 현대 자본주의 시대에 가장 많은 영향력을 행사하는 집단은 기업과 기업을 이끄는 최고경영자들(CEO 혹은 자본가)이다. 그러나 고대·중세 시기에는 오늘날 자본가와 경제적으로 비슷한 의미에서 상업 혹은 상업에 종사하는 사람들이 높은 사회적 지위와 좋은 평판을 얻기 힘들었다. 고대 그리스의 계급 질서에서 상인들은 공식적으로 진정한 시민의 범주에서 배제되었다. 고대 그리스에서는 다음과 같이 계급을 위계적으로 설정하였다. 최상위에는 정치·경제적으로 참정권과 자주권을 보유한 토지소유자로서의 진정한 시민이 있었다. 그 아래의 직접적인 금전적 이익을 추구하는 상인은 외국인 거주자와 함께 경제적으로는 자주권을 보유했지만 정치적 참정권은 인정받지 못하는 계급으로 분류되었다. 외국인과 여성, 어린이를 제외한다면 상인들은 국내인이자 성인으로서 시민의 자격을 인정받지 못했던 것이다. 가장 아래 계급에는 노예 계층이 있었는데, 이들은 정치·경제적 자주권을 모두 인정받지 못하였다. 고대 그리스인에게 토지의 소유자인 시민이 된다는 것은 공동체의 정치적 주체로 인정받는다는 의미이기에 굉장히 명예로운 일이었다. 반면 상업적 이윤을 추구하는 상인은 공동체의 의사결정에 참여할 수 있는 자격을 인정받지 못하는 계급이었다. 흥미로운 사실은 상업과 상인에 대한 고대 동양의 인식도 이와 유사했다는 점이다. 동시대의 우리나라와 중국 역시도 상인 계층은 상대적으로 낮은 사회적 지위였다. 때문에 부유한 상인의 자식들은 부모처럼 상업에 종사하는 것보다 과거시험에 합격해서 정부 관료로 출세하는 것을 갈망했다. 상업과 상인 계층의 사회적 지위에 대한 공공연한 평가절하와 비판은 현대까지 이어지는 정치경제 사상의 흐름과 맥락을 이해하는 데 중요한 지점이다.

플라톤과 아리스토텔레스도 당대의 일반적인 사고와 마찬가지로 상업에 대해 비판적인 입장을 취했다. 이는 상업 및 경제적 이윤 추구를 긍정적으로 바라본 홉스나 로크 같은 17세기 사상가들과는 확실히 다른 입장이었다. 플라톤과 아리스토텔레스는 정치공동체, 즉 도시국가의 경제적 기초를 제공하는 농업과 토지를 중요한 정치적 토대로 간주하였다. 농업은 신체적 노력의 대가로 결실을 내기에, 유통과정에서 이윤을 챙기는 상업과 달리 중요성을 인정받고 우호적으로 인식되었다. 이런 대조는 플라톤과 아리스토텔레스로부터 유래한 정치·경제학 사상을 이해하는 중요한 토대가 된다. 그렇다면 상업에 대한 상이한 시각 및 정치·경제 사상의 차이는 어디에서 출발한 것일까? 이 질문에 대답하기 위해서는 우선 플라톤·아리스토텔레스의 사상과 근대이론가의 사상 사이에 존재하는 이론의 간극을 살펴볼 필요가 있다.

2) 인간의 정치·사회적 본성

우선 인간 존재와 본성에 대한 가정이 달랐다. 플라톤과 아리스토텔레스에게 인간이란 태생적으로 사회적이며 정치적인 동물이었다. 플라톤과 아리스토텔레스의 인간관은 존재론적으로 두 가지 의미를 가진다. 첫째, 각각의 사람들은 자신들이 속한 사회적 환경과 정치적 실천으로부터 자유로울 수 없다. 때문에 어떤 사회 속에서 살고 있는가에 따라 그의 태도와 가치, 행동이 달라진다고 보았다. 예를 들어, 학자는 자신이 속한 학문공동체나 대학이라는 '사회'로부터 자유로울 수 없다. 반면 아이돌은 학계와는 무관한 삶을 영위할 수는 있다. 그러나 이것이 곧 아이돌이 사회적으로 독립적인 존재임을 의미하는 것은 아니다. 아이돌도 연예계라는 '사회'로부터 자유로울 수 없기 때문이다. 즉, 학자와 아이돌은 서로 다른 모양의 삶을 살아가지만, 자신이 속한 사회에 구속된다는 점에서는 다르지 않다.

그러므로 플라톤, 아리스토텔레스의 관점에서 인간의 사회적, 정치적인 본성을 부정하거나 간과하는 이론적 가정은 필연적으로 잘못된 결론에 도달하게 된다. 그것은 잘못된 가정에서 출발하였기 때문에 당연히 현실과 괴리된 대안으로 귀결된다고 보기 때문이다. 플라톤과 아리스토텔레스의 가정에 담긴 중요한 함축은 '관계성'을 강조한다는 점이다. 이들은 인간이 특정한 사회 속의 공적인 삶을 살아가는 과정에서 필연적으로 다른 인간들과 맺게 되는 관계와 그러한 관계의 특징이 그들의 인간성에 근본적인 영향을 미친다고 말한다. 각각의 인간이 맺고 있는 관계가 사회적 유대감의 기반이 되어 그들의 사고와 행동, 성향 등에 큰 영향을 미치게 된다는 시각이다.

이 문제는 좀 더 자세히 살펴볼 필요가 있다. 인간의 사회적 본성에 대한 논의는 두 가지의 극단적 관점을 대비시킬 수 있다. 먼저, 홉스

(Thomas Hobbes)식의 인간관과 유사하게 인간은 전혀 정치적이지도 사회적이지도 않다는 입장이 있다. 홉스는 사회 속의 인간을 분리된 마침표들같이 고립된 개인들로 보았다. 이들이 다른 사람과 맺는 유일한 관계는 "교환을 통한 이익의 거래와 상호 착취의 관계 혹은 전쟁"이라고 보았는데 이러한 관점은 인간을 완전히 고립된 은둔자 이미지로 설정하며 상호간에 절연된 개인으로 보게 한다. 인간은 완전히 고립되어 있으며, 정치적·사회적·제도적으로 뿐만 아니라 정서적으로도 다른 인간과 전혀 연결되어 있지 않다. 때문에 19세기에 마르크스(Karl Marx)는 이런 인간관의 전형을 비판하였다.

이러한 관점과 정반대인 입장은 개개인은 오직 국가에 기반할 때만 진정한 인간이 될 수 있다는 입장이다. 개별적인 존재로서의 인간은 국가로부터 분리된다면 의미 없는 존재에 불과하다. 국가는 개인들을 교육하고 구성적, 규범적 기능을 수행하면서 인간이 성장하고 발전할 수 있는 관계망을 제공해 준다. 오직 국가를 통한 관계적 삶을 통해서만 개인은 온전한 인간이 될 수 있으며 공동체와 분리된다면 인간은 야생동물에 불과하다는 입장이다. 아리스토텔레스가 말한바, "인간은 정치적동물"이라는 말은 홀로 있을 때 인간은 야수에 불과하며 자신의 인간성을 온전하게 실현하기 위해서는 관계에 바탕을 둔 공동체적 존재가 되어야 한다. 그런데 이런 관점을 극단화시키면, 정치와 사회의 영향력을 절대적으로 부정하거나 제거하는 홉스식의 관점과 대비되어 국가의 영향력을 절대적인 것으로 받아들일 위험성이 있다. 그 결과가 개인을 전체로 흡수해버릴 수 있다는 전체주의적 생각이다. 아리스토텔레스나 마르크스는 두 극단의 사이에서 사회적·정치적 영향력을 중시하는 동시에 개별적으로 다양한 특성과 행동이 나타날 수 있다고 분석했다.

플라톤, 아리스토텔레스의 인간관이 갖는 두 번째 고유한 특징은 사회와 정치는 그 자체로 목적이며 선(Good)이라는 입장이다. 인간이 공적인 삶에 참여하는 것은 어떠한 목적을 위한 것이 아니라 그 자체로 바람직한 것이며 인간성의 근원적인 핵심이라는 것이다. 이에 비해 홉스는 인간에게 정치는 이익 추구나 안전, 질서 유지 등 다른 목적을 얻기 위한 수단에 불과하며 정치나 사회는 고립된 개인들이 생존을 위해 어쩔 수 없이 선택해야 하는 필요악이거나 혹은 없으면 더욱 좋은 것으로 간주하였다. 때문에 정치적 참여와 공적인 삶은 의무적인 것도 아니며 바람직한 것으로 간주되지도 않았다. 기껏해야 인간은 준 사회적, 준 정치적 존재라는 것이다. 이렇듯 고대 사상과 근대사상의 이론적 전제는 근본적으로 상이했다.

2 플라톤(Plato)의 정치경제학: 노동분업과 계급론

1) 노동의 분업화와 결핍의 사회

플라톤은 자신의 스승 소크라테스(Socrates)와의 대화에 기반하여 '노동의 분업화(Division of Labor)'에 대한 자신의 주장을 펼쳤다. 첫 번째 질문은 도시국가의 기원에 대한 물음이었다. 소크라테스는 도시국가의 기원은 끝없는 욕망과 제한된 자원 사이에 존재하는 모순과 깊은 연관이 있다고 보았다. 플라톤은 오늘날의 경제학이 제시하는 대안, 즉 효율적 분배를 통해 이 문제를 해결할 수 있다는 생각과는 다른 대안을 제시한다.

플라톤 Plato (BC 427~BC 347)

플라톤은 고대 그리스 아테네 출신의 철학자로 아테네의 상류층 가문에서 태어났다. 그의 외가 역시 아테네를 이끄는 엘리트들을 배출한 유력가문이었다. 이러한 가풍 속에서 플라톤이 정치가를 꿈꾸는 것은 당연한 일이었을 것이다.

그러나 그의 스승이자 거리의 철학자인 소크라테스가 부당하게 처형당하는 것을 목격하면서 철학자로서의 삶을 모색하기 시작하였다. 이집트, 이탈리아 남부, 시칠리아 등지를 여행한 후, 아테나로 다시 돌아와 철학학원 '아카데메이아'를 건립하여 연구, 강의 그리고 후학 양성에 매진하였다. 아카데메이아 출신의 철학자로 아리스토텔레스, 에우독소스, 크세노크라테스 등이 있다.

플라톤의 이름인 Plato는 '넓다'라는 뜻을 가진 그리스의 어휘이다. 그리스의 어법은 소박하고 직설적인 것으로 유명한데, 플라톤 역시 자신의 이름처럼 문학, 수사학, 윤리학, 형이상학, 인식론, 정치학 등 다양한 분야에서 폭넓은 지적 활동을 왕성하게 했다. 그의 사유는 큰 샘물처럼 고여서 서양 철학을 관류하는 큰 물줄기가 되었다.

정치학 역시 마찬가지이다. 소크라테스의 처형 이후, 플라톤은 현실 정치에 좌절하고 분노하며 올바른 정치가 무엇인지 철학적으로 탐색한다. 그 긴 사유의 결정물이 바로 『국가론』이었다. 그는 『국가론』에서 정치의 제1덕목으로 '정의'를 꼽고, 국가의 본질을 고찰하며 이상적인 국가를 그린다. 그리고 그의 저작은 후세대의 정치학자들로 하여금 옹호와 반박을 이끌었고, 그 긴 논쟁의 역사는 정치학의 토대를 축조하는 데에 기여하였다.

주요 저서로 「소크라테스의 변론」「향연」, 「국가」, 「법률」 등이 있다.

플라톤이 제시한 해결책은 인간 본성에 기반한 노동의 분업화이다. 그에 의하면, 인간은 필연적으로 자신이 가장 잘할 수 있는 일에 집중할 수 있다. 그리고 그런 일에 종사하며 자신의 능력을 최대한 발휘할 때 발생하는 생산물은 도시국가의 부를 축적하는 기초가 되고 교환의 대상이 된다. 이는 개인들이 각자의 적성과 능력에 맞는 영역에 종사함으로써 생산성을 향상시켜 생산량을 늘릴 수 있고 부족한 것은 개인 간 필요에 따라 교환하면 된다는 것이다. 이러한 공동체 차원의 생산은 질 높은 다양한 물건을 효율적으로 생산할 수 있다는 점에서 개개인의 독자적인 생산에 기초한 공동체보다 더 풍요롭고 발전된 공동체로 만들 수 있다는 것이 플라톤의 생각이었다. 이러한 생산의 결과로 상품의 교환과 같은 상업적 활동이 자연스럽게 일어나게 되는데, 다만 상업적 활동은 도시공동체의 생산에 따른 부차적인 결과일 뿐이라는 점에서 생산에 종속적인 활동으로 여겨진다. 만약 우리의 욕망이 소박한 수준이라면 분업화된 노동에 기초한 생산물과 자원으로도 충분히 행복할 수 있을 것이다. 즉, 자원과 기술을 향상시키면서도, 소박한 욕망을 유지한다면 공동체의 복리를 충족시킬 수 있다는 것이다.

그런데 플라톤의 사유는 공동체의 풍요로움과 관련하여 인구의 증가라는 새로운 문제를 제기했다. 한 공동체의 인구가 늘어난다면 노동의 분업은 훨씬 더 복잡해지고 전문화될 가능성이 높아진다. 그 결과, 생산하는 재화는 다양해지며 풍요로움을 판단할 수 있는 지표 역시 복잡해질 수밖에 없다. 이러한 과정이 반복된다면 도시국가가 소비하는 재화의 수량과 종류가 증가하면서 사람들의 욕구를 충족시키기 위한 자원의 한계 상황에 봉착하게 될 것이다.

욕망을 충족시키는 상품 생산의 한계 상황에 대해 현대 무역학의 아버지인 데이비드 리카도(David Ricardo)가 있었다면 '비교우위에 기초한 국제

무역'을 대안으로 제시했을 것이다. 예를 들어 영국은 자국 내에 필요한 와인의 부족량을 와인 생산량이 풍부한 프랑스로부터 수입하고, 프랑스는 부족한 면직물을 기계화를 통해 면직물 생산량이 풍부한 영국으로부터 수입하면 서로 부족한 자원의 문제를 해결할 수 있을 뿐 아니라 저렴한 가격에 소비자에게 공급할 수 있다. 하지만 이런 자원의 한계 상황 속에 대해 플라톤이 예상한 시나리오는 국가 간 전쟁 혹은 내전을 통해 상황을 해결하려 할 가능성이 높다는 것이었다. 즉, 사회 내 다른 집단과의 갈등 또는 인접한 국가와의 전쟁을 통해 국내적으로 부족한 상품과 자원을 강탈하는 것이다.

기본적으로 전쟁은 전쟁에 참여하는 국가의 연속성과 사회적 안정성을 악화시킨다. 전쟁은 참가하는 당사국 모두에게 손해를 가져올 확률이 높다. 내전도 마찬가지이다. 부자와 빈자 사이에서 내전이 발생하면 국가의 사회적 안정성은 붕괴될 수밖에 없다. 플라톤은 모든 도시국가에는 부자와 빈자라는 두 개의 집단이 공존하고 있고 이 두 집단의 관계를 평화롭게 유지하는 것이 중요하다고 주장했다. 자산을 많이 소유한 부자는 빈자가 질투하여 반란을 일으켜 자신의 재산을 빼앗으려 드는 것을 두려워한다. 그래서 부자는 빈자가 자신의 편안한 일상을 공격하거나, 혹은 재산을 침범할 가능성이 있다고 판단하면 빈자를 재압하기 위하여 구속하는 선택을 할 것이다. 그러나 이는 임시방편일 수밖에 없다. 부자와 빈자 사이에 발생하는 근본적인 부(富)의 갈등은 여전하기 때문이다. 결국 내전은 피할 수 없으며, 이로 인해 사회 전체의 부는 내전을 치르기 이전보다 감소하여, 더욱 많은 결핍을 경험하게 된다. 플라톤은 도시국가의 안정적 발전을 위해서는 빈부 문제에 대한 고려가 중요하다고 생각했다. 이에 대해 기발하고 이상적인 해결책을 제시한 것이 바로 『국가론(The Republic)』이다. 여기에서 플라톤은 정치·경제의 분리와 이에 따른 교육을 통한 절제의 중요성을 강조한다. 『국가론』은 정치의 중요성과 고결함을 강조한 고전으로 이후의 정치 사상가들에게 심오한 영향을 미친다.

2) 경제와 정치의 분리

플라톤은 『국가론』에서 부의 추구가 정치를 타락시킨다고 주장하였다. 예컨대 정치인이 부의 축적을 추구한다면 그들은 분명 공적인 사안을 사적 이익 추구의 기준에서 판단하고 실행하여 공동체를 부패하게 만들 것이다. 그렇다면 이를 해결할 수 있는 근본적인 해결책은 무엇일까? 플라톤이 제시한 명쾌한 해결책은 바로 부와 권력을 완전히 분리시키는 근본적인 것이었다. 다시 말해, '경제'와 '정치'를 분리해 권력이 부를 소유할 수도, 부가 권력을 소유할 수도 없게 하는 것이다. 부의 창출을 위한 생산에 종사하는 집단과 국가 전체를 위해 정치에 종사하는 집단을 분리시키는 것이다. 공적 업무를 전문적으로 담당하는 관리자 계층이 정치를 독점하여 공적 영역을 보호하는 한편, 생산자 계층은 부를 창출하고 축적하는 일에 집중하고 관리자 계층의 안위를 책임짐으로써 공동체 전체가 조화롭게 부유해질 수 있다.

플라톤은 정치와 국방을 담당하는 두 개의 주요 집단으로 통치자와 군인으로 이루어진 수호자(guardians) 계층을 지목했다. 플라톤의 분리론(계급론)을 정확히 이해하기 위해서는 그의 수사법인 '고상한 거짓말(a noble lie)'과 이중주의(Dualism)를 이해할 필요가 있다. 인간은 신체(Body)와 정신(Soul)으로 구성되어 있기에 정신세계를 구성하는 지식을 완벽하게 갖게 된다면 신체는 정신세계에 의해 지배되어 학습된 대로 자신의 본분과 의무에 맞게 행동한다는 것이다. 이러한 신념 속에서 플라톤은 교육과 훈련을 통해 책임감 있는 수호자들을 키워내는 교육철학을 강조했다. 그는 '아카데미아'를 세워 스스로 실천하였다. 플라톤은 좋은 공동체의 기초가 되는 계급 구조를 설명하기 위해서 '금', '은', '동'으로 선천적인 직업을 비유하였다. 생산자 계급인 '동의 후손(children of copper)'의 본분은 근면하게 재화를 생산해 내는 것으로서 이 계급은 노동과 경제에 종사하기 위해 태어난 대중이다. 군인들은 '은의 후손(children of silver)'으로 도시국가의 질서를 안전하게 보호할 의무와 본분을 가지고 태어난다. 이들은 통치자의 명령을 따르고 대중을 보호한다. 마지막으로 도시국가의 지혜를 대표하는 '금의 후손(children of gold)'인 통치자이다. 통치자는 도시국가를 지배하기 위해 태어난 사람들이다. 언뜻 보면 동의 후손으로 태어난 이들은 불공정하다고 느낄 것 같다. 금의 후손이나 은의 후손처럼 명예로운 직책에 오를 가능성이 타고난 신분에 의해 원천적으로 봉쇄된 것 아닌가? 그러나 플라톤의 계급론은 각기 본분에 따른 반대급부가 명확하기에 마냥 불공정한 것만은 아니다. 동의 후손은 부를 축적할 수 있는 유일한 계급이다. 반대로 공적 영역에 헌신해야 하는 금의 후손과 은의 후손은 부와 사치로부터의 유혹에 빠지지 않아야 하기 때문에 모든 사유재산과 가족을 구성하는 행위를 포기해야 한다. 물론 그들도 사람이기에 기본적인 욕구를 충족할 필요가 있으며 이를 충당하기 위한 조세제도가 필요하며 충당은 생산계급이 부담한다. 그러나 이는 어디까지나 생활을 위한 음식과 거처를 공급하는 수준에 그쳐야 한다(그림 1-1).

그림 1-1 플라톤의 이상적 분업

	역할	성격	교육	소유권
금	통치자(수호자 계층)	정의와 이성	철학	사유재산과 가족 없음
은	군인(수호자 계층)	용기와 감정	규율과 음악	사유재산과 가족 제한
동	생산자	욕망	직업	사유재산과 가족 소유

플라톤은 자신의 독특한 계급론에 기반하여 최고의 정치는 완벽한 지식체인 철인들(Philosophers)이 수행해야 할 과업이라 규정하였다. 이들은 큰 배의 항해를 책임지는 선장과 같이 목적지를 정확히 알고 있는 존재라는 것이다. 결국, 플라톤은 인구의 증가와 희소한 자원, 부의 증식이 이루어지는 사회의 필연적인 문제, 즉 부를 둘러싼 갈등과 혼란, 충돌을 해결하기 위해 부를 정치로부터 분리시켜야 한다고 보았다. 그리고 이것은 뒤집어 말해, 농민이나 상인, 제조업자 등 경제종사자들이 정치에 참여해서는 안 된다는 결론이기도 하다.

3 아리스토텔레스(Aristotle)의 정치경제학: 고상한 정치와 저열한 경제

1) 사악한 상업과 도덕적 타락

아리스토텔레스는 그의 스승 플라톤의 이중주의를 비판하면서 인간의 신체와 정신은 하나(one-being)라고 주장하였다. 간단하게 말해서 아무리 완벽한 지식을 소유하고 있다 하여도 배고픔에 시달리게 되면, 다소간 갈등이 있더라도 지식의 지배보다는 생존을 위하여 도둑질을 하게 된다는 것이다. 여기서 우리는 아리스토텔레스가 교육보다는 체재(體裁), 인치(人治)보다는 법치(法治)를 선호하리라는 예측을 할 수 있다. 교육을 통해 인식을 개선하는 것보다 제도적 장치를 통한 직접적 통제가 효과적이라는 결론이다. 때문에 아리스토텔레스는 정의 수호라는 목적에 따른 책임과 윤리에 기반을 둔 플라톤의 교육철학에 대해 한계짐을 명확하게 지적하며, 바람직한 정치 체제를 제안한다.

아리스토텔레스는 플라톤보다 더욱 직설적으로 상업 활동을 비판한다.

그는 가계의 소박한 재무관리와 상업적 영리를 명확하게 구분하였다. 아리스토텔레스는 '도시국가는 모든 가계의 집합으로 이루어졌으며 도시국가의 정치·경제는 가계에 기반한 체제'라고 정의하였다. 아리스토텔레스는 성인 남성인 가구주(家主)에 의해 순조롭게 운영되는 일반적인 가계는 가정의 안녕을 위해 필요한 자원을 획득하고 현명한 소비 활동을 수행하는 반면, 분에 넘치는 향락을 탐닉하여 소비 혹은 돈벌이에 집중하는 가계의 가구주는 고리대금에 집착하거나 자신이 가진 본연의 재능을 오용할 수밖에 없다고 생각하였다. 결국 가구주가 평온한 일상을 유지하기 위해 필요한 재산 관리를 넘어서는, 부를 축적하기 위한 경제활동에 몰입하게 된다면 시민으로서의 고결함은 사라질 수밖에 없다는 주장이다. 아리스토텔레스는 양극단 사이의 균형을 이루는 황금률(golden mean)이 가계 운영에도 적용될 수 있다고 보았다. 황금률은 이성을 일깨워 극도의 절약과 극도의 사치 사이에 적절한 균형을 이루게 하고 삶을 안온하게 유지할 수 있게 해주는 재화와 여가, 그리고 향락을 제공한다는 것이 그의 생각이었다.

아리스토텔레스 Aristotle (BC 384~BC 322)

고대 그리스 마케도니아 출신의 철학자이다. 의사의 아들로 태어난 아리스토텔레스는 플라톤이 세운 아카데메이아에 입학해서 20년간 배우고 연구하였다. 플라톤이 타계한 후, 이른바 '소요학파'의 본산인 리케이온 학교를 세웠다. 아리스토텔레스의 방대한 철학을 체계적으로 이해하기 위한 가장 좋은 방법은 그의 스승인 플라톤의 철학과 비교하는 것이다. 플라톤과 같이 아리스토텔레스도 형이

상학, 윤리학, 정치학, 논리학 등의 방대한 분야에서 치열하게 사유한 대가였다. 그러나 스승의 철학을 단순히 계승한 것은 아니었다. 아리스토텔레스는 자신만의 독자적인 존재론과 인식론을 설계하였다.

요컨대 플라톤이 하늘의 철학자였다면, 아리스토텔레스는 지상의 철학자였다. 플라톤은 오직 이데아만이 실재하며 이를 이성의 빛으로 추적할 것을 주문했다면, 아리스토텔레스는 우리 눈앞에 있는 사물을 먼저 관찰할 것을 주문했다. 아리스토텔레스에게 이성을 통한 추상과 통찰은 집요한 관찰 이후에 후행되어야 할 절차였으며, 이러한 사조는 그의 정치학 연구에도 계승된다.

아리스토텔레스가 최선의 정치가 무엇인지를 대답하기 위해서 먼저 시작한 일은 그리스 주변국들이 어떤 제도를 가지고 있는지 샅샅이 탐색하는 것이었다. 플라톤이 선의 이데아로부터 최선의 정치를 모색하였다면, 아리스토텔레스는 먼저 현실의 제도를 탐색하며 최선의 정치를 모색한 것이다.

스승 플라톤은 철인왕의 통치를 최선의 정체로 이해했지만, 아리스토텔레스는 '제한적 민주정체'가 가장 훌륭한 정치제도라고 결론을 내렸다. 아리스토텔레스가 결론에 도달하는 과정에서 활용한 유형학적 접근은 이후 정부형태에 대한 비교분석에도 큰 영향을 미쳤다.

주요 저서로 「니코마코스 윤리학」, 「형이상학」, 「시학」, 「정치학」 등이 있다.

또한 아리스토텔레스는 부를 축적하기 위한 상업적 행위 가운데 특히 대부업에 대해 비판을 가했다. 농업사회에서 대부업은 전혀 도덕적이지 않은 것이었다. 어떻게 돈이 돈을 벌 수 있다는 말인가? 이런 비판은 마르크스의 자본론 내용과 유사한 측면이 있다. 마르크스(Karl Marx)는 상품(Commodity) → 돈(Money) → 상품(Commodity) 경제에서 재화는 필요한 다른 재화를 얻기 위해 생산되며 돈은 단지 상품 교환을 위한 도구적인 목적으로 사용된다고 정의했다. 그러나 자본가들은 돈을 가지고 돈을 벌려는 돈 → 상품 → 돈의 경제를 추구한다. 즉, 자본가들에게 화폐는 어떤 상품을 얻기 위한 수단이 아니라 부의 증식을 위해 돈을 가지고 상품을 사고 팔아 이윤을 남긴다. 이러한 자본의 원리는 고대 사회적 맥락에서는 돈을 빌려주고 이자를 받아 처음에 빌려준 돈보다 더 많은 돈을 번다는 것을 의미하는 것이다. 아리스토텔레스는 돈은 영원히 끝나지 않는 욕망의 추구이며 돈으로 시작해서 돈으로 끝나는 거래는 올바른 순환관계가 아니라고 보았다. 궁극적으로 이런 방식으로 부의 증식을 노리는 상업적 행위는 사람들을 부도덕하게 만들고 공동체를 타락시킬 것이라고 주장하였다.

더구나 자본을 가지고 투자를 하는 근대의 산업자본가나 은행과는 달리 농업사회에서는 돈을 빌려주고 받는 어떠한 이자도 결국 고리대금업에 불과했다. 만약 돈을 빌린 사람이 돈을 갚을 능력이 없어져 체납을 하게 되면 대부업자는 인정사정없이 파산한 사람의 재산을 몰수했기 때문에 아리스토텔레스는 대부업을 사악한 행위이자 범죄라고 규정하였다. 아리스토텔레스는 돈이 돈을 버는 것을 죄악시하는 연장선에서, 의사의 역할을 통해 다음과 같이 비판하였다. 의사는 아픈 사람을 치료할 수 있는 재능을 가진 전문가이다. 하지만 의사가 돈만을 추구하기에, 치료비를 낼 수 없는 환자를 치료하지 않는 의사가 있다면, 그는 자신의 재능을 타락시킨 사람이며 지탄받아 마땅하다. 오로지 부의 축적만을 강조하는 상업 사회에서 의사들은 부를 축적하고 명예를 높이기 위해 자신의 재능을 오용하게 될 것이다. 이러한 부의 논리가 만연한 사회에서는 비단 의사뿐만이 아니라 재능을 가진 모든 사람이 자신의 본성을 왜곡시키기 때문에 상업은 공동체의 타락을 촉진하는 근본적인 문제를 내포하고 있다.

2) 중산층 민주주의

아리스토텔레스는 상업적 가치가 건강한 사회를 교란하고 타락시키는 것을 막기 위한 몇 가지 안을 제시하였다. 첫 번째는 부를 분배하는 방법에 관한 것이다. 부의 분배가 다음 〈그림 1-2〉와 같은 분포로 이루어진다고 가정하자. 〈그림 1-2〉에서 제시한 사회는 부유층과 중산층은 적은 반면에 빈곤층은 매우 많은 사회이다. 즉, 부의 분배가 심각하게 불평등한 사회이다. 이러한 사회에는 부자와 빈자 사이에 지속적인 갈등이 있을 것이며 상황에 따라 내전으로 격화될 수 있다. 갈등과 충돌의 승패가 어떻게 되든 부의 분포가 불평등하게 유지되는 한, 다른 집단을 파괴할 이유는 언제나 있을 것이므로 공동체는 혼란과 파괴의 운명에 노출될 것이다. 반면에 부의 분배가 〈그림 1-3〉과 같이 다이아몬드의 형태로 되어 있는 사회를 떠올려 보자. 이 사회는 중산층이 폭넓게 고르게 분포되어 있으면서 부자와 빈자의 수는 상대적으로 매우 적은 부의 구조를 가지고 있다. 〈그림 1-2〉의 사회보다 명확하게 부의 분배가 적절하게 이루어져 있는 〈그림 1-3〉 사회인 것이다. 아리스토텔레스는 중간층이 부자와 빈자 사이에서 균형을 유지해 주는 다이아몬드 모양처럼 부가 분배된 사회가 평화로운 공동체의 질서와 미덕을 유지할 수 있다고 주장하였다. 그러므로 통치자들은 사회의 부가 다이아몬드 모양처럼 분포 될 수 있도록 가능한 모든 역량을 집중해야 한다.

그림 1-2

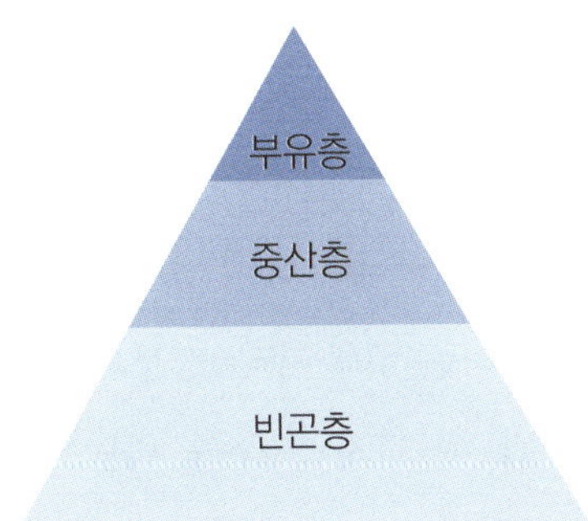

그림 1-3

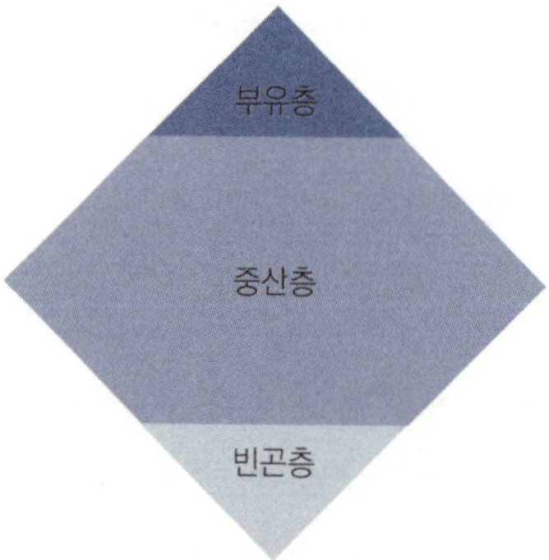

참고로, 여러 서적들을 볼 때 1950년대의 미국사회에는 상대적으로 〈그림 1-3〉과 같이 부가 비교적 공평하게 분배된 공동체였지만 현재 미국 사회는 갈수록 〈그림 1-2〉와 같이 변하는 것 같다. 이러한 상황에 대해 아리스토텔레스는 부의 분포를 평등하게 조정할 수 있는 구체적인 방법까지는 언급하지 않았다. 그러나 정치의 영역, 즉 공적 영역에 관해서는 부자와 빈자 모두 평등하게 접근할 수 있는 제도적 장치를 주장하였다. 플라톤이 선호하는 철인왕의 통치, 인치보다는 정치체제가 더 현실적이라는 설명이다. 이러한 생각은 아리스토텔레스가 『정치학(Politics)』에서 구분한 정부형태 체계에 구체적으로 반영되어 있다. 여기에서 아리스토텔레스는 정부의 형태를 구분하며, 두 가지의 핵심적인 기준을 제시한다. 첫 번째 기준은 지배층의 숫자다. 공동체를 운영하는 통치자의 숫자가 한 명인지, 소수인지, 아니면 다수인지에 따라 정부의 형태를 구분할 수 있다. 두 번째 기준은 정부가 추구하는 방향성이다. 공익을 위하여 헌신하는지 혹은 사익을 추구하는지에 따라 정부의 형태를 구분했다.

아리스토텔레스는 위 두 가지 기준을 바탕으로 이상형과 타락형 등 대조적인 방식으로 정부형태를 구분하였다. 우선 한 명의 통치자가 국가를 운영하는 형태를 둘로 나누어, 한 사람의 통치자가 공익을 위해 국가를 운영하는 정부형태인 군주정(Monarch)과 사익을 위하여 국가를 운영하는 독재정(Tyrant)으로 규정하였다. 다음으로 소수의 통치자가 국가를 운영하는 형태를 둘로 나누어, 공익을 위해 국가를 운영하는 귀족정(Aristocracy)과 사익을 위해 국가를 운영하는 과두정(Oligarchy)으로 구분하였다. 이 가운데 과두정은 금권 정치(plutocracy: 부자에 의해서 지배되는 사회)의 형태로 부자들은 정치권력에 막강한 영향력을 행사하고 정치인들은 부자가 되기 위해 자신의 권력을 사용한다고 규정했다. 아리스토텔레스는 금권 정치와 과두정의 결합에 대해, 매우 부유한 소수가 정치권력을 가진 과두정의 소수와 밀접한 관계를 가지며 정치부패와 공동체의 타락을 가져올 것이라 우려하였다. 마지막은 중간정(Polity)과 민주정(Democracy)이다(그림 1-4). 흥미롭게도 아리스토텔레스는 민주정을 무지한 다수가 이익을 추구하는 정부로 규정했기에 민주주의는 다른 사익 추구 정부와 마찬가지로 부정적인 의미가 강했다. 이는 훗날에도 영향을 미쳐 민주주의가 빈민들의 지배 제도라는 부정적인 이미지를 형성하게 만들었다. 이에 따라 19세기와 20세기까지도 민주적이라는 용어는 긍정적이고 고귀한 의미가 아니라 부정적이거나 경멸적인 의미로 사용되었다. 대표적으로 20세기 영국의 총리였던 윈스턴 처칠(Winston Churchill)도 자격 없는 국민들이 정치에 나서는 민주주의에 부정적인 입장을 취했으며, 어떤 곳에서는 최악의 통치형태로 비난하기도 했다. 이들에게 민주주의는 질투심 많은 빈자들이 정부를 차지해 부자에게서 재산을 빼앗고, 자신들의 이익을 위해 통치하는 것을 의미했다.

아리스토텔레스는 정부 구성에서 통치의 균형도 중요하게 여겼다. 도시국가의 통치에는 빈자가 주도해야 하는 국면과 부자가 주도해야 하는 국면이 각각 존재한다고 보았다. 대표적인 사례가 의회의 구성이다. 아리스토텔레스는 하원은 빈자가, 상원은 부자가 선출하는 것이 합당하다고 보았다. 이러한 조합이 빈자와 부자가 가지는 이해관계의 균형을 맞추면서 사회 전체를 보호할 수 있는 방법이라고 생각했다. 경제적 차원에서 비교적 평등한 부의 분포를 유지하면서 정치적 차원에서 부자와 빈자 모두를 아우를 수 있는 정부 형태인 중간정을 구성한다면 공동체가 안정과 균형을 유지할 수 있다고 본 것이다. 이러한 정치·경제의 지형에서 중산층은 중요한 역할을 수행한다. 중산층은 부자와 빈자, 즉 양극단으로부터 중립적인 집단들이기 때문에 중용과 균형에 기반한 안정과 번영을 구가하는 데에 훌륭한 역할을 수행한다.

그림 1-4 아리스토텔레스의 정부 형태

이상형(공익)	타락형(사익)
군주정	독재정
귀족정	과두정
중간정	민주정

아리스토텔레스의 이런 분석과 주장은 현대 사회에도 많은 영향을 미치고 있다. 특히, 아리스토텔레스는 경제적 부의 분배 문제를 정치적 독립성과 연관시키는바, 도시국가의 시민적 덕성을 위해서는 자립적인 경제적 조건을 갖춘 중산층이 중추가 되어야 한다고 강조했다. 때문에 아리스토텔레스는 빈민들의 정치참여를 부정적으로 평가하면서도, 기본적으로는 가난한 이들의 독립을 보장할 수 있도록 고용을 보장하고 토지를 부여해야 한다고 주장하기도 하였다. 이런 아리스토텔레스의 주장에 영향을 받아 17세기 영국의 정치사상가인 공화주의자 해링턴(James Harrington)은 극심한 경제적 불평등은 자유로운 공화국에 암적인 요소라고 강하게 비판했던 것이다.

그러나 상업사회의 문제점들을 해결하기 위한 아리스토텔레스의 모든 논의들은 도시국가의 시민에만 해당하는 것이었으며 노예나 외국인들은 해당되지 않았다. 도시국가에 거주하는 인구 중 다수를 차지한 노예는 논의의 대상이 되지 못하였으며, 주인과 노예 사이의 균형에 대해서도 아무런 언급을 하지 않았다. 아리스토텔레스는 지배받는 것이 적합한 사람들(노예들)은 노동을 해야 하는 운명을 가지고 태어났기에 정치체계에 입장해서는 안된다고 생각하였다. 그는 또한 고리대금업 등 맹목적인 부를 추구하는 사람들은 결코 시민이 되어서는 안 된다고 생각했다. 또한 정치에 참여하고 공적인 사안을 고민할 수 있는 충분한 시간을 가질 수 없는 가난한 소농들은 시민에서 배제할 수 있다고 생각했다. 때문에 아리스토텔레스는 시민의 자격을 가르는 가장 큰 기준을 일정 이상의 토지를 보유하고 가계에 충분히 경제적 여유가 있어 정치참여의 시간을 확보할 수 있는지의 여부를 중요한 기준으로 삼았다. 그러므로 일반적인 빈농이 시민권을 보유하지 못한 것은 당연한 귀결이었다. 현대적 관점에서 보자면 아테네 민주정이 가장 발달한 페리클레스(Perikles) 시대의 민주주의조차 전체 인구와 대비하자면 소수의 민주주의였다고 할 수 있다. 그러나 시대적 한계를 고려하자면 아리스토텔레스의 발상은 대단히 평등주의적인 정부였으며, 자산의 소유가 안정적인 사회를 유지할 수 있다는 현대의 민주적 사고와 제도에도 지대한 영향을 미치게 된다.

Ⅱ.

자유주의 그리고 민주주의와 자본주의의 탄생과 발전

Ⅱ. 자유주의 그리고 민주주의와 자본주의의 탄생과 발전

1 자유와 평등은 공존할 수 있을까: 홉스(Hobbes), 로크(Locke), 루소(Rousseau)

1) 시대적 배경

정치와 경제, 시장과 국가의 관계에 대해, 특히 상업 자본주의와 19세기 산업자본주의 이전의 고전적 정치경제학자들의 논의를 살펴보자. 그런 후 다음 장에서는 산업자본주의 시대의 정치와 경제의 관계에 대한 지배적인 이론을 살펴볼 것이다. 19세기 전의 사상가들에게는 자본주의가 민주주의를 위협하거나 민주주의가 자본주의를 위협한다는 식의 양가적인 담론이 지배적이었다. 이런 사상사적, 시대적 맥락을 배경으로 우리는 홉스(Thomas Hobbes), 로크(John Locke), 보댕(Jean Bodin), 수평파(the Levellers), 그리고 미국으로 넘어가 제퍼슨(Thomas Jefferson), 매디슨(James Madison), 해밀턴(Alexander Hamilton) 등을 고찰해 볼 것이다.

먼저 근대정치사상의 기원지인 영국을 중심으로 시대적 배경을 살펴본 후, 정치경제학 사상의 흐름과 궤적, 발전을 살펴보자. 15세기의 장미전쟁부터 17세기 명예혁명까지 지속된 영국 내전은 영국의 초기 자본주의로서 중상주의 발전과 정치 발전에 있어 결정적인 계기가 된 역사적인 시기이다. 중상주의 및 중앙집권국가의 형태를 이루고 있는 왕정에 승리를 거둔 신흥 상업자본가가 중심이 된 중산계급의 의회파가 사실상 자본주의 발전을 촉진시키는 정치경제적 환경을 조성했다.

1450년 벌어진 내전인 장미전쟁은 귀족들의 쇠퇴와 몰락의 시발점이 되었다는 점에서 중요하다. 장미전쟁은 흰 장미를 문장으로 하는 요크가(家)와 빨간 장미를 문장으로 한 랭커스터가(家) 사이에 벌어진 전쟁이다. 이 전쟁은 에드워드 3세의 손자이자 플랜태저넷 왕조의 분파들인 랭커스터와 요크를 지지하는 귀족들 간에 약 30여 년 이상 지속되어 1487년 끝난다. 내전은 요크가의 승리로 끝나게 되어 리차드 3세로 이어졌지만, 이후 튜더가의 헨리 7세가 반정에 성공하면서 튜더 왕조가 시작된다. 헨리 7세는 화합을 위해 요크 가문의 딸 엘리자베스를 왕후로 맞아들였으며, 붉은 장미와 흰 장미를 합쳐 왕가의 표시로 삼았다. 오늘날까지 영국에서 붉은 장미와 흰 장미가 섞인 장미가 화합을 상징하며 국화로까지 지정된 것은 이 때문이다.

장미전쟁이라 불리운 왕위 계승 전쟁의 결과로 튜더 왕조가 시작되었지만 전쟁의 영향으로 귀족들은 몰락하거나 쇠퇴할 수밖에 없었다. 이는 영국이 근대적인 중앙집권 국가로 발전하는 중요한 기반이 되었다. 장미전쟁 이후 헨리 7세는 귀족의 특권을 박탈하고 일반 시민들을 의회에 끌어들였으며 해운법을 제정하여 상인을 규제하고 왕실재정을 단단히 하는 등 절대주의 정권의 기초를 확립하였다. 이어 헨리 8세는 교회까지 장악하였고 이에 복종하지 않는 수도원을 해산시키고 그 영지를 몰수하였다. 메리 1세(헨리 8세 딸)는 카톨릭 복원을 시도하였지만 사후에 즉위한 엘리자베스 1세(헨리 8세 딸) 역시 에드워드 6세(헨리 8세 아들) 시대의 정책을 부활시키고 종교 세력과 귀족 세력을 위축시키기 위한 정책을 시행하였다. 또한 영국 동인도회사(17세기부터 19세기까지 식민지 상업활동을 독점한 무역회사)의 독점권을 설정하는 등 중상주의 정책을 강경하게 추진함으로써 절대왕정의 정치적, 경제적 기반을 완성하였다.

그러나 절대주의는 엘리자베스 시대를 정점으로 쇠퇴하기 시작하였다. 여왕은 독신으로 자식이 없었기 때문에, 그녀의 사후에는 스코틀랜드왕 제임스가 혈연에 따라 잉글랜드왕을 겸하여 제임스 1세로 즉위함으로써 스튜어트 왕조가 시작되었다. 완고한 왕권신수설의 제창자인 스코틀랜드왕 제임스 1세가 새로운 영국의 국왕으로 즉위하면서 영국의 정치적 변화는 더욱 격화되었다. 사실 이전의 튜더왕조 시절에는 절대주의와 근대적 요소와의 대립관계가 표면화되지 않았던 시기였다면, 스튜어트 왕조에 이르면서 사회경제구조가 현저히 변화하여 양자 사이의 대립관계가 표면화되기 시작했다. 상인으로 상징되는 신흥중산계급은 자유로운 무역뿐 아니라 경제활동을 원했기 때문에 더 이상 왕의 자의적인 지배를 감내할 수 없었던 것이다.

설상가상으로 제임스 1세와 찰스 1세는 의회의 동의도 없이 새로운 세금을 부과했다. 이러한 조치는 신흥 중산계급의 불만을 더욱 고조시키는 결과를 낳았다. 더구나 당시의 중산계급은 하원의 대다수를 구성하고 있었기 때문에 의회가 정부의 행동을 통제할 수 있게 된다면 두려울 것이 없다는 사상이 점차 확산되면서 그들의 의지를 꺾고 싶었다. 하지만 의회를 거점으로 하는 신흥 중산계층은 새로운 조세법을 계기로 왕의 정책을 직접적으로 거부하는 등 노골적인 저항을 하기 시작했다.

마침내 1628년, 의회는 왕에게 권리청원(Petition of Rights)을 요구했다. 당장의 불만을 잠재우기 위해 국왕 찰스 1세는 이를 형식상 승인할 수밖에 없었고, 왕과 의회의 대립은 점차 격화되었다. 특히 왕은 권리청원에

세목이 명시되지 않은 것을 이용하여 관세를 부과하였는데 이는 의회와의 갈등을 더욱 첨예하게 만들어, 결국 왕은 11년 동안이나 의회를 소집하지 않고 전제정치를 감행하게 되었다. 그러자 11년간의 종교적·정치적 억압에 대해 반항심을 키워오고 있었던 스코틀랜드의 장로파가 먼저 반기를 들었다. 이에 놀란 국왕은 의회의 동의 없이는 절대로 새로운 세금을 거두지 않겠다는 약속으로 불만은 잠재우고자 하였으나, 의회는 한 걸음 더 나아가 국왕은 의회의 동의 없이 관료를 임명하지 않을 것과 군대에 대한 국왕의 절대적 지배의 포기를 요구한다. 이에 국왕은 권력을 포기하느니 차라리 투쟁을 택하는 결단을 내리고, 의회 역시 단호한 결의하에 전쟁을 택하게 되었다. 1642년과 1649년 사이의 내란은 이렇게 해서 시작되었다.

전쟁은 결국 도시의 중산계급과 청교도의 지지를 받지 못한 국왕 측의 패전으로 끝났다. 승리에 힘입어 의회는 올리버 크롬웰(Oliver Cromwell)을 최고 통치자(Lord Protector)로 하는 공화정을 임시적으로나마 수립할 수 있었다. 그러나 적절한 형태의 의회와 행정부를 구성하지 못하였기에, 결국 군주제의 부활로 이어진다. 하지만 영국의 왕권은 지난 시절처럼 다시는 회복이 불가능할 정도로 결정적인 타격을 입은 상태였다. 찰스 2세는 왕위를 다시 얻는 대가로 의회를 왕실 측의 정부진영과 어느 정도 대등한 상대자로 인정할 수밖에 없었다.

그 후 찰스 2세의 뒤를 이은 제임스 2세는 전통적인 군주의 권위를 회복하고자 시도하는 한편 노골적인 가톨릭 편애 정책을 폈다. 그러나 1689년 명예혁명으로 영국은 더 이상 전제군주정으로의 회귀가불가능한 수준에 이르게 된다. 이것이 영국혁명의 배경과 결과에 대한 대략적인 설명이다.

명예혁명의 직접적인 이유와 그 결과를 살펴보면 우리는 이 시기 영국에서 자유주의, 민주주의를 향한 중대한 진전이 있었음을 발견하게 된다.

그것은 크게 두 가지 측면으로 나눠서 생각해볼 수 있다. 첫 번째는 영국의 정치사회적, 경제적 문화 및 가치관이 크게 변화했다는 것이다. 혁명의 시기를 거치면서 기독교 인문주의와 기사도, 그리고 전통과 관습을 숭상하는 태도들이 사라지고, 실용주의와 개인주의 시대의 막이 올랐다. 지식인들의 사고는 더욱더 합리적이게 되었으며 인간의 이기적인 속성을 자연스럽고 정당한 것으로 인정하는 경향도 확산되었다.

우리는 이런 변화를 로크가 『통치론(Second Treaties of Government)』에 쓴 다음과 같은 구절 속에서 확인할 수 있다. 로크는 "모든 사람은 어떤 다른 사람의 뜻을 따르지 않고서, 자기가 맞다고 생각하는 대로 자신의 행동을 스스로 결정하고 자신의 재산과 인신(人身)을 처분할 완벽한 자유를 천부적으로 타고났다"고 주장하였다. 개인의 신체와 소유물에 대한 권리관을 근대인들의 도덕적 특성으로 규정했던 것이다.

명예혁명을 통해 확립된 두 번째 귀중한 민주적 원리는 입헌주의이다. 입헌주의의 원리는 1215년의 대헌장(Magna Carta)으로부터 그 기원을 찾을 수 있지만 그 원리가 완전한 하나의 정치원리로서 수립된 것은 1689년의 권리장전의 선언과 승인이었다. 1689년 1월 소집된 컨벤션 회의는 왕녀 메리와 윌리엄 공에게 권리선언을 받아들이도록 했는데 이는 곧 내용을 보완하는 과정을 거쳐 권리장전으로 바뀌었다.

권리장전 중 가장 중요한 내용은 "국왕의 법률효력 정지권한은 폐지된다.", "법률에 구애되지 않은 국왕의 특권은 폐지된다.", "의회를 자주 소집하고 자유선거를 보장한다."는 것이다. 이는 국왕의 절대 권력을 제한하고 의회의 권리를 보장하는 것으로, 이를 주된 내용으로 하는 권리장전의 선포는 근대 자유민주주의의 한 기둥이라 할 수 있는 입헌주의 원리를 확립하는 계기가 되었다. 이제 국왕은 군림하나 통치하지 않게 된 것이다. 이 원리는 절대 권력을 제한하고 국민의 자유를 보장하는 가장 중요한 보장책이 됨으로써 근대적 정치 발전에 지대한 공헌을 했다. 입헌주의는 곧이어 삼권 분립론과 권력간 견제와 균형의 논리에 의해 보완되어 근대 자유민주주의를 지탱하는 굳건한 원칙이 된다.

이제 근대적 의미의 정치와 경제, 자본주의와 민주주의 사이의 관계를 살펴보기 위해 7세기 중엽의 사회적 효용에 기초하여 신성한 권리(신권정치)에 도전한, 홉스의 이론에 대해 구체적으로 알아보자. 이와 더불어 중도의 전형을 보여주는 로크의 종교·정치적 관용에의 호소와 자유주의, 보수주의, 그리고 급진주의적 성향을 나누어 알아볼 것이다. 마지막으로는 루소를 통해 자본에 대한 낭만적 비판과 질적인 민주주의 아이디어를 찾아보도록 하자.

2) 두 얼굴을 가진 홉스(Hobbes)의 리바이어던

절대주권에 대한 홉스의 옹호적인 이론은 일견 그를 절대군주를 옹호하는 사상가처럼 보이게 만든다. 그러나 홉스의 이론은 사실상 효율적인 사회적 기반 확립을 위한 절대왕권의 필요성에 기반한 것이지, 영국의 국왕들이 원했던 왕권신수설에 기반한 것이 아니었다. 홉스가 제임스 2세의 왕권을 옹호하기 위해 제임스 2세에게 면담을 요청했지만 제임스 2세는 이를 거절하고 홉스를 비판했다. 절대왕정이란 시민적 합의에 의하여 위임된 계약일 뿐 신에 의해 결정되었다는 신수설을 부정했기 때문이다. 결국 홉스가 주장하는 절대권력은 본질적으로 영국의 자유주의와 자본주의 발전을 위한 것임을 간파했기 때문이었을 것이다.

홉스의 사상적 기반을 살펴보자. 그는 사회가 구성되기 전 단계로 자연상태(State of Nature)를 가정하였다. 그가 가정한 자연 상태에서 인간은 서로 격리되어 자유롭게 살아간다. 모든 인간은 그 어떤 구속도 없이 자신의 이기적 욕망을 채우며 살아간다. 이러한 상태에서는 국가도 사회도 존재하지 않고 양육강식만이 존재하기에 모든 인간은 자신보다 힘이 강한 사람이 생명과 재산을 앗아갈 수 있다는 두려움 속에서 살아간다. 결국 인간은 생명과 재산을 보호하고 갈등을 방지하기 위해, 성경 욥기에 나오는 바다 괴물을 형상화한 절대자 리바이어던(Leviathan)에게 보호의 대가로 자신의 모든 것(사유재산까지)을 양도하는 계약을 맺게 된다. 중요한 것은 비록 보호의 주체가 리바이어던이라 할지라도, 이는 사회 구성원의 동의로부터 기초하는 것이므로, '우리를 보호해 주면 절대복종을 하겠다'는 계약 속에서도 주권은 사회구성원들에게 있다는 것이다. 이것이 사회계약설의 시초이자 주권 개념이 만들어지는 순간이다.

주권의 개념은 다음과 같이 이해할 수 있다. 사회 구성원들이 절대 복종을 하더라도 그들은 계약의 당사자이기 때문에 절대자는 사회 구성원의 의사를 존중하고 보호해야 한다. 현명한 리바이어던은 지위와 명성을 유지하기 위해 개인적 소유를 압류하여 자기 것으로 만들지 않고 사유재산을 보장함으로써 세금과 지지를 얻어내는 현실적인 선택을 한다. 재화의 생산, 유통, 분배뿐만 아니라 모든 정치, 경제 관계는 계약적 관계이며 이와 관련된 모든 규칙은 리바이어던에 의해 통제된다.

『리바이어던(Leviathan)』에 나타난 인간 본성에 대한 홉스의 관점은 매우 중요하므로 좀 더 자세히 살펴볼 필요가 있다. 홉스의 인간관은 아리스토텔레스 또는 중세 사상가들이 간직하고 있던 '인간의 사회·정치적 본성'이라는 관점에서 탈피했기 때문에 근대 사상의 시작으로 평가된다. 홉스는 가장 원초적인 자연 상태에서의 인간 개인을 사회적, 정치적 존재가 아니라 이기적이고 비도덕적이며 단지 자신의 만족만을 절제 없이 무제한적으로 추구하는 존재로 보았다. 홉스에 따르면 개인 모두가 지닌 자유롭고 평등한 조건이 이기적인 인간으로 하여금 서로의 자연권을 위협해 경쟁하게 만드는 요소로 작용한다고 주장하였다. 자연 상태에서 인간은 "고독하고, 가난하고, 거칠고, 잔인하고, 부족한" 존재이다. 즉 완전히 고립되어 있어 사회나 사유재산이라는 개념은 존재하지 않는다고 보았다.

홉스는 자연 상태의 특징을 다음과 같이 정리한다. 첫째, 공포이다. 자연의 원초적인 평등 상태에서는 육체적으로 비슷한 힘을 가진 인간들의 만인의 투쟁 과정에서 살인이 발생할 수 있다. 따라서 모든 사람들이 자신의 생명 박탈에 대한 공포를 가지며, 이는 자연 상태의 근본적인 특징이다. 둘째, 자연 상태에는 극단적인 경쟁이 존재한다. 한정된 자원 속에 인간의 욕망은 무한하기 때문에 부와 권력을 추구하는 인간은 다른 이들과 무제한의 경쟁을 해야 한다. 셋째, 사람들은 다른 사람들을 지배할 수 있는 권력을 욕망한다. 개인은 다른 구성원들부터의 존경을 받기 원하며 다른 사람들을 자신의 영향력 하에 두기를 원한다. 필요하다면 폭력을 통해서라도 각자의 몫을 최대화하려 한다. 이러한 환경 속에서 자연 상태의 가장 큰 특징은 만인에 대한 '만인의 투쟁'이며 인간의 삶은 고독하고 혹독하며 짧은 생애를 가진다.

이와 같은 자연 상태의 깊은 공포와 근본적인 육체적 대등함은 인간 개인을 사회계약에 따른 집단을 구성하게 만든다. 이때 사회계약은 특정한 사회·정치적 특성과 성향을 바탕으로 이루어진다. 생명과 사유재산을 보호하기 위한 사회계약은 리바이어던으로서 절대 권력, 즉 국민국가의 성립을 의미하기 때문이다. 사람들은 사유재산 보호와 부의 안정적인 추구를 위해 그리고 자신에 대한 다른 사람들의 존중을 얻기 위해, 또한 안정적인 시장 교환 관계를 갖기 위해, 그리고 이 모든 것을 보장하는 경제와 사회를 얻기 위해 정부 구성을 원하게 된다.

홉스는 이와 같은 과정에서 사회계약을 통해 비로소 국가와 사회 개념이 생겨난다고 보았다. 홉스의 논리를 간단하게 정리하자면, 사람들은 자연 상태에서 '만인에 대한 만인의 전쟁' 상태에 놓이게 된다. 홉스는 그 이유를 이기적인 인간의 본성과 자유롭고 평등한 조건과 더불어 강력한 절대 권력의 부재에서 찾았다. 때문에 사람들은 자신의 생명과 자유, 즉 개인의 안보와 자연권을 보장받기 위해 집단, 즉 정치사회를 형성한다. 리바이어던이라 표현했던 절대 권력에게 주권을 양도하는 대안적 선택은 다수결투표를 기반으로 모든 사람에게 통용되는 사회계약을 통해 이루어지며, 이를 통해 시민사회를 구성하게 되는 것이다.

만약 당신이 안전하고 지속적인 사회와 보호 체제를 유지하기를 원한다면, 당신은 절대적인 권력을 가진 중앙집권적인 정치적 권위가 필요하다. 그런 막강한 정치적 권력을 개인이 소유하고 있든 의회가 소유하고 있든 상관없다. 그런 권력이 존재하고 영향력을 발휘한다면 욕망을 추구하는 모든 사람들은 리바이어던에 대한 경외심과 공포를 가지고 자신의 행동을 제어할 것이며 이는 내적 질서와 외적 공격에 대한 방어를 유지하는 기반이 될 것이다. 즉 사람들은 자신과 같이 모든 권리를 포기한 다른 사람들의 공격으로부터 자신의 생명과 사유재산을 보호하기 위한 안전을 보장받는다. 이렇게 개인들은 계약을 통해 자신의 자연권을 기꺼이 중앙권력에 양도하며 중앙권력은 유일한 강제적 권력의 소유자가 된다. 여기서 중요한 점은 계약은 사회를 구성하는 개인들 간에 성립하는 것이며 통치자(지배자)는 계약의 당사자가 아니다. 통치자는 리바이어던의 권력으로부터 벗어나거나 그 권력을 다른 리바이어던에게 양도할 수 없으며 리바이어던이 사회계약을 깨는 것은 불가능하다. 왜? 그의 권력은 양도된 것으로써 계약으로부터 시작되는 것이므로, 계약을 깨는 순간 존재할 수 없는 것이다.

이러한 차원에서 홉스는 기존에 지배적이었던 군주의 신성권 즉, 신께서 왕의 신성한 권위를 보장한다는 논리를 교묘하게 거부했다. 정부는 개인이나 집단을 자의적으로 제어할 수 없으며, 정부는 국민들의 합의를 통해 설립되었고, 이로부터 나온 주권이 군주에게 양도된 것이므로 결국 군주와 정부는 국민들의 자연권 보장을 위해 힘써야 함을 주장했다. 물론 국민은 다시 불안정한 자연 상태로 돌아가지 않으려면 리바이어던이라고 불리는 개인들의 계약에 의해서 창출된 국가에 절대 권력을 부여함으로써 복종해야 한다.

이와 같은 무조건적 복종에 문제가 없을까라는 질문에 홉스는 다음과 같이 얘기한다. "모든 국민들(피지배인들)이 리바이어던의 창조자이기 때문에 리바이어던이 유해하게 혹은 부당하게 행동하는 것은 불가능하다." 홉스는 리바이어던의 통치하에서 주체의 권리에 대한 문제로 논의를 이어간다. 만약 리바이어던이 개인들의 생명을 박탈하려 한다면 사람들은 자신들을 보호하기 위해 리바이어던에 저항할 수 있다. 국가가 개인의 자유와 생명을 침해하려고 할 시에는 그 권위에 복종하지 않아도 된다는 거부권을 인정함으로써 사회 계약과 주권 양도의 목적을 분명히 한 것이다.

그런데 이러한 혁명권은 실제로 개인들이 국가권력에 봉기를 일으킨다기보다는 개인들이 강력한 저항을 통해 자기보호 권리의 의미에 가깝다. 왜냐하면 모든 피지배자들이 리바이어던의 창조자이므로 때문에 리바이어던을 벌하거나 죽이는 것은 창조 정신을 위배하는 것이기 때문이다. 그런데 실제로 만약 누군가가 기존의 리바이어던과의 전쟁에서 승리하여 자신이 통치자가 되어 평화와 질서를 보장할 수 있다면 그것은 정당화될 수 있다(홉스는 이 같은 주장을 통해 찰스 1세가 처형된 이후에 자신이 새로운 통치자인 크롬웰에게 충성하는 행위를 정당화하였다). 그런데 이 경우에 새로운 리바이어던은 사회계약을 통하여 성립된 것이 아니라 폭력적, 강제적 전복에 의해 만들어진 것이다. 홉스식의 논리를 따르면, 러시아의 푸틴이 평화를 유지하면서 우크라이나의 돔바스 지역 분쟁(러시아계가 다수인 러시아와 국경을 맞대고 있는 우크라이나 지역으로 분리독립 또는 러시아로의 합병을 요구)

을 해결하고 어떠한 외부세력으로부터도 지역민들을 보호할 수 있다면 그는 새로운 리바이어던이 될 수 있다. 쉽게 말해, 리바이어던의 정당성은 자신의 존재이유를 증명하는 능력과 권한을 성공적으로 수행할 수 있느냐에 달려 있다. 만약 리바이어던이 자신의 권력을 통해 전체에 대한 권위를 유지시킬 수 있다면 그는 그럴 자격과 권리를 가진 것이다. 즉 홉스는 권력이 권리를 만든다는 점을 이야기한 것이다.

질문

홉스는 자연 상태에서 안전하고 지속적인 사회와 보호체제를 유지하기 위한 사람들 간의 약속을 사회계약으로 불렀지만, 홉스도 그것을 가상적인 것으로 생각했을 것 같습니다. 즉, 자연 상태에서 실제로 모든 사람들이 같은 날에 한 곳에 모여 누군가를 왕으로 옹립했을 것이라고 믿지는 않았을 것 같아요. 사회계약은 실제로 정복과 혁명에서 시작되었을 것인데, 맞나요?

답

홉스는 이 문제에 대해서 명료한 대답을 제시하지 않았습니다. 정교한 이론체계 대신에 홉스는 당대의 정치경제적 번영을 가져오는지가 정치적 정당성의 중요한 근거임을 강조했습니다. 한편, 로크는 사회계약 유지에 대해 불가피성을 강조하면서 사회계약은 사후적인 정당성의 근거임을 우회적으로 표현했습니다. 즉, 국민들이 통치 권력을 전복시킬 수 없다면 그들은 그런 통치하에서 살아갈 수밖에 없고 이는 결국 그런 권력의 유지와 승인에 사람들이 암묵적 계약과 동의를 한다는 것을 의미합니다. 어떻게 보자면, 로크는 사회계약이 가상의 것임을 분명히 했다고 볼 수 있지요. 그런데 로크의 이런 주장은 현대사회에서는 그다지 적합하지 않아 보입니다. 어떤 정치권력을 몰아내지 못하는 것이 힘의 열세에서 불가능하기 때문인지 아니면 국민들이 그런 지배체제에 암묵적 동의를 하고 있기 때문인지가 현대사회에서는 맥락이 다르기 때문입니다. 현대 민주주의 사회에서 사람들은 정기적인 선거에서 투표를 통해 정치세력을 몰아낼 수 있기 때문에 잘못된 지배체제에 대한 암묵적 동의는 존재하기 힘듭니다. 하지만 1960년대 미국민들 다수는 베트남전 참전에 대하여 적극적으로 반대하기보다는 침묵하였고, 36대 리차드 닉슨(Richard Nixon) 대통령은 침묵하는 다수는 암묵적 동의라며 베트남전을 확전하였던 것이었습니다.

홉스는 실제로 사회계약이 있는지 없는지를 별로 상관하지 않았다. 그가 관심을 가졌던 것은 통치자가 내적 질서를 유지할 수 있고 외부로부터의 침략에 대한 방어를 제공해 줄 수 있는 능력을 가졌는가 여부였다. 만약에 통치자가 그런 능력을 가졌다면 상업 자본주의는 번창할 수 있을 것이다. 강력하고 유능한 통치자에 의해 보호받는 사람들은 치안과 안보, 사회적 혼란 등을 걱정하지 않고 자신의 사업에 집중할 수 있기 때문이다. 이것이야말로 불확실성과 불안정성이 만연한 사회에서 시민들이 통치자에게 원하는 것이다.

따라서 사회계약 자체가 중요한 것이 아니라 새롭게 등장하고 있는 상업 자본주의 사회의 작동을 위한 전제적 조건들을 통치자가 제공해 줄 수 있느냐가 중요한 것이었다. 실제로 홉스의 모델은 상업 자본주의의 경제적 체제와 절대적 지배자로서의 정치적 체제 사이의 동맹이었다. 즉 민주주의는 홉스의 모델에서 배제된다. 그러므로 홉스의 이론에서 민주적 요소들이 얼마나 직접 드러나고 있는지는 의문으로 남는다.

민주주의에 대한 홉스의 입장을 정리하자면 다음과 같다. 첫째, 홉스는 아마도 민주주의를 승인하지 않았을 것이다. 개인들은 홉스식의 리바이어던과의 관계에서 거의 권리를 가지고 있지 않기 때문이다. 실제로 유일한 권리는 자신의 생명과 재산을 보호하는 것이다. 리바이어던은 법을 만들고 정부를 운영하여 관료들을 임명하고 사유재산을 규제하는 등의 절대 권력을 행사할 수 있는 존재이다. 이론적으로 리바이어던은 모든 사유재산과 개인의 권리를 박탈하여 자신에게 귀속시킬 수 있지만 이를 실행하지 않을 것이라고 전제한다. 실제로 절대군주의 지지자들은 통치자가 사유재산을 지켜줄 것이라고 믿고 통치자의 절대 권력을 지지하고 정당화한다. 더욱 직접적으로 말하자면, 리바이어던은 경제적 번영과 유지를 위한 토대를 제공하며 이 조건을 충족시킬 경우에 개인들은 리바이어던에 충성을 다한다. 이 같은 주장은 원리상으로 중상주의 이론과 유사하다. 중상주의 아래서 통치자는 경제적 번영과 유지를 위한 모든 종류의 경제적 조치와 규제(수입, 수출, 임금, 가격, 생산, 과학, 착취, 공적 사회간접시설 등을 통제)를 행사할 수 있다. 그러한 이유로 중상주의 정책은 사실상 신흥상인계급에 우호적인 정책이라 할 수 있다. 그런데 홉스적 정치이론은 상업 자본주의로부터 태생한 민주주의와는 어울리지 않았다. 17세기에 새롭게 등장한 상업 자본주의의 일반적 경제적 자유는 국가의 역할을 최소한으로 규정할 뿐만 아니라 사유재산을 가진 개인의 권리를 양도할 수 없는 것으로 규정하는 것이 일반적이었기 때문이다.

둘째, 정치적 자유에 대해서도 홉스의 리바이어던은 상당한 억압을 유지할 것이다. 리바이어던은 자신의 통치권과 공동체를 유지하기 위해 모든 사람들의 의견과 실천을 관리한다. 그리고 불온한 의견과 사상을 제시하는 모든 사람들을 체포하고 처형할 권리를 가진다. 당연히 이것은 표현의 자유를 강조하는 근대적 민주주의 사상과는 합치하지 않는다. 이렇듯, 홉스를 민주주의와 연계시키는 것은 힘든 일이다. 아마도 홉스의 사상 중에 유일하게 민주주의와 관련되어 있는 것은 과반수 시스템일 것이다. 홉스는 과반수 의사결정 체제에서 의회의 지배력을 가진 51%는 소수에 대해서 다수의 독재로 운영할 수 있다고 생각했다.

따라서 홉스의 통치자는 우리가 흔히 이야기하는 독재자로 불릴 수 있다. 왜냐하면 그의 통치 권력은 그 무엇에 의해서도 견제받지 않으며 속박되지 않기 때문이다. 홉스의 이러한 입장은 주권론의 선구자인 장 보댕(Jean Bodin)과도 유사하다. 그는 "주권을 가진 사람은 절대 권력을 영원히 갖는다"고 주장하였다. 만약 당신이 군주라면 당신의 통치권력(주권)에 제한은 없다. 그러나 보댕은 현명한 통치자는 사유재산과 상업 자본주의를 존중할 것이라고 강조했다. 왜냐하면 정치권력과 경제권력의 타협이 쌍방간에 훨씬 이익이 되며 공존할 수 있기 때문이다. 상업 자본가들은 왕에게 세금과 정치적 지지를 제공하고, 이에 대한 대가로 왕은 사회간접시설, 사유재산 보호, 그리고 법과 질서를 제공한다. 왕과 상업자본가들은 각자의 이익과 권리 보호를 추구하기에 때로 이들의 협상은 난관을 겪기도 하지만, 계몽된 왕은 상업자본가의 고유한 권한과 사유재산을 존중하고 촉진할 것이다.

사실 왕이 사유재산을 존중하게 된다면 자신의 권력이 축소되거나 권한이 추락할 수 있다. 왜냐하면 상업자본가들은 공동체의 번영을 위해 감세 등 더 많은 요구를 하게 될 것이기 때문이다. 왕에게 있어 자신의 안전을 확실하게 보장하는 유일한 방법은 자신만이 부와 권력을 독점하고 다른 모든 사람들을 노예로 만드는 것이다. 그러나 이것은 현실적으로 불가능하다. 현명한 군주는 자신을 절대적 통치자로 묘사하지만 상업 자본가들의 요구를 강력하게 억압하기보다는 용납 가능한 영역을 보장해 주는 방안을 통해 그들을 다스린다. 그렇게 함으로써 비록 절대권력은 아닐지라도 권력에 대한 안정적이고 지속적인 지지와 충성을 확보할 수 있기 때문이다. 지배층의 충성에 대한 대가로 많은 보상을 제공한 영국 헨리 3세와 엘리자베스 1세의 통치 행위가 대표적이다. 실제로 리바이어던은 묘사된 것과 달리 홉스와 보댕에게조차 절대적이지 않을 수 있다.

질문

상업자본주의는 마르크스(Karl Marx)와 베버(Max Weber)의 관점에서의 자본주의를 의미하는 것인가요?

답

마르크스는 자본주의를 세 개의 단계(상업 자본주의, 제조업 자본주의, 그리고 산업 자본주의)로 구분하였습니다. 베버 역시 자본주의의 맹아로서 상업 자본주의 단계를 예의 주시하고 있었습니다. 마르크스와 베버에게 16, 17세기의 지배적인 자본주의 형태는 산업과 제조업보다는 무역과 교환이었기 때문에, 상업 자본주의는 베버와 마르크스 모두에게 적당한 용어일 것입니다. 물론 엄격한 마르크스의 정의에 따르면, 자본주의의 진정한 핵심요소는 자본과 노동의 관계의 등장이며 이 관계가 지배적인 원리로 정착되기 전까지 진정한 자본주의는 아닐 수 있습니다. 상업 자본주의 단계에서도 자본과 노동의 관계는 있지만, 이 관계가 핵심요소가 아니기 때문입니다. 마르크스주의자인 폴 스위지(Paul Sweezy) 역시 자본주의를 구성하는 자본과 노동 관계의 중요성에 동의하면서 자본과 노동관계가 핵심 요소인 산업 자본주의는 19세기에 등장한다고 주장하였습니다. 16세기 자본주의는 교역, 교환 그리고 시장이 중심이었기에 우리가 익숙한 자본과 노동의 관계는 존재하였습니다. 당시 선대제도(putting-out system)는 각각 독립된 작업장과 도구를 지니고 있는 소생산자들에게 상인이 원료나 반제품, 도구 등을 먼저 지불하여 제품을 생산하게 하는 방식으로서, 상인들이 노동자들을 고용하고 그들의 노동을 이용하는 제도였습니다. 그러나 상인들은 노동자들을 고용하는 것 자체보다는 상품을 사고파는 것에 더 큰 관심을 가지고 있었습니다. 상업 자본가들이 부자가 되는 방법은 주로 싸게 물건을 사서 비싸게 파는 것이었기 때문이었죠. 자본주의 초창기에는 상업이 가장 중요한 요소였으며 마르크스는 이를 상업 자본주의라고 불렀으며, 19세기 전까지 자본주의는 완전히 만개하지 않았다고 보았습니다.

3) 자유주의자 로크(Locke)의 세 얼굴

고전적 자유주의 사상에 있어 실질적으로 그 시작의 문을 연 것은 로크라고 할 수 있다. 계몽주의의 자유와 평등사상에 영향을 받은 로크는 홉스와 마찬가지로 개인을 분석단위로 시작하였다. 그는 자연 상태에서 정부의 존재에 앞서 개인을 기술하였는데, 자연 상태의 인간의 본성을 이기적 존재로 보는 홉스와 달리 로크는 이성적인 존재로 보았다는 점이 큰 특징이다. 로크는 본질적으로 모든 개인들은 자연 상태에서 자유와 평등을 누리는 가운데 타인의 생명, 자유, 사유재산에 피해를 끼치지 않으면서 자신들의 목표를 추구할 수 있는 방법을 이성적으로 결정할 수 있는 준사회성(semi-sociality)을 가지고 있다고 보았다.

로크의 정치경제 사상은 그의 가장 유명한 저작인 『통치론(Second Treaties of Government)』에서 중도와 관용을 기반으로 제시되었다. 17세기 후반의 내전의 황폐를 경험한 로크는 절대적 권력을 가진 정부보다는 제한된 권력을 가진 정부(제한된 입법부 권력)를 새로운 정치 체제로 제안하고 동시에 상업 자본주의를 권장하였다. 로크의 사상은 기본적으로 자본주의가 절대왕정과 봉건제를 무너트린다는 신념을 바탕으로 하기에 홉스보다 상업 자본주의에 더 헌신적이었으며, 이는 결과적으로 정부의 절대권력에 대한 비판으로 이어진다. 로크는 찰스 2세 시대에 중도와 평화를 주창하는 저작을 집필하여 찰스 2세로부터 추방당했다. 로크의 사상은 급진적, 보수적, 자유주의적인 요소를 모두 가지고 있었는데, 이는 로크의 사상이 지닌 강점이면서 내적 일관성에 문제를 초래하는 요소이기도 하였다.

존 로크 John Locke (1632~1704)

영국의 철학자이자 정치이론가이다. 로크는 영국 서머셋 주에서 태어났다. 로크는 웨스터 민스터 학교에서 수학한 후, 옥스퍼드의 크라이스트 처치 칼리지에서 학위를 수여받았다.

로크가 착상한 사회계약론은 정치사상사 발전의 중요한 계기가 되며 이후 자유주의 발전에 가장 큰 영향을 미쳤다. 로크는 인간의 본성과 자연 상태에 관하여 홉스보다 긍정적으로 평가했다. 요컨대 로크는 인간은 본래 합리적인 존재이며, 자연 상태에서의 인간 집단은 공공선을 추구하는 공동체에 가깝다고 판단하였다. 그러나 로크는 우연적 요소로부터 재산을 더욱 안전하고 효과적으로 지키기 위해서는 별도의 기관이 필요하다고 주장하였다. 즉, 사회계약을 통하여 국가를 출범시키자는 것이 그의 논지였다.

홉스와 달리 로크의 국가는 절대적 권력을 행사하는 기관이 아니었다. 로크는 분립된 권력을 입법부와 행정부가 이원적으로 점유하는 정부 형태를 제시하였다. 즉, 입법부는 법률을 정하며, 행정부는 그에 따라 통치를 하자는 것이 로크의 대안이었다. 또한 로크는 국가가 제 기능을 제대로 수행하지 못하거나, 혹은 국민의 재산을 안전하게 보호하지 못하였을 경우에는 국민에 의하여 계약이 파기될 수 있다고 주장하였다. 이런 혁명적 입장은 홉스보다 한층 더 단호하였다.

로크의 독특한 정치철학은 사유재산권 보호에 관한 신념으로부터 귀결된 것이다. 로크는 인간은 신으로부터 일정한 권리를 공평하게 부여받는바, 그 권리의 핵심은 사유재산권이라고 주장하였다. 이러한 지점에서 로크의 정치철학은 정치경제학의 중요한 기반이 되었다.

주요 저서로 「통치론」, 「관용에 관한 서한」 등이 있다.

| 급진주의자 로크

로크는 '모든 인간은 유일하고 전지전능한 신의 작품이기 때문에 어떠한 복종관계도 상정될 수 없다'며 '신 앞의 평등과 자유'를 강조했다. 만약 신이 우리를 창조했다면, 신의 선택에 맞게 인간이 존재하는 것이 신의 의도에 부합하는 일이다. 신이 인간에게 부여한 권리는 다른 누구에게 양도할 수 없으며 정부에게도 자연권은 양도할 수 없다. 즉 "모든 인간은 자신의 신체에 대해 소유권을 갖는다"는 것이 로크의 주장이다. 초기 로크의 이런 주장은 분명 민주적으로 급진적 함의를 가진다.

민주주의와 정치 참여에 대한 급진적인 로크의 생각은 인간 본성에 대한 개념에서 시작된다. 홉스는 인간을 극도로 이기적이고 개인주의적이며 전(前)사회적이고 전(前)정치적인 존재로 죽을 때까지 끊임없이 더 큰 부와 권력을 추구하는 존재로 간주했다. 여기에서 로크는 인간이 타인들에 대한 지배권을 욕망하는지에 대해서는 전혀 언급하지 않았다. 오로지 자연 상태에서 인간들은 완전히 평등하고 자유롭다고만 이야기했을 뿐이다 여기에 덧붙여 도덕적 원칙이라는 자연법(the Law of Nature)의 존재를 인정하며 이성은 우리에게 도덕적 원칙들을 이해하게 만들고, 타인의 자유를 침해하지 않는 한에서 사람들은 평화롭게 살 수 있다고 설명한다. 로크에 따르면, 다른 사람들을 간섭하지 말고 자기 방식대로 살아가는 자유를 추구하는 것이 이성의 가르침이다. 이것은 사람들이 자유로운 계약을 맺으며 상대를 신뢰할 것을 바라기 때문이다.

한편, 로크는 인간이 자유를 사랑한다는 홉스의 생각을 유지했다. 즉, 인간은 모든 종류의 개인적·경제적인 자유와 관계된 모든 것을 사랑하기 때문에, 정부나 다른 사람들의 침략으로부터의 안전을 추구한다. 로크에게도 자연 상태는 전(前)정치적이며 인간은 천성적으로 정치적 인간이 아니기에 타인의 위협과 공포는 상시 도사리고 있다. 차이가 있다면, 홉스와는 달리 로크에게 자연 상태는 전(前)사회적 상태로 간주되지 않는다는 점이다. 즉, 마르크스가 19세기에 이야기했듯 인간은 완전히 고립된 존재는 아니며 다른 사람들과 일반적인 사회·경제적 관계로 서로 연결되어 있다는 것이다. 그런데 비록 사람들이 다른 사람들과 계약으로 연관되어 있어도 자연 상태에서는 그 계약을 강제할 정부가 존재하지 않는다.

이처럼 로크는 홉스와 달리 자연법을 통해 자연 상태에서도 사람들 간에 경제적인 관계를 부여했다. 그런데 개인의 자유를 사랑하며 지배권을 추구하지 않고 관용적이고 중도적이며 이성적이고 때때로 회합을 통해 종교적 숭배를 하거나 친밀한 이웃관계를 가지는 인간들이 왜 정부를 필요로 하게 되는 것일까? 이에 대해 급진적 로크는 노동의 중요성을 강조하면서 결과물(생산물)에 대한 자격과 권리를 논하였다. 로크에 따르면, 자연 상태 첫번째 단계인 소유적경제에서 인간은 자신의 노동을 통한 결과물로서 재산을 보장받는다. 신에 의해 창조된 모든 인간들은 신으로부터 노동을 할 수 있는 육체·정신적 힘을 부여받았다. 따라서 인간은 신의 재산이며 타인의 생명과 재산을 보호하는 것은 신을 위한 특정한 의무가 된다. 더불어 자연은 신이 인간에게 욕구를 충족하고 생명을 유지할 수 있도록 하는 선물이므로, 그리고 인간은 자본이라는 도구를 통해 자연을 변화시킨다. 17세기 생산에 있어 ① 토지(자연, 천연자원), ② 노동(육체적, 정신적 힘), ③ 자본(우리가 자연과 노동을 합쳐 창조한 도구)이라는 물리적 3요소는 궁극적으로 모든 결과물(생산물)을 창출해 내는 노동자의 위상을 강조하게 된다.

노동에 기반한 소유물과 소유 자격이론에 기초하여 급진적 로크는 오직 노동을 통해서만 소유할 권리를 가진다고 생각했다. 상속이나 약탈, 도둑 등은 소유할 권리를 부여하지 못한다. 즉 인간은 누구나 노동을 할 수 있는 정신적·육체적 능력을 소유하고 있으며, 다른 사람은 당신의 노동의 열매를 가질 권리가 없고 재산을 공유하는 공동체의 개념도 존재하지 않는다. 각각의 개인은 자신이 노동을 통해서 획득한 사유재산(소유물)에 대한 적합한 권리를 가진다. 급진적 로크가 특별히 유산 상속에 대해 언급한 것은 없으며 유산 문제에 대해서는 보수적 로크가 많은 이야기를 했다. 다만 급진적 로크는 유산 상속이 개인들의 도덕적 태도와 노동 의지, 부의 불평등 등에 부정적인 영향을 미친다고 비판했다. 급진적 로크는 아마도 유산이 상속되는 조건하에서도 "다른 사람을 위해서 충분히 남겨두어야 한다"고 강조할 것이다.

그런데 로크는 여기서 평등을 지향하는 중요한 단서를 붙인다. 당신은 다음의 두 가지 상황을 제외하고 당신의 노동을 통해서 얻은 소유물을 가질 권리가 있다. 먼저 생산물이 썩어 없어질 정도로 지나치게 소유물이 많아서는 안 된다는 것이다. 중세유럽의 카톨릭 신자이자 철학자인 토마스 아퀴나스(Thomas Aquinas)는 만약 누군가가 당신이 배불리 먹고도 남은 음식을 가져간다면 그는 도둑이 아니라고 하였다. 17세기 영국에서 지주들이 모직물 공업의 발달로 양모값이 폭등하자 농경지를 양을 키우기 위한 목장으로 만드는 '인클로저 운동(enclosure movement)'에 의해 많은 농민들이 토지를 상실하게 되었다. 후술할, '디거스(the Diggers)'라 불린 17세기 영국에서 활동한 급진적 농민공동체 운동 집단은 사용하지 않는 미개간 혹은 황폐한 땅을 경작할 수 있는 권리가 토지를 상실한 농민들에게 돌아가야 한다고 주장하였다. 글자 그대로 '땅을 파는 자들'인 디거스들은 수십 명이 소규모 집단을 이루어 황폐지와 공유지를 개간하여 경작하며 소유물은 나눠 갖는 공동 생산과 공동 소유를 실현하고자 하였다. 동시대인 17세기 영국의 급진적 정치운동(보통선거권, 표현의 자유 등) 집단인 수평주의자들(the Levellers)처럼 급진적이지는 않았지만 로크의 생각은 인간이 자신이 소비하지 못할 만큼의 사유재산, 소유물을 가질 권리는 없다는 함의를 강하게 품고 있다. 생산물이 남아 썩어지는 만큼에 대해서는 다른 사람의 접근이 자유로워야 한다는 것이다. 이 경우에 생산물은 농산물을 의미하는 것으로 보인다. 두 번째로, 당신은 다른 사람을 위하여 충분할 만큼의 생산물 혹은 자원을 남겨야 된다. 이는 존엄한 인간으로서 부에 대한 사람들의 동등한 접근권을 강조한 것으로 이해할 수 있다. 이런 두 가지 조건이 충족된다면 극단적인 수준의 불평등이 일어날 확률은 매우 낮으며 사람들은 생계를 위한 기본적인 자산을 가질 수 있을 것이다.

구체적으로, 가난한 개인이 더 부자인 사람에게 고용되어 노동을 할 수 있지만 그의 부당한 권위에 고개를 숙일 필요는 없다. 로크에 따르면 모든 사람은 자연과 그들의 노동을 결합시킬 수 있는 정신적, 육체적 힘을 가지고 있기 때문에 종속적인 인간관계로 들어설 필요가 없다. 인간은 자립적인 농부나 사업의 소유권자가 될 능력이 있다. 물론 어떤 사람은 다른 사람보다 더 근면하거나 검소할 수 있으며, 그 사람은 다른 사람보다 더 많은 소유물을 가질 것이다. 당신이 충분히 부지런하거나 현명하지 못하다면 당신은 소유한 집이 경매에 넘어갈 위험을 감수해야 할 것이다. 이제 우리가 애초에 제기한 질문 즉, 로크적인 개인과 사회는 왜 정부를 필요를 필요로 하는가? '사유재산 보호'라는 이유는 급진적 로크가 아니라 보수적인 로크의 답변이다. 만약 각자가 사유재산을 가지고 있고 그 차이가 아주 작다면 우리는 굳이 정부를 구성하면서까지 사유재산을 보호할 필요가 없다. 만약 인간들이 다른 사람을 지배하고자 하는 본능적인 욕망이 없다면, 그리고 인간들이 자연법을 따른다면(이성을 따른다면), 사람들은 다른 사람들의 삶에 개입하지 않고 각자의 삶을 자신의 의지와 계획에 따라 살아갈 것이다. 따라서 모든 인간이 적당한 재산을 보유하기 때문에 무산자로부터 유산자를 보호해야 하는 정부는 필요하지 않는다. 그럼에도 급진적 로크 역시 모든 사람이 항상 이성적이지 않다는 점에서 정부의 필요성을 인정한다.

급진적 로크는 다음과 같은 특수한 이유로 정부가 필요하다고 말하고 있다. 첫째, 법을 준수하는 절대 다수의 사람들을 반사회적 인격 장애를 가진 야만적인 사람들로부터 보호하기 위해서이다. 정부의 필요성은 재산이 없는 사람들로부터 재산이 있는 사람들을 보호하는 것이 아니다. 상대적으로 평등한 사회에 있어서도 몇몇의 소시오패스(sociopath)는 존재한다는 것이다. 그런데 이것은 일반적인 규범으로부터의 개인적인 일탈일 뿐이다. 즉, 비록 대부분의 사람들이 상대방에게 피해를 주지 않고 이성적으로 살아가지만 그중 일부가 자신이 가진 부와 힘을 남용하여 타인에게 피해를 주는 경우가 있기 때문에 정부의 보호가 필요하다는 점이다.

둘째, 정부를 가지지 않는 것은 불편하다는 것이다. 인간의 삶과 사회의 편리한 운영을 위해서는 개인적인 수준보다 집합적으로 제공되어야 하는 규칙이 필요하다. 개인들이 자발적으로 공동의 규칙을 만드는 수고를 더는 동시에, 규칙을 만들기 위해서는 정부가 필요하다. 만약 구성원들이 규칙을 어긴다면, 우리는 그 개인이 유죄인지 여부와 처벌 수준을 판단할 공동의 법률체계가 필요하고, 공동의 법률을 집행하고 재판과정을 감시할 집행부가 필요하다. 예컨대, 야구게임에서 선수들은 열심히 자신의 역할을 수행하면 되지만 아웃/세이프 또는 스트라이크/볼 등의 판정의 논란이 발생했을 때 각자가 심판이 될 수 없기에 객관적인 판결을 내리는 심판이 필요한 것과 유사하다. 그렇기에 구성원들은 계약을 통해 정부를 수립하고 정부는 규칙을 정하고 판결, 집행하는 등의 권력을 가지고 있는 것이다.

셋째, 한 사회의 구성원이 이성의 규칙을 충실하게 따른다고 하더라도 외부자(다른 사회 또는 국가)들은 그 사회의 규칙을 존중하지 않을 것이다. 우리는 폭력적인 외부의 공격으로부터 독립적인 개인 재산권자들을 보호하기 위한 연방의 권력을 가진 정부가 필요하다.

질문

로크가 인간의 본성에 대해서 논할 때 그는 영국인의 본성에 대해서 이야기하였습니까? 만약 그가 보편적인 인간 본성에 대해서 이야기하였다면 왜 외부의 침략군이 존재할까요? 단지 소수의 강도(개인적 일탈자)들만이 주변에 있는 것이 아닐까요?

답

대부분의 경우 우리의 재산을 침략하는 집단들은 스페인 왕과 같이 다른 국가의 중앙 집중화된 정치권력자라고 할 수 있습니다. 스페인에 살고 있는 스페인 사람들이 영국인들과 다른 본성을 가지고 있는 것이 아니라 강력한 육군과 해군을 보유하고 있는 통치권력 집단들이 이성의 법칙에 예외일 수 있다는 말입니다. 따라서 영국민들은 자신을 서로에게서 보호하기보다는 국민국가를 이루어서 자신들의 이익을 침탈하는 외부의 적으로부터 이성적 개인들의 사회를 보호해야 합니다.

정리한다면, 로크는 인간이 자신의 노동에 의하여 축적한 것은 자신의 자산으로 소유할 권리가 있지만 이 권리는 자신의 필수적인 수요만 충족하는 것으로 제한되어야 한다고 주장했다. 이는 산업사회보다 작은 커뮤니티와 소박한 소유의 사회를 선호한다는 점에서 루소(Rousseau)와 마찬가지다. 그에 의하면 자연 상태에서의 인간은 완벽한 자유와 평등을 누리며 복종도 통치도 존재하지 않는다. 그렇지만 그들은 자연 상태에서 자신들의 안전을 위하여 자신들을 통치할 권력을 위임할 정부를 선택할 자유를 가지게 된다. 그러나 자본주의는 계급분파와 이익을 중시하게 되어 재산을 가진 자들만이 정부를 선택할 권리를 갖게 되었고 재산이 없는 자들은 정부를 선택할 권리를 갖지 못하게 되었다. 로크는 이러한 자본주의가 자유와 평등에 기초한 공동체 정신에 위배된다는 비판적 문제의식을 가지고 있었다. 즉, 화폐, 상속, 임금노동에 기반한 부의 집적은 자본의 집중을 가져왔고, 지배 계급은 자산을 보호하는 입장에서 재산을 가지지 못한 자의 참여를 거부하게 된다는 것이다. 그렇기 때문에 사유재산을 보호하는 자본주의와 모든 사람의 정치 참여를 필요로 하는 민주주의는 공존하기 힘들 수 있다는 것이다.

한편, 만약 정부가 독재 권력으로 타락하거나(아리스토텔레스는 독재에 대해 법을 초월한 절대적 무소불위의 권력으로 정의하였다) 외부의 침략을 막아낼 수 없는 무능한 정부라면, 로크는 정부가 통치권좌에서 물러나야 한다고 주장했다. 개인들은 정부를 전복시킬 수 있는 권리를 보유하고 있기 때문에 통치자는 절대 권력이 아니라 제한된 권력을 가진 존재이다. 이와 관련하여 로크는 만약 혁명을 용납한다면 혁명이 항상 일어날 것이라고 비판한 사람들에게 재비판을 가했다. 첫째, 대부분의 통치자는 이성에 의해 생명, 자유, 토지를 보호하기 위해 필요한 권력에 기반해 통치를 할 것이기 때문에 국가전복이 일어나지 않을 것이다. 둘째, 대부분의 시민들은 혁명을 일으키는 것을 원하지 않는다. 왜냐하면 혁명을 성공시키기 위해서는 매우 많은 사회적 비용을 지불해야하기 때문이다. 그래서 종종 권력을 부적절한 방식으로 사용하는 정부권력이 있을지라도 쉽게 국가의 전복이 발생되지 않는다고 하였다. 셋째, 용납할 수 없을 정도로 독재화된 통치자는 혁명을 통해 그들의 권력을 박탈하는 것이 마땅하다. 결론적으로 혁명의 권리는 아주 특수하고 극단적인 경우에만 사용될 것이라고 보았다.

| 보수주의자 로크

급진적 로크에 함축된 개념이 평등(Equality)이라면, 보수적 로크에게 중요한 개념은 재산(Property)으로 볼 수 있다. 급진적 로크와 달리 보수적 로크에게는 사유재산이 가장 중요하다. 로크가 자연 상태의 첫 번째 단계에서 노동의 생산에 따른 권리에 대한 소유적경제를 이야기했다면, 두 번째 단계에서는 자본가경제를 말한다. 그렇기 때문에 보수적 로크는 자연 상태의 두 번째 단계를 거론하면서 사유재산의 중요성을 부각시킨다. 자연 상태의 두 번째 단계는 엄청난 수준의 불평등을 특징으로 한다. 불평등의 한 가지 원인은 유산상속이다. 부를 상속받은 사람들은 훨씬 더 많은 재산을 축적할 수 있으며, 이는 사회의 불평등을 증대시킨다. 재산이 많은 사람들은 규모의 투자를 통해 대규모 생산이 가능해지는데, 이는 소규모 투자에 의존하는 생산 방식에 비해 더욱 효율적인 생산을 가능하게 만든다. 따라서 큰 이익을 얻을 수 있는 규모의 경제를 소유한 자산가를 소규모 자산가가 시장경쟁에서 이기는 것은 매우 어려울 수밖에 없다. 시간이 지나면서 경쟁에 뒤진 소규모 자산가는 점점 대규모 자산가에게 고용될 것이고 이런 현상이 확산되면서 경제적 소수들의 안정적인 생계를 위한 소득과 고용보장, 소유권 문제가 발생한다.

규모의 논리에 따라 대규모 자산가가 소규모 자산가를 흡수하는 과정을 통해 빚어지는 불평등의 심화라는 문제는 로크를 필연적으로 다음과 같은 두 번째 보수적 주장, 하인(servant)의 생산물에 대한 논의로 이끈다. 로크는 하인의 생산하는 재산에 대한 주인의 소유권에 대해 이야기하는데, 이때 주인은 하인(혹은 노동자)을 고용하였으므로, 하인이 생산하는 재산에 대한 소유권을 가진다. 하인들은 노동을 하지만 재산에 대한 소유권은 없고 주인을 위해 일할 뿐이다. 보수적 로크는 노동자가 자신의 생산물에 대한 정당한 권리를 가진다는 초기의 이야기를 포기하면서 생산력을 극대화할 수 있는 규모의 논리에 따른 자본가 경제에 대해 이야기하고 있다.

이와 더불어 로크는 화폐(money)를 기초로 하여 노동의 분업과 시장경제의 발전에 대해서도 다음과 같이 논한다. 돈은 썩지 않으며 축적이 가능하다. 따라서 썩지 않을 만큼만 소유해야 한다는 명제는 여기에 적용되지 않으며, 또한 '다른 사람을 위하여 충분할 만큼 남겨라'는 첫 번째 단계인 소유적 경제 명제 역시 두 번째 단계인 자본가 경제에서는 사라지게 된다. 이제 재산 소유자들은 다른 사람들을 위해 재산을 충분히 남겨두기보다는 자본 축적과 토지 축적을 통해 더 많은 부를 추구하게 된다. 그런데 충분한 만큼의 것을 남겨두지 않는다면, 모든 사람들이 자기 소유물을 가지는 것은 불가능하게 되고 사람들은 생계를 위해 자신의 노동력을 고용주에게 팔 수밖에 없어진다. 생산물이 노동의 당사자가 아닌 고용주에게 귀속된다는 이와 같은 논리는 로크의 이론에서 나타난 변화를 상징한다. 사람들은 그들의 노동생산물에 대해서 소유권을 가지는 고용주를 위해 일하게 되며 이것은 자본주의적 계급구조가 시작되고 널리 퍼지게 됨을 의미한다. 고용주는 토지나 자본을 소유한 유산계급이 되며 노동자들은 그들의 정신·육체적 힘을 제외하고는 아무것도 가지지 못하는 무산계급이 된다.

이에 따라 보수적 로크는 인간 본성에 대해서도 근본적인 변화를 제시한다. 가난한 무산자들은 이성을 따를 확률이 유산자들보다 적고 도덕적 책임감도 낮다. 무산자들은 재산을 가진 사람들을 시기하고 부자들의 삶과 재산을 훔치려고 모의한다. 보수적 로크에게는 계급 분화에 의해 구조화된 일종의 홉스적 세계가 존재하는 것이다. 이제 이성은 자연상태를 떠나 유산자들의 재산을 보호할 정부를 설립하기를 원한다. 급진적 로크에게 정부의 존재이유가 비이성적인 소수의 사람들의 공격으로부터의 방어를 통해 공동의 이익을 보호하는 것이었다면 보수적 로크는 무산자들의 공격으로부터의 소수의 재산소유자들의 보호를 정부가 필요한 핵심적인 이유로 제시하는 것이다. 즉, 아담 스미스(Adam Smith)의 유명한 비유였던 "부유한 자들은 단 하룻밤도 평온하게 잠들지 못할 것이다. 심지어 지역 경찰대가 가난한 사람들의 약탈로부터 자신들의 재산을 보호할 것을 알고 있어도 말이다."는 말처럼, 보수적 로크는 유산 계급의 보호를 정부의 중요한 기능으로 꼽는다.

이제 우리는 정부의 역할과 계급적 성격에 대한 질문과 대답을 모색해 볼 것이다. 사회계약을 통해 성립된 사회에서 정부는 심판의 역할을 맡는다. 그렇다면 심판이 중재해야 할 게임의 선수들은 누구인가? 보수적 로크에게 심판의 대상은 재산을 가진 모든 사람들의 갈등이며 개인들이 소유한 독립적 재산의 격차일 것이다. 정부는 사유 재산을 소유한 유산자들의 재산을 보호하는 동시에 사람들의 생명과 자유까지도 보호하기 위하여 설립되었기에 재산을 소유한 양의 차이일 뿐 정부의 역할적 측면에서 모든 사람은 동등한 보호를 받는다. 생명과 자유에 관해 모든 사람들이 정부 정책의 주요한 대상이 되는 것이다.

사회 계약에 따른 정부의 기본적 역할에 대한 논의와 달리, 보수적 로크는 사유재산을 소유한 자의 자격과 권리를 명백하게 우선시하는 경향을 보인다. 보수적 로크는 사유재산을 소유한 사람과 그렇지 못한 사람들의 존재를 날카롭게 구별하기 때문에 정부가 관여하는 주요 대상은 재산 소유권자들 간의 분쟁이며 모든 구성원들에게 관심을 갖는다기보다는 자본가 대 자본가 또는 자본가 대 지주의 관계 및 형평성과 같이 많은 자본을 소유한 사람들의 문제가 우선적이게 된다. 가령, 초기 자본주의 형성 과정에서 가장 중요한 정치경제적 사건은 새롭게 등장한 자본가와 지주 귀족들 사이에서 발생되었으며 이때 심판자로서의 정부의 역할이 강조된다. 신흥 자본가들은 자신들의 부와 권력이 증대하면서 더 많은 권력과 높은 지위를 요구했고 지주귀족들은 전통적인 법률과 판결을 통하여 자본가들의 공세로부터 자신들의 기득권을 보호하기 위하여 노력하였다. 로크에게 있어 정부의 중요한 기능은 이런 유산자들 사이의 문제를 심판하는 것이었다. 이는 달리 말해, 사실상 재산이 없는 대부분의 무산자계급은 정치경제적 사안에서 배제되었다는 것을 말한다.

물론 살인이나 다른 범죄 같은 개인들 사이의 분쟁에 정부는 적극 심판자로서 개입한다. 그리고 여기에는 유산자(有産者)와 무산자(無産者) 사이의 분쟁도 포함될 것이다. 보수주의자 로크 역시 무산자에 대한 유산자들의 범죄(끔찍한 기아와 빈곤으로 내모는 것 등)를 처벌하는 것이 정의라고 생각했으며 이렇게 온정주의적으로 개입해야지만 무산자들의 반란을 초기에 봉쇄할 수 있다고 생각했다. 그러나 이것이 법의 공평성을 주창한 것은 아니었다. 당시에 법은 부자와 빈자 모두가 공공시설인 다리 아래에서 잠을 잘 수 없다고 금지하고 있지만 이것이 실질적인 법의 공평함을 의미하는 것은 아니다. 왜냐하면 이런 금지는 부자와 빈자 모두에게 공평하게 적용되지만 부자는 다리 밑에서 비를 피해 잠을 잘 필요가 없으므로 처벌받는 것은 오직 빈민들뿐이기 때문이다.

| 자유주의자 로크

자유주의자 로크는 보수적 로크와 급진적 로크를 혼합하기를 원한다. 급진적 로크가 규칙을 무시하는 비이성적인 사람들로부터 모든 시민들의 자유와 안전을 보호하기 위해 정부가 필요하다고 주장했다. 반면에 보수적 로크는 정부의 가장 중요한 기능은 유산자들을 무산자들의 공격으로부터 보호하는 것이라고 주장하였다. 자유주의자 로크는 이 두 가지 측면을 동시에 고려한다. 정부는 무산자들의 공격으로부터 유산자들을 보호하는 동시에 부패하고 탐욕적인 유산자들의 지배와 착취로부터 무산자들을 보호해야 한다는 것이다.

그러나 이런 주장이 무산자들이 정치적 주체로서 정부를 구성할 권리를 인정하는 것은 아니며 그들이 공직에 출마하거나 투표를 할 수 있다는 것을 의미하는 것도 아니다. 보수적 로크만큼은 아니지만 자유주의적 로크 역시 무산자들을 정치적 권리를 행사하는 유권자들로 간주하지 않았다. 급진적 로크는 자유롭게 태어난 모든 영국 남성들이 선거권을 가진다고 생각했지만, 자유주의적 로크는 아주 작은 재산이라도 소유한 사람만이 선거권을 가진다고 보았다.

자유주의자 로크가 주창한 정부는 유산자와 무산자 계급 모두를 보호하는 현대적 의미의 다원주의(pluralism)의 한 종류라고 평가할 수도 있을 것이다. 실제로 로크의 사회는 심판 역할을 하는 정부에 의해 집단들의 이익과 욕망들이 균형을 이루고 잘 조절되는 다원주의 사회이다. 정치적으로, 로크의 사회계약은 모든 사람이 재산을 소유하고 정치에 참여하며 함께 자신들을 보호하는 집단적 의사결정에 관련된 보통선거 제도를 함축하고 있다. 로크는 모든 사람들이 함께 모여 만장일치로 계약에 서명을 한다고 주장하지는 않았다. 원칙적으로 정부의 설립자들에는 성인 남성이 전제되지만, 이들은 유권자가 될 수 있고 선거에 출마하여 당선될 수 있는 거의 동등한 기회를 가진다고 주장했다. 그러나 어느 정도의 재산을 가진 남성들에게 투표권을 부여해야 한다는 주장은 보수주의와 결합되어 고전적 자유주의의 민주적 한계를 노정하게 만들었다. 이러한 사회에서라면 정부는 무산자들에 대해서도 생명과 생계의 유지와 같은 기본적인 문제들에 대해선 반응을 보이겠지만, 이들의 보통 선거권을 인정하지는 않을 것이다. 그들은 재산을 소유하지 않았기에 투표권을 가지지 않으며, 따라서 정치에 관여할 수도 없는 존재들이기 때문이다.

경제적 자유에 있어 로크는 자연 상태가 갖춘 풍족함 속에서 인간은 노동을 통해 자신에게 필요한 만큼의 충분한 양의 재산 소유가 가능함을 인정하였다. 단, 부를 축적할 때에는 그것이 과하여 상하거나 낭비되지 않는 정도에 한해서만 가능하며 나머지는 타인을 위해 남겨 놓아야 한다는 점을 강조하였다. 이는 분명히 평등의 가치를 강조하는 것이지만 화폐가 발명됨으로써 부의 무제한적인 축적이 정당화된다. 화폐가 썩지 않는다면 부의 축적은 정당화될 수 있다는 것이다.

경제적 불평등 문제에 대한 접근 역시 전환된다. 화폐를 통한 부의 무제한적 축적은 부를 소유한 개인이 다른 사람을 사서 종이나 노예로 부릴 수 있기 때문에 불평등의 문제가 발생한다는 점이다. 이런 상황 속에서 사람들은 개인의 자유와 평등, 그리고 생명과 재산의 침해에 대한 불안을 느끼게 된다. 때문에 이를 조정하고 규제하여 개개인의 자연권과 재산을 보호하기 위해 사회계약을 통해 정부의 수립이 필요함을 로크는 역설하였다. 그의 저서 대부분이 17세기 후반에 쓰였다는 것을 감안한다면 로크에 있어 재산 축적을 정당화하는 것은 지주 귀족이 지배하던 봉건제도에서의 탈피 속에서 많은 영주로부터 많은 대중에게로 부와 권리가 이동한다는 것을 의미할 수도 있을 것이다. 하지만 현실적으로 고전적 자유주의의 혜택은 신흥 부르주아라는 한정된 계층의 차지로 넘어갔다.

자유주의자 로크는 초기에 그가 주장했던 소유물 획득의 자격으로서의 노동을 더 이상 주장하지 않았다. 주인에게 고용된 하인이 정원을 손질했다고 해서 그 정원이 하인의 소유물이 되는 것인가? 로크는 이런 사례로서 하인을 고용한 주인에게 정원 소유권이 있음을 명료하게 강조한다. 하인은 다만 노동의 대가로 주인으로부터 생활할 수 있는 비용을 제공받는 것이다. 공장의 노동자가 노동을 했다 해도 생산물은 공장을 소유한 자본가의 것이다. 급진적 로크의 관점에서는 이런 소유의 문제가 타인의 노동에 대한 범죄일 수 있지만, 자유주의적 로크에게는 자발적인 계약의 산물로서 누구나 주인이 될 수 있고 누구나 하인이 될 수 있는 자연스러운 일이다. 이미 이 과정에서 개인의 자유를 보장했기 때문에 이후의 결과는 문제가 되지 않는다.

자유주의적 로크는 정원을 손질하는 하인, 공장의 노동자와 같은 자들을 자유로운 노동자라고 표현하고 있다. 그들은 자신들의 노동력을 고용주를 위해서 제공하려는 자유를 가지고 있다. 이것은 여전히 자기 자신에 대한 소유권을 가지고 있는 무산자들의 자유이자 선택이다. 고용주와 피고용인의 계약은 서로의 합의에 의한 것이며 피고용인은 고용주와의 계약을 파기할 수 있고 이것을 강제적으로 제한해서는 안 된다.

자유주의자 로크의 중요한 주장 중 하나는 자본의 축적과 발전에서 나오는 경제적 이익은 유산자들뿐만 아니라 무산자들에게도 낙수효과처럼 떨어진다는 것이다(이런 아이디어는 이후에 아담 스미스의 책 『도덕 감정론(Theory of Moral Sentiments)』 책에서 이야기한 것과 유사하다). 자본가를 포함하는 유산자들은 무산자들을 고용하여 일자리를 제공하고 그들에게 생계를 이어갈 수 있게 한다. 유산자들의 고용이 없었다면 무산자들은 실업자가 되어 비참한 삶을 살거나 굶어 죽었을지도 모른다. 더욱이 급속하게 확장하고 있는 상업 자본주의 사회에서 노동에 대한 수요는 더욱 많아질 것이며 이는 임금을 상승시킬 것이다. 결과적으로 노동자들의 생활수준은 더욱 향상될 것이며 예전의 정체된 중세사회나 심지어 독립적인 자영농 같은 작은 재산가로 구성된 경제체제보다 자본주의 사회에서 노동자들은 더욱 풍족한 삶을 누릴 수 있을 것이다. 그러므로 사람들은 자영농 같은 작은 규모의 재산소유자가 되기를 원하지 않는다.

1921년 대공황 시기에도 미국에서 대부분의 시민들은 자본가나 노동자가 아니라 작은 농장을 소유한 사람들이었다. 그러나 대공황 시기에 많은 농장들이 파산하였으며 농부들은 일자리를 찾기 위하여 도시로 떠났다. 이들은 이후에 고향으로 돌아갈 기회를 제공받아도 대부분은 기꺼이 도시노동자의 삶을 선택했다. 간단하게 표현해서, 급여가 정규직으로 보장되는 노동자가 자연환경에 지배되는 농사보다 안정적인 삶을 유지할 수 있기 때문이다. 로크 식으로 말하자면, 그들은 자본가에게 임금노동자로서 고용되는 무산자의 길을 택했으며 이는 재산을 가진 사람들만의 덕

(virtue)과 정치적 능력을 스스로 포기하는 것을 의미하는 것이다.

급진적 로크의 핵심 개념이 평등이고 보수적 로크에게 사유재산이었다면 자유주의자 로크에게는 자유이다. 자유는 유산자와 무산자들 모두에게 해당되며 이런 자유는 특히 정부와의 관계 속에서 부각된다. 제한 정부론은 홉스와 달리 로크를 고전적 자유주의의 대부로 자리매김하게 만드는 핵심 개념이다. 홉스가 사실상 강력한 정치와 권위의 필요성을 강조한다면 로크는 정치적 권위의 필요성을 강조하면서도 근본적으로는 권력에 대한 제약과 해체를 지향한다고 볼 수 있다. 자유에 대한 가장 큰 위협은 홉스적 자연 상태에서의 다른 사람들의 욕망과 지배가 아니라 정부 자체이다. 때문에 로크는 정부 권력에 대한 세 가지 제한과 그 필요성을 설명하고 있다.

(1) 우리는 심판관으로 옹립한 통치자가 이성의 법칙에 따를 것을 기대한다. 만약 우리가 정부가 비이성적으로 행동하리라 의심했다면 우리는 정부를 세우지 않을 것이다. 자연 상태에서 대부분의 사람들이 이성적이기 때문에 독단적인 리바이어던은 필요로 하지 않다. 그럼에도 갈등과 분쟁이 발생하기 때문에 더 나은 질서를 위해서 제한된 권력을 가진 심판이 필요한 것이다. 때문에 정부를 믿고 개인 간 계약에 기반한 정치적 권위를 위임하는 것이다. 자연법이 요구하는 이성의 원칙을 위반한 독단적이고 절대적인 정부는 이성에 모순되고 자연법에 모순된다. 이것은 자연스럽지도 우리가 원하지도 않기 때문에 정부를 전복하는 정당성의 기초를 제공한다. 그러므로 만약 이성적, 합리적 정부에 대한 시민들의 신뢰와 기대가 깨진다면 정부는 정당성을 상실한다.

(2) 즉흥적이고 자의적인 법령에 기반하는 권력은 통치를 맡을 수 없다. 자연 상태에서 우리는 종종 변덕스러운 사람들과 직면하고 그것이 이성적 질서를 위태롭게 만든다. 그래서 우리는 변덕스러운 사람들의 위협

에서 탈피하기 위해 통치자를 세운 것이다. 그런데 정부가 이성적이고 연속성을 갖는 법치주의(Legalism)에 기반하지 않고 자의적이고 변덕스럽게 통치한다면 이는 타락한 개인보다 훨씬 더 위험하며 자연 상태보다 최악의 질서를 제공한다. 자연 상태보다 더욱 악화된 국가에서 당신이 살아야 하는 것은 자연법과 이성의 원칙에 위배된다. 그러므로 당신은 그런 통치 세력을 전복시키고 벗어날 권리를 가지고 있다.

(3) 정부는 소유주의 동의 없이 소유주의 재산 중의 작은 일부라도 빼앗을 수 없다. 그러나 정부가 공동체 전체의 질서유지와 안녕을 위해서는 개인이 부담하지 못하는 공적 문제들을 대리해 처리할 필요가 있고, 이 과정에서 많은 자금이 요청된다. 따라서 로크는 정부가 국민에 대한 세금 없이는 운영될 수 없다는 사실을 지적한다. 세금은 정부가 국가 운영에 필요한 자원을 획득하는 방법이다. 로크는 개인이 사적 재산에 대한 자연권을 가진다고 주장하는바, 국민의 대표(다수)에 의해 동의된 세금만을 군주(정부)가 자연권을 침해하지 않는 한에서 가져갈 수 있다고 주장한다. 20세기 보수주의 법학자 올리버 웬델 홈즈(Oliver Wendell Holmes)는 "세금은 문명화의 대가"라고 명료하게 주장한다. 문명화된 사회를 원한다면 당신은 정부를 반드시 설립해야 하고, 정부를 운영하기 위해서 당신은 자원을 지원해야 한다. 그러나 세금은 사람들의 과반수의 동의를 얻어야 정당성을 갖는다.

과반수의 원리는 자유주의적 로크가 제안한 매우 중요한 의사결정 규칙이다. 이는 로크의 중요한 업적으로, 정치권력을 정당화하는 논리를 정초하고 있기 때문이다. 더불어 로크는 법에 의해서 군주의 권력을 제한하는 것을 지지한다. 로크는 무산자들보다 강력한 권한을 가진 정부를 더 경계했다. 만약 홉스처럼 강력한 정부보다 무산자들에게 더 큰 두려움을 느꼈다면, 로크는 홉스와 유사하게 절대적 리바이어던을 지지했을 것이다. 그러나 로크는 노동자들이 혁명을 일으키지 않을 것이라고 생각했다. 왜냐하면 정부는 비록 노동자들'만'을 위한 정부는 아니더라도, 노동자들을 '위한' 정부인 것은 맞기 때문이다. 또한 노동자들은 정부가 아니라 그들의 고용주들과의 동의에 기반해 계약을 맺는다. 더구나 노동자들은 상업 자본주의 경제로부터 이익을 얻는다. 만약 상황이 여의치 않다면, 노동자들이 공장을 떠나서 작은 독립적인 토지를 소유한 자영농이 되는 것은 가능하며, 그럴 수 있는 법적인 권리를 가지고 있다.

정부에 대한 반란을 정당화하는 자유주의자 로크의 논의 역시 이후의 자유주의 정치사상에 중요한 영향을 미쳤다. 개인들이 계약을 통해 구성한 사회(공동체)는 다수의 의지를 모아 집행권을 정부에 신탁하는데, 이는 정부가 가진 정당성의 기반이 된다. 정부 정당성의 근거는 개인 간 계약이 아니라 다수의 신뢰이다. 이를 강조하는 로크의 의도는 정부 권력 제한과 전복을 정당화하는 것이다. 정부가 국민으로부터의 신탁을 기반으로 권력을 갖는다면, 국민은 권력을 철회할 권리를 언제라도 가질 수 있다. 즉 정부권력은 언제나 국민에게 속하고, 정당한 정부는 국민으로부터 신뢰에 의해서만 권력을 갖게 되는 것이다. 로크에게 정부가 동의(consent)에 기초한다는 것은 국민 다수의 동의를 통해 신뢰의 지속 여부를 결정한다는 것이다. 이 경우 동의는 계약(contract)에 의한 동의가 아니라 정부에 대한 태도, 즉 신뢰와 기대에 따라 유지되거나 철회될 수 있는 동의이다. 이런 내용은 분명 정치적으로 급진적인 성격을 갖는다고 볼 수 있다.

로크가 살던 시대의 혁명의 분위기 속에서 그는 절대군주에 진실로 반대했을 것이며 이런 관점에서 그는 급진적 로크가 된다. 급진적 로크는 다른 사람이 사용하기에 충분할 양을 전제로 재산 소유의 범위를 설정했다. 이는 자연에 대한 만인의 동등한 접근을 강조한 것으로 분명 평등적 성격이 강하다. 그러나 로크가 급진적인 입장에서 보수적인 입장으로 그리고 자유주의적 입장으로 이동하면서 사람들의 동등한 접근권은 사라지거나 혹은 지극히 미약한 내용으로 축소된다. 정부조차 재산이 없는 사람들(자연에 대한 동등한 접근성을 가지지 못한 사람들)은 사실상 배제되고 유산자들에 의해 구성되었다. 그렇다면 무산자들은 왜 그런 사회의 구성과 정부에 동의할 수 있는 것인가? 달리 말해, 무산자들이 사회계약에 동의할 이유를 발견하기 어렵다는 것이다. 그러나 로크는 재산이 없는 사람들이 유산자와 무산자 사이에 불평등이 존재하는 사회에 동의하였는지 분명하게 짚고 넘어가지 않았다. 대신에 자유주의자 로크는 자본주의의 높은 생산성에 희망을 걸고 있다.

로크의 사상 안에는 이질적이면서도 연속성을 갖는 화두와 주장들이 존재하며, 이는 달리 보면 내적인 모순을 갖는다고 볼 수 있다. 급진적 로크는 논리적으로 자유주의적이고 보수주의적인 로크의 결론과 충돌할 가능성이 높다. 대신에 급진적인 로크는 보수주의적 혹은 자유주의적 로크에게는 낯설고 당황스러울 것이다. 따라서 로크가 급진적인가, 보수적인가, 자유주의적인가 하는 것은 역사적 맥락과 상황에 따른 변화 과정으로 이해할 필요가 있다.

그러나 보편적이고 평등한 보통선거권이 보장되는 현대 사회에서는 재산을 소유한 자유로운 모든 사람의 선거권을 주장하는 급진적 로크조차 보수적인 것으로 평가될 수 있다. 유산계급만의 선거권을 주장한 보수적 로크는 후술할 오늘날의 신자유주의 학자들을 떠올리게도 만든다. 이처럼 역사적으로 훨씬 전에 급진적이었던 사람들이 시간이 지나면서 자유주의적이거나 보수적인 입장으로 변화하거나 달리 평가받는 모습은 시간의 흐름에 따라 종종 나타나는 자연스러운 것이기도 하다.

| 로크의 영향과 유산

절대권력으로부터의 자유와 귀족계급으로부터의 평등, 그리고 종교의 자유를 논한 로크의 주장을 현대적 의미로 정리한다면 다음과 같다. 자연권, 제한정부, 종교적 관용, 정부권력의 책임성, 법의 지배, 사적 재산권에 관한 이론 등. 로크의 이론은 현대 자유주의 정치이론의 기본요소들, 그 핵심 요소를 포함하고 있으며 이후 자유주의 사상의 발전에 큰 영향을 미쳤다. 그러나 그의 이론의 다양한 측면들은 논쟁의 씨앗이 되었다. 자유주의 2세대로 칭하는 존 스튜어트 밀(John Stuart Mill), 제레미 벤담(Jeremy Bentham), 제임스 밀(James Mill) 등 19세기의 사상가들은 자유주의자 로크의 위상과 정체성에 두 가지 의문을 제기하였다.

• 급진주의적 얼굴

① 혁명의 권리보장 및 평등 강조

② 1단계 자연 상태: 소유경제, 평등, 토지에 대한 동일한 접근

③ 선거민은? 모든 '자유로운 사람들'

• 보수주의적 얼굴

① 사유재산에 대한 강조

② 2단계 자연 상태: 자본가경제, 불평등, 토지에 대한 차별적 접근

③ 선거민은? 유산계급

• 자유주의적 얼굴

① (이성의 범주 안에서의) 자유 강조

② 인구와 대표 사이의 적정비율을 가정하여 입법부의 우위 강조

③ 입법 권력의 제한

첫째, 로크는 정부가 무산자들의 이익과 욕망에 반응한다고 하면서도 그들을 정치적 권리를 가진 온전한 시민으로 인정하지 않았다. 그렇다면 무산자들이 공평하게 대우하지 않는 사회에서 그들이 협력할 것으로 어떻게 예측할 수 있는가? 존 스튜어트 밀은 로크를 비판하면서 노동자들

역시 정부 운영에 발언권을 가져야 한다고 주장했다. 둘째, 반대로 유산자들은 정부가 때로 무산자들의 이익에 봉사하는 것을 인정할 수 있는가? 그런 정부를 용납하는 자본가들의 동기는 무엇인가? 무산자들의 반란을 사전에 차단하기 위한 정부의 행위로 이해하는 보수주의자 로크의 입장은 존재한다.

분명히 자유주의자 로크는 정부가 우선적으로 유산자들을 위한 권력임을 강조하면서도 다른 한편으로 유산자와 무산자 모두를 위한 정부이기를 원했다. 19세기 자유민주주의자들은 이와 같은 로크의 의의에 대해 인정하면서도, 고전적 자유주의가 사적 영역의 자유와 경제적 권리, 시민적 자유만을 주창한 것은 한계로 지적한다. 다수를 위한 자유를 보장하기 위해서는 민주주의의 제도적 측면에 대한 보완이 필요하다는 것이다.

그러나 17, 18세기의 보수주의자들뿐만 아니라 자유주의자 로크 역시 일정 수준의 민주적 조치들은 역사적으로 새롭게 등장한 상업 자본주의의 발전과 안정을 파괴할 것으로 우려했다. 즉, 다수에 의해 구성된 정부가 사회발전을 방해할 수 있다는 것이다. 때문에 자유주의자 로크는 민주주의의 핵심인 보통선거권을 모든 성인남성까지 확대하는 것을 지지하지 않았다. 그럼에도 자유주의 형성에 기여한 로크의 핵심적인 주장들은 다음과 같다.

첫째, '제한 정부'론이다. 정부는 그 기능과 범위에 있어서 제한되어야 한다는 논리이다. 이는 정부가 공공 또는 공공선을 위해 필요한 경우가 아니면 어떠한 행위에 개입할 수 있는 정당한 권위를 갖고 있지 못하다는 점을 시사한다. 왜냐하면 사유재산이 정부보다 우선이므로 정부의 권위는 그러한 자연적 권리를 보호하는 것으로 제한되어야 한다는 것이다. 또한 로크의 논리에 따르면, 정부의 지나친 권한 행사로 인해 개인의 자유가 제한을 받는다면 이는 사람들 사이에 자유와 평등을 누리며 살던 자연 상태보다 더 못한 상태가 되어 버린다. 정부의 수립 목적이 자연 상태에서 침해받을 수 있는 불안 요소들을 해결하기 위한 것이기 때문에 로크는 정부의 권한을 자연권과 개인의 재산 보호에만 한정하였다.

둘째, 통치자의 자의적인 지배가 아닌 법에 의한 통치인 법치이다. 로크는 정부가 아주 엄격하게 법에 의해 제한된 정당한 기능만을 수행해야 한다는 점을 강조했다. 임의적 통치는 자연 상태보다 더 열악한 상황을 의미하며, 합리적인 사람이라면 더 힘든 상황으로 몰아가는 사회계약에 아무도 참여하려 하지 않을 것이기 때문이다.

셋째, 정치사회의 권력을 나누어 각각 다른 기관에 분담시켜 견제와 균형을 이루게 하는 권력분립(Separation of Powers)이다. 국가가 법의 지배에 구속되기 위해서는 권력분립이 이루어져야 한다는 것이다. 로크는 입법, 연방, 행정으로 권력을 분리했다. 입법부가 항상 개최중인 것이 아니기 때문에 행정부 권력도 필요하다는 것이다. 하지만 행정부가 권력을 창탈하려는 유혹을 가질 수 있기에 행정부는 입법권을 가져서도 안 되며 입법부의 일부이거나 아니면 분리되더라도 입법부 하위에 위치하여야 한다고 주장하였다. 따라서, 로크는 만일 입법부가 국민들의 삶, 자유 그리고 사유재산을 파괴하거나 몰수함으로써 국민의 신뢰를 저버리고 권력을 남용했을 경우에는 정부를 해체할 수 있다는 점을 분명히 했다. 하지만 이 점은 전쟁상태로 치달을 수 있는 반란에 대한 두려움 때문에 반란을 방치하는 가이드라인이 될 수 있다.

질문

무산자들이 주는 공포의 기초는 무엇인가요?

답

산업혁명 이전에 보수주의자들과 많은 자유주의자들이 공유한 고전적인 두려움은 무산자들이 덕(virtue)을 가지지 못한 사람들이라는 것이었습니다. 정부는 덕을 갖춘 유산자나 귀족들에 의해서 맡겨져야 합니다. 비록 부패한 귀족들이나 유능하고 정직한 노동자가 있을 수 있지만, 훌륭한 가문의 후손들이나 부자들, 교육받은 사람들이 덕을 갖출 가능성이 높으며 이들은 현명하게 통치할 수 있을 것이기 때문입니다. 가난한 노동자들은 하루하루 노동에 매진해야 하기 때문에 이들에 복잡한 국가업무를 맡기거나 기대하는 것은 현실적이지 않았습니다. 특히, 무산자들의 행동에 대한 엄격한 처벌이 없다면, 그들은 도덕관념이 없이 유산자들의 재산을 강탈하려 할 것입니다. 이것이 공포의 핵심입니다. 만약 민주주의를 받아들이게 되면 다수의 빈민들은 다수결로 법이나 정책결정을 내려 부자들에게 높은 세금을 부과하거나 과도한 복지 지출, 심지어 부자들의 재산을 몰수할지도 모를 것입니다.
로크 역시 이런 공포를 공유했던 것으로 보이며 때문에 정치는 유산자들에 맡겨져야 하며 민주주의를 최소한으로만 수용했을 것입니다. 이런 사고는 현대의 대의민주주의의 현실과 모순에도 영향을 미치고 있습니다.

---

4) 낭만적 민주주의자, 루소(Rousseau)

루소는 홉스와 로크에 직접적 영향을 받았으나, 지나친 이성적 추론에 반대하며 감성적 정치사상의 시대를 열었다. 비록 루소 자신은 자본주의에 대해 명료한 정치적 주장을 전개하지 않았지만, 자본주의는 계급의 이익을 대변하게 되기 때문에 민주주의 원리에 위배된다고 생각했다. 그는 소유란 자신의 필요와 자신의 노동에 기초해야 하는데 자본주의하에서 인간은 자신의 노동의 대가로부터 소외되며, 과도한 부를 소유한 계급이 가난한 계급을 구속하는 일이 행해질 수 있다고 비판하였다. 공화주의 사상을 정립한 루소는 정치적인 측면에서 개인들의 이익의 합을 아우르면서도 그뿐 아니라 그것을 초월하는 공동체 전체를 이롭게 하는 일반의지가 시민사회의 균형과 공동체 전체의 조화를 이루는 동시에 개인들의 자유의지를 관철할 수 있다고 주장했다. 이러한 개인적인 자유의지를 초월하는 일반의지의 통치성을 위해서는 정부가 일반의지를 지키기 위하여 절대적 불평등을 해소하는 역할을 해야 할 의무가 있다고 주장했다.

장 자크 루소 Jean Jacques Rousseau (1712~1778)

프랑스의 철학자이다. 루소는 스위스 제네바에서 태어났다. 루소는 젊은 시절, 여러 직업을 전전하며 방황하다가 프랑스 디종 시(市)의 학술원에서 주최한 논문 공모전에서 수상한 후, 문필가로서 이름을 떨치기 시작한다.

루소는 당대를 풍미한 계몽철학에 대한 비판자였다. 우선 그는 이성과 계몽이 아닌, '의지'에 주목하였다. 루소에게 있어서 의지는 이성과 감정과 구분되는 인간 본성의 한 국면이었다. 예컨대 의지는 어떠한 것을 추구하거나, 회피하는 것 혹은 어떠한 것을 지지하거나 반대하는, 일종의 내적 작용을 의미하는 것이었다. 그리고 이 의지가 공동체 차원에서 단일하게 결합할 경우, 이를 '일반의지'라고 칭하였다. 일반의지는 사적인, 혹은 당파적인 이익에 추동된 것이 아니라 각자 내면의 빛에 따른 행동과 선택이 공동체 차원으로 발현한 것이었다. 그리고 루소는 이 일반의지를 국가와 공동체의 기초가 되는 중핵으로 판단하였다.

또한 루소는 소박한 삶을 영위하는 평범한 사람들에게 기대를 건 학자였다. 이는 당대의 엘리트주의적인 계몽철학자와는 구별되는 또 다른 지점이었다. 루소는 공동체의 올바른 운영이 평범한 사람들에 의해서도 달성될 수 있다고 보았다. 루소의 이러한 인간관과 사회관에서는, 불평등의 당위를 도출하는 것이 오히려 난망한 일이었을 것이다. 그러나 당위와는 별개로 불평등은 현존했으며, 루소는 그 기원을 경제적 맥락에서 설명했다. 요컨대 문명이 발달하면서 기술은 발달하며, 생산능력은 증대된다. 이 과정에서 빈부격차가 발생하며, 양극화는 불평등의 기원이 된다는 것이 그의 통찰이었다.

루소의 대안은 바로 '자연'으로 돌아가라는 것이었다. 이때의 자연은 문명의 부재를 의미하는 것이 아니다. 자연은 소박한 삶, 즉 평범한 인민이 영위하는 삶을 의미한다. 계몽주의가 탁월한 엘리트를 주목했다면, 루소는 평범한 사람들을 주목하고 진보의 희망을 발굴한 철학자였다.

주요 저서로 「인간 불평등 기원론」, 「사회계약론」, 「에밀」 등이 있다.

루소는 일인 또는 소수에 의한 통치형태도 가능하다고 하였지만 농업 중심 사회처럼 많은 사람들이 농지 등 재산을 가지고 있으며 그런 대다수의 인구가 참여하는 정부가 견고한 민주주의(Robust Democracy)를 발전시킨다고 주장했다. 이는 급진적 로크의 민주주의 개념과 유사하다. 경제적 독립은 인간의 존엄성과 주체성을 위한 필수적인 토대라는 주장이다. "어느 누구도 다른 사람을 돈을 주고 살 만큼 부유해질 수 없고 자기 자신을 다른 사람에게 팔 만큼 빈곤해질 수 없다." 여기서 루소는 노예제에 대해서 이야기하고 있는 것이 아니라 노동력을 사거나 팔아야 하는 자본주의 원리에 대해 논하고 있다.

루소는 인간으로 존재하기 위해서는 근본적인 조건이 있다고 주장했다. 이 조건 중 하나가 바로 독립성(independence)이다. 인격적 독립성은 존엄한 인간성의 필수적인 조건이기 때문에 당신이 노예나 임금 노동자가 된다면 당신은 더 이상 경제적으로 독립적일 수 없고 이는 결국 존엄한 인간으로서 고유한 영혼은 말살되는 것이다. 결론적으로 루소는 "자기 자신을 노예로 파는 것은 무의미하다"라고 말했다.

USC 박사 과정 시절 나의 지도교수 엘리웃 교수는 1941년에 만들어진영화 “악마와 다니엘 웹스터(The Devil and Daniel Webster)”에 대해 이야기한 적이 있다. 루소의 문제의식을 잘 형상화한 이 작품에서, 한 농부는 자신의 영혼을 악마에게 판다. 그러나 그의 변호사 웹스터는 직접적으로 루소의 말을 인용해서 그 계약이 의미가 없다고 변론한다. 웹스터는 다음과 같이 주장한다. 첫째, 영혼은 인간으로부터 분리될 수 없으며 자기 자신을 노예로 파는 것은 헌법에 위배된다. 둘째, 만약에 영혼을 파는 것이 가능하다고 해도 영혼은 개인이 몸담고 있는 공동체(그의 가족, 이웃, 그리고 동료 시민들) 속에서 형성되었기 때문에 공동체의 소유라 할 수 있다. 그렇기 때문에 웹스터라는 개인이 자신의 영혼을 악마에게 팔 수는 없으며, 따라서 계약 또한 무효이다.

“악마와 다니엘 웹스터”에서와 마찬가지로, 루소는 각각의 개인은 각자가 도덕적 공동체의 일원으로서 권리와 의무를 가지고 있다고 주장한다. 이런 루소에게 악마의 금전을 추구하는 부르주아는 비판이 대상이 될 수밖에 없다. 루소는 당시의 시대적 배경에서 공동체는 제쳐두고 돈만 아는 ‘부르주아’라는 천박한 인간군이 등장해 급속히 확산되는 현상에 주목했고 이것을 두려워했다. 그 결과로 교육을 통해 도덕적 인간형을 창출하고자 『에밀(Emile)』과 같은 책을 저술하기도 하였다.

이 시기 루소는 자연 상태라는 개념을 긍정적 또는 원초적으로 사용했다. 자연 상태에서 인간은 자유롭게 태어나기 때문이다. 즉 야생에서 동물의 삶에 자유가 있는 것처럼 자연 상태에서 인간은 연민(compassion)의 감정과 합리성(rationality)을 가진 존재이며 선천적인 자유를 가지고 태어난다. 자연 상태에서 자연적 불평등은 존재하나 자연에 대한 인간의 생존 노력에 의하여 사라지며, 지배와 복종과 같은 정치적 불평등은 존재하지 않기에 평화롭다. 그런데 그것은 글자 그대로 자연적 상태이며 선, 악이 없고 지배와 복종도 없는 무지의 행복이며 가공된 지식이나 욕망이 아닌 마치 동물과 같이 본능에 충실한 상태이다. 또한 가족이나 공동체 같은 사회적 개념 역시 존재하지 않는다. 그런데 인간은 합리적 판단에 의해서 점차 진화하면서 소유와 사랑의 관념을 발전시키게 되고 집과 가족을 갖게 되었으며, 생존의 원천으로서의 토지에 대한 소유권을 주장하게 되면서 다른 사람의 입장을 자신과 같다고 이해하던 연민의 감정을 욕심으로 대체하게 된다. 인간의 불평등은 소유의 관념에서 비롯되었으며, 그 불평등은 기만적인 사회계약을 통하여 성립된 재산권과 법이라는 토대 속에서 영원히 지속되게 된다. 이러한 불평등 속에서 더 많은 부를 소유한 사람은 다른 사람을 지배할 수 있게 되어 결국 인간은 타인에게 종속(dependency)되게 된다. 자연 상태에서 인간은 자유롭고 평등하고 행복했지만, 과학의 발달로 새로운 기술을 터득하게 되어 더 높은 생산성과 추가적인 이득을 갖게 된다. 유산자는 더 많은 부를 축적할 수 있게 되며 예술의 발달로 아름다움을 추구하던 인식은 사치와 욕심으로 변화한다. 결국 유산자와 무산자로 나누어지는 빈부의 격차가 심화 되면서 사회구조가 잘못된 방향으로 진화함에 따라 도덕적인 자연 상태가 부패하고 타락하게 되면서 서로서로 사슬에 얽매여 불평등과 불행 속에 빠져들게 되는 것이다.

그렇기에 루소는 "자연은 인간을 행복하고 선하게 만들었으나 사회는 인간을 타락시키고 비참하게 만든다."고 주장하였다. 사회가 구성되고 정치가 시작되면서 돈과 권력의 불평등이 생기고 이것이 인간을 타락시키는 핵심적 요인이 된다. 소위 진보와 발전에 기반해 사회와 정치가 만들어지면서 지배, 착취, 억압, 부패, 사치 등이 생겨 인간은 사슬에 구속받게 되고 자연 상태의 자유로운 상태로 돌아가고 싶어도 돌아갈 수 없게 되는 것이다.

"인간은 자유롭게 태어났지만 어디서나 쇠사슬에 묶여 있다"는 루소의 유명한 명제를 떠올려 보자. 쇠사슬이 인간을 어떻게 얽매는가? 어떤 사람들이 노예 소유주로서, 봉건영주로서, 자본주의 고용주로서 다른 사람을 지배할 때, 이런 사슬들이 인간을 속박한다. 만약 우리가 이러한 관계로부터 해방된다면 즉, 모든 사람이 작은 재산이라도 가지고 있는 경제체제를 만들어 평등한 민주적 관계를 만든다면, 우리는 이러한 사슬로부터 자유로울 것이다. 그러므로 우리는 아마도 사회·정치적 상태의 사슬을 끊기 위해 우리가 할 수 있는 최고의 방법을 알아내고자 시도할 수 있을 것이다. 하지만 그렇다고 도덕적으로 자유로운 자연의 상태로 돌아갈 수는 없다. 그렇다면 대안은 무엇인가? 루소에게 정치와 사회는 분리시킬 수 없는 상호 연관되어 있는 것이었다. 루소는 사적분야와 공적분야의 구분을 부정하면서 이기적 인간들의 자발적 결합체인 시민사회의 실용적 측면보다는 우애를 바탕으로 한 하나의 도덕적 공동체 혹은 유기적으로 조화된 사회(공동체)를 동경하였고, 이를 대안으로 제시하고자 하였다.

루소는 민주주의가 단순히 정부의 한 형태일 뿐만 아니라 사회에서의 삶의 한 형태라고 생각했다. 개인들은 각자의 권력보다 훨씬 더 크고 개인들이 가진 권력의 산술적인 총합보다도 더 큰 공동체의 집합적 권력을 만드는 데 공동의 참여자가 된다. 개인들은 서로 유대감과 동료애를 가지게 되고 그들의 관계는 더 이상 이기적일 수 없게 된다. 그들은 공동체 속에서 관계를 보살피고 서로에 대한 의무를 수행해야 하는 도덕적 동물이 된다. 그들은 자신들의 자연적 자유를 고차원적인 시민적 자유를 위하여 포기한다. 그들은 고립적인 자유가 아니라 자기 자신과 사회의 주인이 되는 도덕적 자유를 얻는 것이다. 자연적 자유는 자연의 섭리에 의해서 제약받지만 시민적 자유는 일반의지(the General Will)에 의해서 제약받는다. 루소는 욕망에 예속되는 것은 노예가 되는 것인 반면에, 사회에 의해서 만들어진 법에 복종하는 것은 자유롭게 되는 것이라고 주장하였다.

그렇다면 사회의 법은 누가 만드는가? 홉스와 로크 모두 법 제정의 주체는 정부나 국가로 보았다. 로크는 제한된 정부를 의미한 반면 홉스는 절대정부를 제시하였다. 그러나 루소는 구성원들 각자가 법을 만드는 데 참여한다고 보았다. 개인들은 공동체의 시민권(citizenship)을 통해 평등한 공동체의 일원으로 통합되고, 각 개인의 단순한 의지와는 다른 일반의지가 생겨난다. 일반의지는 개인적 의지의 산술적 총합이 아니라 전체의지로서 공익의 재현인 것이다. 법은 일반의지의 표현이며, 정부는 일반의지의 집행기관으로서 공동사회의 신탁 업무를 수행한다. 국민은 전적으로 일반의지에 따라야 한다. 이것은 지배와 복종관계가 아니고 진정으로 선택한 올바른 자기 자신의 의지를 따르는 것이다. 이러한 일반의지는 국민 전체의 의사이므로 양도될 수 없으며 불가분하다.

루소는 또한 군주나 개인적인 통치자가 아닌 직접적인 민주적 공동체 운영을 위해 대안을 제공할 수 있는 입법권력의 바람직함에 대해서 논한다. 루소는 "각 개인들의 의지가 전체의 일반의지를 대표할 수 없는 것처럼 일반의지는 구체적인 목적을 위하여 개인들의 본성을 변화시킬 것이다."라고 주장했다. 루소는 일반의지가 개인의 삶 속에서 성생활 같은 사적인 부분이나 자유 혹은 재산과 관련된 구체적인 것에 대해서 법률화하는 것을 허락하지 않았다. 대신에 일반의지는 공동체의 일반적 복지를 촉진하는 일반적인 규칙만을 판단할 것이다. "의지를 일반의지로 만드는 것은 시민의 숫자가 아니라 그들이 연합하도록 하는 공동의 이익이다."

로크와 홉스는 선출된 의회가 공동체 의사결정을 위한 투표를 해야 한다고 주장한다. 특히 로크는 과반수 결정이 정치공동체의 올바른 방향이며 그 결정이 권위를 갖는다고 주장하였다. 그런데 과반수 결정이 왜 옳고 그것을 전체가 따라야 하는지에 대해서는 명확히 설명하지 못했다. 루소 역시 과반수 의사결정 규칙을 부정하지 않았으므로 과반수 규칙이 일반의지를 결정할 수 있는 수단이 될 수도 있을 것이다. 그러나 투표를 하기 전에 모든 사람은 다른 사람의 관점, 욕구, 이익, 문제점 등을 이해할 수 있는 노력을 해야 하며 선택 가능한 모든 대안들을 모색해야 한다. 그런 과정에 기반하여 토의와 토론을 거쳐서 합의에 도달해야 한다. 이런 합의를 통해 규칙이 채택되고 이행되어야 한다. 이러한 과정이 원만하게 이루어졌을 때, 합의의 과정에서 소외되거나 불평을 늘어놓는 사람들 없이 우리는 하나의 공동체로 통합될 수 있다. 결정이 된다면 우리는 단순히 합의를 받아들이는 것을 넘어서 열정적으로 합의를 지지할 도덕적 의무가 있다. 만약 토의 이후에도 만장일치에 도달하지 못한다면 오로지 그 경우에 투표를 해야 한다.

투표 결과에 기반해 일반적 합의가 도출될 수 있을 것이다. 투표를 통해 일반적 합의를 도출하는 것은 다음의 조건을 충족할 때이다. 첫째, 투표 전에 각각의 개인은 자신의 고정된 이익을 추구하기 위한 투표 행태를 고집하지 않고 열린 마음으로 투표에 임해야 한다. 둘째, 투표를 할 때 개인은 자기 자신의 협수한 이익에 기반해 투퓨하지 않으며 공동체에 이로운 의지를 고민하면서 자기 자신보다는 공동체 전체를 위하여 최선의 방안에 투표해야 한다. 만약 이 두 가지 조건이 충족된다면 만장일치가 없다고 해도 투표는 행해질 수 있으며 과반 의사결정이 만장일치 합의에 가까워질 것이다.

이는 과반수가 항상 옳다는 것을 의미하지는 않는다. 루소는 현대 민주주의 이론가들이 주장하는 것처럼, "민주주의는 과반이 항상 옳다고 주장하지 않는다. 그러나 장기적인 관점에서 대부분의 이슈에 대해 과반의 찬성은 한 사람이나 소수의 결정보다 잘못되지 않을 가능성이 높다." 예외가 있을 수는 있으나, 전체적으로 과반수가 지지한 결정은 일반의지와 공공선에 더 가까운 결과를 만들어낼 가능성이 높다. 이런 맥락에서 루소는 개인들의 자유가 바람직하다고 생각하지만 진정한 자유는 다수가 만든

법에 복종하는 것이라고 주장했다. 다수가 참여해 만든 법이나 정책에 저항하는 사람은 자유로운 존재가 아니라 욕망의 노예일 뿐이다. 이것이 도덕적 의무로서의 정치참여가 적극 권장되는 이유이다. 이러한 의미에서 루소는 급진적 로크와 유사한 측면이 많다.

그림 2-1 사회계약론자들의 비교

	홉스	로크	루소
사회계약 목적	질서와 안전	평등, 재산, 자유	(공동체의) 일반의지
주권의 성격	절대주의	자유주의	공화주의
정부 형태	절대군주제	제한정부(대의민주주의)	공화정(공고한 민주주의)

사회계약론자들의 주장을 통해 국가의 정당성은 국민과의 계약에 기반한다는 것을 알아보았다. 이들의 사상은 각자 인간의 본성이 자연의 상태에서 다른 지점을 가리키고 있지만, 개인의 자유와 권리가 왜 지켜져야 하는지에 대한 충분한 논리적 근거를 제시하였다. 그들이 선호하는 정부 형태는(그림 2-1) 다르지만 모두 개인의 자유와 권리를 보호하기 위하여 구성되었다는 공통점을 갖고 있다.

2 고전적 정치경제학과 시장경제(Free-Market Capitalism)

일반적으로 사회를 논하는 사상가들은 그가 살던 시대를 반영하려는 경향이 있다. 공리주의자 벤담(Bentham)이나 고전적 자유주의자들의 사상에 당시의 초기 자본주의 사회가 상당한 영향을 미쳤다는 것은 의심의 여지가 없다. 그러나 비록 그들의 담론들이 시대를 반영한다고 해도 그들은 시대를 앞서 정치와 경제의 발전을 선도한 측면도 크다. 이것이 그들을 위대한 사상가로 칭송하게 만드는 이유일 것이다. 벤담은 자유주의적 자본주의와 민주주의를 결합시키는 것(Liberal Capitalist Democracy)이 바람직하고, 자본주의는 경제발전을 위해서 최고의 대안이라고 동시대인들을 설득했다. 정치참여를 확대하는 민주주의를 접목시킴으로써 자유주의적 자본주의 체제를 보호하면 진보와 발전을 위한 가장 최적의 기회를 제공할 것이라고 기대했다. 이런 정치경제적 질서가 자본가들뿐만 아니라 성장의 혜택이 분배될 수 있기 때문에 최대 다수에게 최대의 행복을 제공할 수 있다는 것이다.

현재의 우리로서는 익숙하거나 혹은 보수적으로 느껴졌을 고전적 자유주의 경제이론이지만, 벤담의 논의는 당시의 지배 계급에게는 매우 낯설고 과격하며 평등주의적인 것이었다. 그래서 종종 철학적 급진주의로 불리기도 했다. 그들이 급진주의자로 불리게 된 이유는 시대적 모순과 문제의 핵심을 지적하고 극복하기를 원했다는 점, 실천적·제도적으로 개혁을 추구했다는 점에 있다. 고전적 자유주의자들은 인간을 과거의 죽은 손(dead hand of the past) — 전통, 관행, 관습적 제도들 — 의 구속으로부터 자유롭게 만들고 해방시키기를 원했다.

고전적 자유주의자들은 구태의 제도들, 즉 봉건주의로부터 자유로워지는 것을 핵심 목표로 삼고 있었다. 영국에서 봉건주의 질서의 와해 및 신질서의 형성은 이미 17, 18세기에 활발하게 이루어졌다. 영국사회의 자유주의적 특징은 벤담의 행복한 관찰 속에서 잘 묘사되어 있다. 절대군주가 아니라 헌법적 군주가 존재하고, 군주에 의한 자의적 통치 대신에 선출된 대표자들의 의회가 통치를 주도했다. 정부권력의 독단적이고 변덕스러운 행동 대신에 표현의 자유, 언론의 자유, 종교의 자유 등이 허락되었다.

16세기와 17세기 중반까지 세계를 지배한 영국 정부는 국가경제를 규제

(수출, 수입, 임금, 가격, 생산 등에 대한 통제)하기보다는 자유방임주의까지는 아니더라도 점점 더 자유로운 시장경제를 향하여 나아가고 있었다. 이러한 시장경제는 개인들이 자기 자신의 이익을 추구하고, 개인들의 상호 교류의 행위는 전통이나 종교적 제도들 혹은 정부에 의해서 이루어지는 것이 아닌 비인격적인 법과 시장 교환 과정을 통해서 이루어지는 경제체제를 의미했다. 시장은 도덕적이고 문화적인 규범들을 최소화함으로써 개인들의 전통적인 역할과 기대의 틀을 넘어서 자신의 정체성을 개발하게 된다.

벤담이 자유주의적 자본주의에 대해 보다 민주적으로 변화되어야 한다고 주장하였을 때 자유주의적 자본주의의 발전은 이미 기정사실이 되어 있었다. 이론적 수준뿐만 아니라 유럽의 경우를 보게 되면 역사적 현실에서도 봉건제의 퇴장과 함께 자본주의가 자유주의의 전통과 함께 등장하면서 자유주의적 자본주의(Liberal Capitalism)로 발전되었다. 하지만 시장에서의 경쟁, 노동력의 상품화, 사유재산권 보장, 개인의 이익추구 등은 빈부격차를 심화시켰다. 이는 유산자와 무산자 나아가 자본가와 노동자의 갈등으로 사회불안 요소의 원인이 되었다. 잠재적 혼란을 대비할 수 있는 정치적 방안이 필요해진 것이다.

이에 따라 다수의 무산자 그리고 노동자들의 권리를 보호받도록 목소리를 낼 수 있는 민주주의와의 접목이 시도되었다. 유산자들의 사유재산을 인정하면서 동시에 무산자들의 정치참여를 보장하는 자유주의적 자본주의 민주주의(Liberal Capitalist Democracy)로 진화하였다고 볼 수 있다. 물론 자유주의와 자본주의, 민주주의 흐름 중에서 어떤 것이 먼저 주도권을 가졌고 우세했는지에 따라 변화의 양태는 차이가 있을 것이다.

미국의 경우에는 봉건제의 경험도 없었고 성인남성의 보통선거권이 이미 19세기 초에 제도화되었다. 그리고 그 당시 미국경제는 광활한 대지를 기반으로 한 경제적으로 독립된 작은 규모의 소유주 중심의 경제였다. 경제적 자립은 자유주의 이상 실현을 위해 유럽으로부터 신대륙에 정착한 이주민들에게, 미국이라는 대륙은 건국부터 정치적·경제적 자유를 보장받는 소박한 소유주의를 기반으로 한 자유민주주의(Liberal Democracy) 형태로 볼 수 있다. 이후 남북전쟁의 발발로 노예제와 소박한 소유주 중심의 경제가 사라지게 되고 산업화가 이루어짐에 따라, 자본주의 경제제도가 더욱 강화된다. 소박한 소유경제가 제조와 유통이 주가 되는 시장경제로 진화하였다. 유럽에 비해 상대적으로 낙후한 미국 입장에서 자본주의 경제제도는 경제발전을 위한 필연적 선택이자 소유경제가 바탕이 되었기 때문에 자연스러운 현상이었다. 이러한 과정을 통해 미국은 자유주의적인 것과 민주주의적인 것이 서로 접목되어 토대를 이룸으로써 세계 어떤 나라보다 더욱 자유주의적이며 시장중심적인 자본주의체제를 유지하고 있다.

우리는 해방을 겪으면서 미군정하에 도입된 미국식 제도에 익숙해 있기 때문에, 자유민주주의 정치체제를 가진 자본주의에 익숙한 경향이 있다. 그래서 우리는 모든 자본주의가 자유주의적이고 민주주의적이라고 생각하는 경향이 있다. 그러나 실제로 모든 자본주의가 이런 정치적 특징을 갖는 것은 아니다. 중상주의 시대에서 목격했듯이 16세기의 자본주의는 권위주의적이었다. 또한 제3세계의 많은 나라들과 나치 독일, 파시스트 스페인, 우리나라의 유신체제 등의 경우도 역시 자유민주주의 국가가 아니었다. 오히려 수백 년의 자본주의는 역사의 초기에는 권위주의체제에서 자본주의가 지배적인 형태였으며 영국의 자유주의적 자본주의는 역사에서 이례적인 것이었다. 이는 비자유주의적, 비민주적 자본주의의 역사적 모순을 극복하기 위한 노력과 진화의 결과였다. 초기 단계의 자유주의적 자본주의 사회 혹은 18세기 영국은 아직 충분히 민주주의적이지는 않았다. 19세기에 이르러서야 자유주의, 자본주의 그리고 민주주의의 합류 지점에 도달할 수 있었다.

다음 절에서 살펴볼 마르크스의 분석을 미리 원용한다면, 시장과 경제의 관계를 기준으로 경제체제 유형이 구분될 수 있다. 첫 번째로 경제가 시장에 의해서 지시되는지(예: 자유방임 자본주의: Free Market Capitalism), 아니면 비(非)시장 지시적인지(예: 중상주의(Mercantile Capitalism))가 중요한 기준이다. 국가가 경제를 통제하고 간섭하는 형태의 비시장 지시적 경제와 다르게, 시장 지시적(market-directed) 경제는 경제의 운용과 경제적 주체들이 철저하게 시장의 논리와 요구에 반응하여 작동하는 것을 의미한다. 즉, 시장이 경제에 지시적인 역할(directive role)을 수행하는 것이다. 사람들이 경제적 영역에서 무엇을 어떻게 해야 하는지가 시장의 지시에 의해 안내되고 규제된다. 로버트 달(Robert Dahl)과 찰스 린드블럼(Charles Lindblom)은 『정치, 경제, 그리고 복지(Politics, Economics and Welfare)』에서 시장경제가 시장독재라고 비판했다. 이들에 따르면 가격과 경쟁에 의해 작동하는 시장경제는 행위자들의 선택을 무제한 보장하는 자유-극대화 경제인 것처럼 보이지만, 그것은 인간의 삶과 생존, 존엄성을 전혀 고려하지 않는다. 시장의 규칙과 이에 기반한 비인격적인 법률들은 인간을 고귀한 존재로 간주하지 않기 때문이다. 예를 들어보자. 혼자서 어렵게 어린아이를 키우는 몸이 아픈 어머니가 아이가 사고를 당해 다급하게 병원을 찾아갔다. 병원에서는 치료보다는 우선적으로 보호자에게 보험이 있는지 물어본다. 만약 보호자가 병원비를 낼 수 없다면 병원의 서비스를 받지 못한다는 것이 시장 중심 경제의 원리이다. 시장 경제의 규칙은 자비가 없다. 왜냐하면 시장에는 주인이 존재하지 않기 때문이다. 이로부터 이런 시장경제의 냉혹함을 예상한, 노예제를 옹호하는 학자들의 논리를 파악할 수도 있을 것이다.

시장의 지시적인 성격은 아담 스미스의 『국부론』에서 명료하게 묘사되고 있다. 『국부론』에서 아담 스미스는 시장에서 행위자들은 오직 자기 자신의 이익을 쫓아 움직이고 있으며 그들이 선하거나 악한 의도를 가졌는지는 전혀 문제가 되지 않는다고 본다. 예를 들어 제빵업자가 빵을 파는 것은 본인의 이익을 위한 것이지 누군가를 배부르게 하기 위한 이타적 행동이 아닌 것이다. 1911년에 조셉 슘페터(Joseph Schumpeter)는 『경제 발전의 이론(Theory of Economic Development)』의 첫 번째 장에서 다음과 같이 말한다. “자유주의적 자본주의 시장경제에는 의미 있는 지도자들이 필요 없다. 왜냐하면 모든 개인 사업자들과 소비자들은 시장의 수요와 공급, 가격에 의해서 지시받기 때문이다.”

두 번째 기준은 생산수단의 소유와 통제가 사적 수준과 사회적 수준에서 작동하는지 여부이다. 사적으로 생산수단을 소유하고 통제한다는 것은 자본주의의 핵심 원리이며 회사나 공장, 자원 등 핵심적인 경제수단들을 개인이나 사적 집단이 소유하고 독립적으로 운영한다는 것을 의미한다. 생산수단의 사회적 소유와 통제는 국가나 공적인 조직들이 생산 수단을 소유하고 운용하면서 결과적으로 경제를 집단적으로 통제한다는 것을 의미한다.

두 가지 기준을 놓고 볼 때, 시장 주도적이며 생산수단의 소유가 사적인 사회의 대표적인 사례는 미국으로 볼 수 있다. 시장 주도적이며 생산수단의 사회적 소유의 대표적인 사례는 과거 헝가리로 볼 수 있다. 비시장지시적이며 생산수단의 소유가 사적인 사회는 나치독일이며 일정부분에서는 우리나라의 유신체제를 생각할 수 있다. 비시장지시적이며 생산수단의 사회적 소유 형태인 국가는 구소련이다. 이 외에도 생산수단의 소유관계, 노동 분업 등도 경제체제 유형을 구분하는 중요한 기준이 된다.

시장지시적 경제와 비시장지시적 경제를 구분해 보자. 생산수단을 개인 또는 사회가 소유와 통제를 하느냐는 것이 우선적으로 고려되어야 된다. 시장지시적 경제에서 사회 내 노동의 분업은 이루어지지만 개인이 노동자이자 소유권을 갖는 단순교환경제와 현재 흔히 볼 수 있는 개인이 노동자로서 소유권을 갖지 않는 시장이 주도하는 자본가교환경제로 각각 나눌 수 있다. 자본가교환경제는 경쟁자본주의 그리고 특정 기업이 시장을 과점 또는 독과점자본주의와 독점자본주의 형태가 있다. 그 외 개인의 자유와 권리를 강조하는 소유경제를 지향하는 제퍼슨 민주주의(소박한 소유주의 경제와 접목된)와 시장 경제로 기업의 이윤은 보장하지만 생산 수단의 사회적 소유권이나 일하는 노동자에게 보상을 포함하는 혼합경제 시스템인 시장사회주의가 있다. 그리고 그 사이에 일정 수입 이상의 기업은 정부의 인가를 받아야 하는 법인자본주의가 위치한다. 과거 미국 민주당의 정치인인 엘리자베스 워런(Elizabeth Warren) 메세추세스주 상원의원이 2018년에 발의한 기업의 공공성, 노동자의 경영참여, 경영자 보수제한 등을 포함한 '책임 있는 자본주의법(Accountable Capitalism Act)'이 법인자본주의의 구체적인 사례로 볼 수 있다. 시장지시적 경제 안의 생산수단은 사회가 소유하고 사회 안에 노동분업은 이루어지지만 노동자는 소유권

그림 2-2

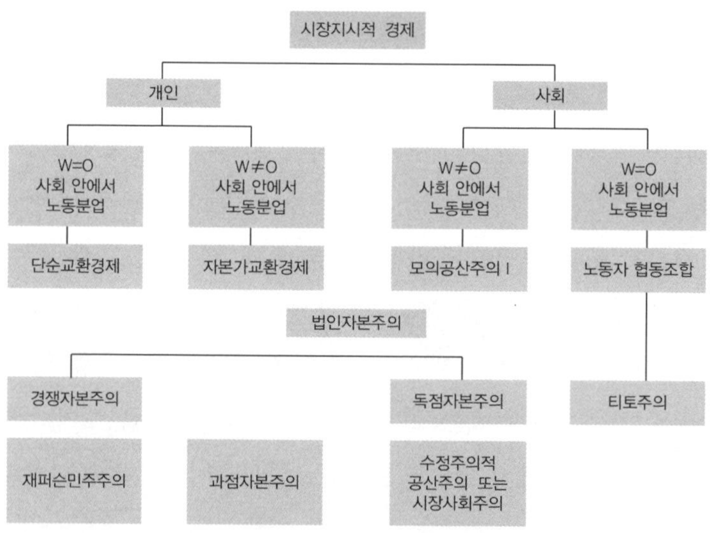

없는 모의공산주의 I 이 존재한다. 다음으로 생산수단은 사회가 그리고 노동의 분업은 사회안에서 이루어지고 노동자가 소유권을 갖는 과거 유고슬라비아의 티토주의로 대표되는 노동자 협동조합이 있다.

다음은 비시장지시적 경제이다. 생산의 수단은 개인이 소유하고 사회 안에서 노동분업이 이루어지지만 노동자의 소유권이 없는 파시즘으로 대표되는 국가가 자본가의 역할을 수행하는 국가독점자본주의와, 노동자의 소유권이 유무인 경우가 병행하는 노동 분업이 사회 안에서 이루어진 산업화 전 단계인 봉건주의로 구분할 수 있다. 마지막으로 생산수단을 사회가 소유하고 사회 안에서 노동 분업이 이루어지며 노동자의 소유권이 없는 중앙통제방식인 스탈린주의로 대표되는 모의공산주의II가 존재한다. 마지막으로 생산수단의 소유권을 사회와 노동자가 나눠 가지며 노동 분업의 붕괴로 더 이상 억압적 복종관계가 사회 안에서나 산업 안에서도 존재하지 않는 진정한 공산주의인 마르크스 사회주의 또는 공산주의로 나눌 수 있다.

그림 2-3

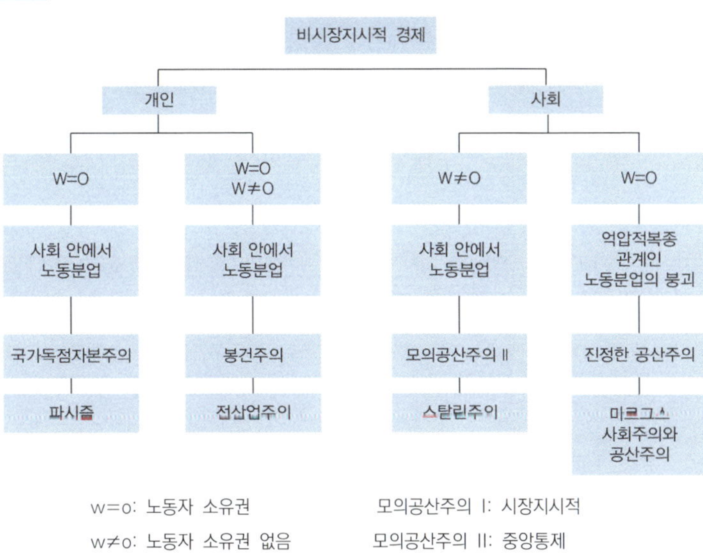

이런 기준을 고려할 때, 자본주의 경제 체제는 사회적 소유권 대(對) 사적 소유권, 비시장지시적 대(對) 시장지시적, 노동자와 소유자가 동일한 경우 대(對) 서로 다른 경우, 압제적이고 복종적인 노동의 분업 대(對) 자발적인 친(親)노동 분업을 기준으로 비교할 수 있을 것이다.

질문

저는 비시장적 조건 아래서 자본주의가 있을 수 있다는 것을 몰랐습니다. 어떻게 가능할까요?

답

물론 어떤 사람들은 비록 노동자나 소유자가 아니며 산업에서 노동 분업이 있어도 만약 강력한 힘을 가진 정부가 경제를 규제하고 통제하고 있다면, 그것은 더 이상 자본주의가 아닌 파시즘이라고 주장합니다. 이러한 권위주의적 자본주의 경제는 자본주의의 가장 분명한 특징(시장 원리에 충실)이 없는 반면, 고전적 자본주의는 시장 경제와 밀접하게 결합되어 있습니다. 시장중심이냐 비시장중심이냐 하는 요소는 맥락과 상황 속에서 중요성이 달라집니다. 마르크스는 자본주의의 가장 중요한 특징은 노동자들이 소유주가 아니라는 데 있다고 주장하였습니다. 시장 경제를 가지고 있다고 해도 노동자가 기업을 소유한다면 자본주의가 아닐 수 있다는 것인데요. 다른 측면에서, 만약 시장이 사라지거나 혹은 엄격하게 규제된다고 하더라도, 노동에 압도적인 우위나 권력을 가진 사적인 자본주의적 소유권이 존재한다면, 이 경제체제는 자본주의 경제와 고전적으로 연결된 강력한 요소가 있다고 할 수 있습니다.

---

3 자유주의적 자본주의(Liberal Capitalism)와 아담 스미스(Adam Smith)

예상하듯이, 권위주의체제 안에서 자본주의는 자유민주주의적 자본주의자들에 의한 모순적 형태의 자본주의로 묘사될 것이다. 역사적으로 19세기의 자유민주주의적 자본주의자들은 중상주의적 성격을 띤 상업자본주의의 권위주의적 성격으로 인해 상업자본주의를 잔혹한 자본주의로 여겨왔다. 자유민주주의적 자본주의자들의 관점에서 자본주의는 19세기에 들어서야 완전하게 성숙된 형태로 꽃을 피웠다. 자유주의적 자본주의가 자유민주주의 자본주의의 부분임을 전제하자면, 자유주의적 자본주의의 고전적 이론에 대해 살펴볼 필요가 있다.

1) 이익들의 조화로운 시장의 원리

고전적 자유주의는 정치적 요소들(자유주의적 로크의 제한된 정부, 선출된 대표자들의 의회, 혁명의 권리, 시민적이고 정치적인 자유들)에 대해서 이야기해왔다. 자유주의적 자본주의 역시 개인과 관련된 사회의 경제적 이론을 가지고 있다. 이해를 돕기 위하여 후술할 제러미 벤담 주장을 가져와 보자. 그는 시장 경제의 규칙들에 따라 운영되는 하나의 사회와 경제라는 자유주의적 자본주의를 상정하였고, 이에 따라 시장 경제의 규칙들을 두 가지의 형태로 분류하여 이론화하였다.

① 자기 이익의 규칙(the rule of self-interest)

첫 번째 형태는 자기이익의 추구이다. 공리주의자 벤담은 이 개념을 극단까지 밀고 간다. 이는 마치 인간을 이기적 존재라 보는 홉스적 사고와 유사하다. 개인들은 글자 그대로 순수한 개인들이며, 이들은 사회적인 감성이 전혀 없는 존재들이다. 만약 필요하다면 다른 사람의 쾌락을 희생시키고 다른 사람에게 고통을 주면서까지 그들 자신의 부와 권력을 추구한다. 반면 아담 스미스는 로크와 유사하게 인간을 이성적 존재라 가정한다는 점에서 덜 극단적이다. 고전적 자유주의자 아담 스미스는 여기에 동정(sympathy)이라는 개념을 도입하여 인간은 다른 인간을 동정하는 존재로 간주했다. 그는 동정이 사람들을 협력하게 만들고 통합하며, 심지어 다른 사람과 상호간 유대감을 가지게 하는 매우 강력한 원동력이라고 주장하기에, 벤담보다 덜 극단적인 것이다.

로크는 인간을 준(準)사회적 존재로 보았지만 스미스는 로크보다 인간은 더 사회적이라고 믿었다. 그러나 이는 순진한 믿음이 아니라, 개인은 자기 이익 추구가 매우 강하며 개인들은 그들의 부와 권력을 경제적·정치적으로 확대하기 위해 노력한다는 전제를 공유하고 있다. 자기 이익을 묘사하는 한 가지 방법은 사람들이 자유를 가지고 있다고 말하는 것이다. 그 이유는 사람들이 사익추구를 한다고 말하는 다른 방법은 그들의 자유를 실현시키는 것이다. 고전적 자유주의는 자기 이익과 자기 이익을 실현시키기 위한 개인의 자유를 위해 정부를 탁월하게 끌어들인다. 즉, 정부는 집단적 이익을 실현시키기 위한 개인의 권리를 보호할 준비가 되어 있다는 것이다. 그러므로 일반적으로 갖지 않은 자들이 추구하는 시민적 권리(Civil Rights)와 가진 자들이 추구하는 시민적 자유(Civil Liberty)는 묘하게 대비되는 특성을 보인다. 자유에 있어 우리는 자기 이익을 추구한다. 그리고 우리는 정치적 권위에 의해서 자유를 추구할 권리를 보호받는다. 이런 용법에 따르면, 자유는 경제적이고 권리는 정치적이다.

질문

소극적인(negative) 자유와 적극적인(positive) 자유는 어떻게 구분되나요?

답

자유는 때때로 무엇으로부터의 자유(from liberty)인지에 따라 규정되곤 했습니다. 홉스는 만약 당신이 당신의 자유를 실현하기를 원한다면 당신은 자유를 위하여 리바이어던의 보호를 받아야만 한다고 말하였습니다. 즉, 리바이어던은 당신의 자유를 위해서 당신이 지불해야 하는 비용이며 의무라고 할 수 있습니다. 반면 로크는 리바이어던이 당신의 자유를 짓밟을 수 있으며 자유의 실현을 막을 수 있다고 생각하였습니다. 로크는 우리의 자유 실현을 침해할 수 있는 정부의 권력을 제한해야 한다고 주장하였습니다. 홉스나 로크에게 자유는 소극적으로 이해되었습니다. 여기서 자유는 자기 이익의 실현에 대한 독재와 변덕스러운 침해로부터의 자유입니다. 로크는 유산자들에 대한 무산자들의 공격보다 정부의 침해를 더욱 걱정하였습니다. 그래서 로크는 입법부의 권력(구체적으로 유산자들을 전복할 수 있는 대중의 권력)을 제한하였습니다. 그러나 양자의 경우에 있어, 자유는 자기 이익의 실현에 대한 침해로부터의 자유라는, 소극적 의미로 이해되었습니다. 다른 측면에는 무엇인가를 향한 자유(liberty to)라는 개념이 있고, 이는 무엇인가를 적극적으로 추구하는 의미를 가지고 있습니다. 예를 들어 투표를 할 자유, 공직에 출마할 자유, 표현의 자유, 결사의 자유, 소비할 자유, 투자할 자유 등입니다. 존 스튜어트 밀은 적극적인 자유에 초점을 맞추었습니다. 그래서 특히 무엇인가를 할 수 있는 재능과 능력을 창조하고 연마하며 활동하는 자유를 강조하였습니다. 밀과 그의 계승자들에 있어, 자유는 소극적이기보다는 적극적으로 이해되었다고 할 수 있습니다. 이것은 그들이 사회에서 정부의 역할을 논할 때 중요한 영향을 미쳤습니다.

모든 사람들이 자유를 행사하며, 헌법적 권리를 통해 정부로부터 권리를 보호받는다면 어떻게 사회 전체가 더불어 살 수 있을까? 우리 모두가 자아실현을 하게 된다면 서로의 자유와 이익 관계가 충돌하여 무질서적인 무정부 상태, 정치적·경제적·사회적 혼돈에 빠지게 될 수도 있다. 시장 경제의 규칙들에 대한 다음의 두 번째 이론들은 그러한 상태에 대한 해결책을 제시한다.

②-a 이익들의 자연적 정체성(the natural identity of interests)

두 번째 형태 중 첫 번째는 각 개인들이 자기 이익을 추구하고 극대화할 때에 자연스럽게 사회 전체의 이익도 증가한다는 이론이다. 모든 사람은 선호, 욕구, 추구하는 이익의 종류가 서로 다르지만, 자기 자신의 방식으로 부를 극대화할 때 부의 총합(즉 사회의 부)은 극대화된다. 일반효용은 개인들의 효용의 총합이기 때문이다. 그러나 우리는 중요한 암묵적인 가정을 고려해야 한다. 즉, 현대적 용어로 부정적 외부효과(Negative Externality)가 없어야 한다.

외부효과는 직접적인 경제적 관계를 맺고 있지 않더라도 한 경제행위자의 선택과 행동이 다른 경제행위자 혹은 공동체에 긍정적, 부정적 효과를 미치는 것을 의미한다. 누군가가 개인 비용을 들여 나무를 많이 심었다면 환경이 쾌적하고 공기가 정화되는 등 긍정적인 외부효과를 미친다. 그렇다고 이 사람이 그에 대한 경제적 보상을 받는 것은 아니다. 반면 부정적인 외부효과는 누군가가 몰래 많은 양의 폐수를 강에 방류하고 있다면 그는 그에 대한 정수처리비용을 내지 않기 때문에 경제적 이득을 더 취할 수 있지만 마을 사람들은 환경오염으로 인해 두통이나 질병을 앓게 되는 경우이다. 일반적으로 이러한 외부효과는 시장에 의해 자율적으로 통제되기가 쉽지 않기 때문에 정부가 개입하여 해결한다. 공장 폐수의 예에서 정부가 기업에게 폐수 방류로 인한 사회적 비용을 산출하여 공해 방출세를 부과하는 식이다.

그러므로 앞의 이익 추구 이론에서 개인의 부의 극대화가 사회전체 부의 극대화로 이어지기 위해서는 부정적인 외부효과가 없어야 한다. 즉, 누군가의 부의 추구가 다른 사람의 이익이나 쾌락을 감소시키거나 고통을 주지 않아야 한다. 긍정적인 외부 효과는 이익 추구 이론을 더욱 지지하게 만든다. 왜냐하면 개인들의 이익 추구의 단순 총합보다 사회 전체가 더욱 효율적인 쾌락 극대화를 성취할 수 있기 때문이다. 이러한 외부효과는 시장에 대한 국가(정치)의 개입을 토론하는 중요한 논거가 된다.

그런데 개인의 이익 추구가 전체 이익을 극대화한다는 주장은 1790년대까지만 해도 급진적이고 혁명적인 생각이었다. 왜냐하면 18세기까지 전체적인 지적 흐름(코란, 플라톤, 아리스토텔레스, 토마스 아퀴나스(Thomas Aquinas), 루소, 제퍼슨(Thomas Jefferson) 등)에 따르면, 부자가 더 많은 부를 축적하게 되면 빈민은 더욱 가난하게 된다는 제로섬 게임(zero-sum game)이 부의 분배에 대한 일반적인 견해였기 때문이다. 심지어 구약성서(아모스 4장 1, 2절, 선지자 아모스는 부자들이 빈민들을 착취하고 있다고 비판했기 때문에 '정의의 선지자'라고 불린다)에서는 빈민들을 속이고 고통스럽게 만드는 부자 남편을 더욱 악하게 만드는 아내의 사치욕을 비판하기도 하는데, 이 또한 부자의 부가 빈민의 몫을 착취한 것이라는 관점을 드러낸다.

부자와 빈자의 대립적 관계에 대해 아담 스미스를 필두로 하는 고전적 자유주의는 이익의 자연적 정체성 이론을 통해 새로운 해법을 제시한다. 즉, 어떤 개인을 부자로 만드는 힘과 능력이 무엇이든지 그것은 사회 전체를 더욱 부유하게 만든다는 새로운 관점의 도입이다. 한 사회의 부의 총합은 개별적인 부의 총합이기에, 부를 축적하거나 확장하는 개인이 재벌이냐 중산층이냐 혹은 가난한 사람이냐의 여부는 상관이 없다. 누군가가 돈을 번다는 것 자체가 이미 사회 전체의 부의 증식을 의미하기 때문이다. 결론적으로 말해 이 이론은 사회 전체의 부에 대해 비(非)제로섬 게임(non-zero-sum game)을 전제한다. 모든 사람은 역동적이고 확장적인 자본주의 경제 속에서 이익을 얻을 수 있다. 부정적인 외부효과가 없을 경우 각 개인은 자기 자신의 부를 추구함으로써 자산의 증식과 확장이 가능하며 이를 통해 사회 전체의 부가 증대되므로, 모든 사람은 궁극적으로 이익을 얻게 될 것이다.

고전파 경제학자로서 전통적인 지주 귀족들의 이익을 옹호하며 자본가를 비롯한 신흥 중산계급에 대해 비판적인 입장을 지닌 보수주의 정치경제학자인 맬서스(Thomas Malthus) 또한 이익의 자연적 정체성에 대해 비슷한 관점을 가지고 있었다. 그런데 그는 여기에 더해 한 가지 흥미로운 가설을 덧붙인다. 멜서스는 인간의 끝없는 성적 욕망으로 인해 인구가 기하급수적으로 증가하여 식량난에 따른 기아, 전쟁, 질병 등 파국적 상황이 오는 것을 경계하였다. 따라서 그는 결혼을 미루거나 성적 충동을 억제해 출산율을 낮추는 예방적인 태도가 필요함을 강조하였다. 이러한 맬서스의 이론에 따라, 가령 각 개인이 도덕적 절제(moral restraint)가 필요한 도덕 감정을 채택한다고 가정해 보자. 이 경우 맬서스에게 도덕적 절제란 28세가 될 때까지 결혼을 하지 않는다거나 혼전 성경험을 하지 않는다거나 결혼 후에 많은 자녀들을 가지지 않는 것 등이 억제된 태도를 가리킨다. 만약 각 개인이 이런 도덕적 절제를 독립적으로 수행한다면 인구 규모는 급격하게 증가하지 않는다. 따라서 노동력은 감소하고 노동 공급은 노동 수요보다 적어지게 되어, 수요-공급 원리에 따라 노동력의 가격(임금)은 상승할 것이다.

가난한 사람들에 대한 맬서스의 충고는 만약 그들이 가난해지기를 원하지 않는다면 많은 아이들을 낳으면 안 된다는 것이다. 아이들을 적게 가질수록 점차 노동공급은 적어지고 이에 따라 임금이 올라가고 생활수준도 올라가며 사람들은 더 많은 부를 가지고 소비를 하면서 사회는 더욱 잘 살게 된다는 것이 그의 충고의 핵심이다. 맬서스는 이것을 이익의 자연적 정체성으로 명시하였다. 개인적으로 맬서스는 독특한 인구론을 통해 기아로 인한 대량 사망 역시 궁극적으로는 경제에 해롭지 않다고 주장하기도 했다. 그의 이론에 따르면 이는 기하급수적인 인구 증가로 인해 모든 사람이 빈곤해지는 운명을 피하게 만드는 '적극적 제동'의 한 사례로 볼 수 있다.

②-b 이익의 자발적 협력(the spontaneous coordination of interests)

두 번째 형태 중 마지막 이론은 자발적 협력이다. 개별 구성원들이 의식하지 못할지라도 그들은 자기의 이익을 실현하는 과정에서 직간접적인 상호작용을 통해 사회적 협력 체제를 재생산한다는 것이다. 고전적 자유주의자들에 의하면, 사회적 경제에 있어 사람들은 상호의존적이고 상호 연결되어 있다. 내가 어떤 상품을 살 수 있는 것은, 다른 누군가가 그 상품을 만들어 팔고 있기 때문이다. 만약에 내가 노동력을 팔고 있는 노동자라면, 임금을 주고 상품을 생산하길 원하는 자본가가 반드시 존재해야 한다. 내가 투사를 하고 있는 순간에 누군가는 저축을 할 것이고, 이런 사람들의 행위나 결정은 상호적 연관성을 가지고 서로에게 영향을 미친다. 그렇다면 어떻게 사람들의 결정이나 행위가 구조적 협력을 통해 경제학자들이 표현하는 균형을 이루고 '최적성의 조건'(파레토(Pareto)의 표현)을 실현할 수 있는가?

기본적 생각은 통합, 협력, 연결이다. 프랑스 경제학자 바스티아(Frederic Bastiat)는 『경제적 조화들(Economic Harmonies)』에서 조화(harmonizing)라는 아이디어를 활용하였다. 경제적 선택과 행위들은 효율적인 시장의 원리 속에서 보이지 않는 조화를 이루어 궁극적으로 갈등들을 없애고 모두에게 이득이 되는 방향으로 협력을 진행하게 만든다는 것이다. 왕이나 중앙 권력이 감히 기획할 수 없는 오묘한 협력과 이익 창출이 오직 시장 원리에서만 가능하며, 자발적인 이익 추구자들의 노력과 자유로운 행동이 시장의 원리에 의해 이익 창출의 조화를 가져온다는 것이 핵심이다. 이와 같은 바스티아의 조화에 대한 아이디어는 후에 현대 자유방임주의자들에 의해 자발적이고 자동적인 시장의 협력에 대한 기본적인 이론으로 발전하게 된다.

2) '보이지 않는 손'과 아담 스미스(Adam Smith)의 정치경제학

아담 스미스는 로크와 더불어 자유주의 이념의 형성에 기여한 중요한 이론가이며 동시에 시장을 통한 자발적 협력 사회를 모델로 만든 창립자로 볼 수 있다. 그는 『도덕감정론(Theory of Moral Sentiments)』, 『국부론』 등을 통해 도덕 감정과 시장의 자발적 협력이 서로 양립할 수 있는가에 대한 논의를 발전시켰다. 이러한 아담 스미스의 논의는 특히 19세기의 독일 사상가들을 매료시켰다.

스미스는 1776년에 출판된 『국부론』을 통해 경제적 자유가 물질적 번영을 가장 잘 증진시킬 수 있다는 것을 입증하려 하였다. 스미스는 인간은 사회 상호작용을 강조하면서 그의 초기 저서인 『도덕감정론』에서 인간의 도덕적 본성에 대해 독특한 주장을 전개했다. 이익 추구와 교환의 상호작용에서 연계되는 동정심은 개인들의 적대적이고 이기적 행태를 순화시켜 안정적 사회를 창조시킬 수 있다고 믿었다. 스미스는 맹목적인 이익 추구가 사회 통합의 기반인 동정심과 배려를 침식한다는 점을 고려하여 이에 대한 정치경제적 해결책으로 시장경제의 인간적 측면을 주장한 것이다. 그는 또한 동정심의 개념이 시장경제 내의 개인의 이기적 형태를 충족시키면서도 시장경제에서 야기되는 문제점을 생산적·사회적으로 보탬이 될 수 있는 방향으로 이끌어줄 수 있다고 믿었다.

나아가 경쟁의 중요성을 강조하면서 정부의 간섭은 시장의 잠재적 이익을 해치기 때문에, 정부의 개입은 법집행, 조폐, 항구나 주택 등의 공공사업 등에 한정되어야 한다고 주장하였다. 스미스 주장의 핵심은 경제적 자유가 공동체의 경제적 부의 증대를 극대화한다는 것이었다. 그 이유는 경제적 자유가 새로운 형태의 노동 분업과 생산기술의 혁신을 가져오게 하는 개인적 동기와 기회를 최대한 제공하며, 결국 노동의 생산성을 증가시키기 때문이라는 것이다. 스미스는 이러한 최적 경제체제를 '자연적 자유의 체제'라 부르며, 이러한 경제체제는 인위적 장애가 없는 상태에서만 나타날 수 있다고 주장하였다.

아담 스미스 Adam Smith (1723~1790)

스코틀랜드 출신의 철학자이자 경제학자이다. 세관 가문의 유복자로 태어나 평생을 독신으로 살았다. 스미스는 글래스고대학교에 입학하여, 도덕철학을 수학하였다. 이후 옥스퍼드대학에서 수학한 뒤, 글래스고대학교 교수로 임용되었다. 스미스에 대해서 풀고 넘어가야 할 오해가 한 가지 있다. 스미스는 단순히 경제학자가 아니라, 도덕철학자이기도 했다는 점이다. 스미스는 자신의 학문을 체계적으로 완성시키는 초기의 국면에서 도덕의 문제에 깊게 천착하였다. 그 결과물이 '도덕 감정론'이었다. 스미스는 도덕 감정론에서 인간행동의 타당함을 규정하는 존재로서 '공평한 관찰자'에 의한 동감을 고찰하였으며, 이는 스미스의 인간관의 큰 줄기를 이루었다.

스미스가 저술한 불후의 저작인 '국부론'은 근대 경제학, 고전학파의 근간을 제공한 불후의 명작이다. 스미스는 경제행위의 동기를 이기심으로 상정하고, 이에 따른 경제행위가 '보이지 않는 손'에 의해 종국적으로 공공복지에 기여한다고 판단하였다. 특히 스미스는 분업을 통한 생산성 향상을 국부의 증대로 이끌 수 있는 핵심적인 요인으로 판단하였다. 그는 생산 및 분배에 대해서 자연법이 작용하며, 이에 따라 스스로 균형을 도모한다는 예정조화설을 주장하였다. 스미스가 지은 국부론을 통하여 경제학의 학문적 위상은 새롭게 갱신될 수 있었다. 그가 체계적으로 정초한 경제학은 과학으로 분류되었으며, 이후 정책으로도 구현되었다. 예컨대 중농주의에 대한 스미스의 비판은 당시 영국의 자유무역정책으로 구체화될 수 있었다.

또한 스미스는 후세대 경제학자의 사상에도 큰 영향을 미쳤다. 스미스의 중상주의를 계승한 리카도는 그의 무역이론을 한층 더 발전시켰으며, 마르크스는 스미스의 노동가치설을 비판적으로 계승하였다.

주요 저서로 「도덕 감정론」, 「국부론」 등이 있다.

고전적 정치경제학의 아버지로 불리는 아담 스미스의 사상에 대해서는 좀 더 자세하게 살펴볼 필요가 있다. 『도덕 감정론』에서 스미스는 시장경제가 원활하게 작동하기 위해서는 시장의 자율성을 보장하는 제도와 사람들의 태도가 전제 조건이 된다고 강조했다. 그 기본적인 토대가 사람들의 도덕 감정이다. 사람들은 일상적인 생활과 종교 등에서 도덕 감정을 지니고 함양하는 존재들이며 이것이 신뢰와 유대에 기반하는 시장경제의 조건이 된다. 아담 스미스는 무엇이 선한 것이고, 무엇이 현명하고 적합한 것인지에 대한 이러한 감정들에 대해 세 가지를 제시했다.

① 자비심(Benevolence): 비록 아주 강하지는 않을지라도 사람들은 타인에 대해 자비심을 가지고 있으며 이것이 평화로운 사회적 관계를 가능하게 만든다.

② 정의(Justice): 사람들은 무엇이 옳은 것인지에 대한 감각을 지니고 있으며 사려 깊은 현명함을 갈망한다. 이러한 정의와 현명함은 다른 사람들을 정의롭게 대할 것을 요구한다. 내가 다른 사람을 올바르게 대우하지 않는다면 다른 사람도 나를 불공평하게 대우할 가능성이 높다. 이것은 일종의 황금률(golden rule: 남에게 대접을 받고 싶은 그대로 너희도 남을 대접하

라)의 사려 깊은 형태이다. 종교뿐만 아니라 실천적인 지혜가 사람에게 정의를 추구하게 만든다.

③ 동정심(Sympathy): 인간은 다른 인간들에게 동정적이며 현대적 의미에서는 공감(empathy)으로 확장시킬 수 있다. 스미스에게 동정심의 중요한 특징은 다른 사람들과 나를 동일시하고 타인의 입장에서 생각해 보는 능력이다.

스미스는 상호작용을 하는 사람들이 서로에 대해 더욱 큰 자비심과 동정심, 정의감을 갖게 된다고 주장한다. 또한 그는 개인이 그의 마음과 영혼에 일종의 양심적인 관찰자(Spectator)를 가지고 발전시키면서 자기 자신의 행동을 성찰하게 만든다고 주장했다. 스미스는 만약에 사람들이 서로에 대해 최소한의 동정심을 가지지 않는다면, 사람들은 서로를 신뢰하지 않을 것이며 그런 불신의 관계에서는 시장 경제의 교환 행위가 일어나지 않을 것이라고 단언했다. 서로에 대해 불신과 배신에 대한 두려움이 만연하다면 이런 사회는 준(準)내전 상태이며 시장에서 경제활동이 작동할 수 없다. 교환에 기반한 시장 경제가 작동하기 위해서는 사람들 사이에 최소한의 신뢰가 있어야 하며 이런 신뢰에 기반한 교환행위는 사람들 사이에 동정심과 도덕 감정을 더욱 만연하게 만든다. 시장경제는 맹목적인 화폐와 상품의 냉정한 교환을 넘어서 인간의 도덕 감정 또한 필요로 하는 것이다.

사유재산의 원천적 악을 비난했던 루소와 반대로 스미스는 사람들이 부를 획득하여 불평등이 발생하더라도 가난한 사람들은 부유한 사람들을 전복하기보다는 그들을 부러워하고 복종하며 따르기를 원한다고 주장했다. 스미스는 도덕 감정의 체제에 있어 어느 정도의 불평등은 가난한 사람들도 수용할 것이라고 생각했다. 가난한 사람들에게 중요한 것은 그들이 공평하게 대우를 받는 것으로서 하루하루의 노동에 대한 공평한 보상과 그에 합당한 공평한 임금을 받는 것이다.

스미스의 또 다른 주장은 부유한 사람들이 그들의 부를 낭비하지 않는다는 것이다. 그들은 자신들의 부를 투자와 노동자 고용에 사용한다. 투자는 일자리를 제공하기 때문에, 투자가인 유산자들은 의도하지 않더라도 선한 행위를 하는 것이다. 그가 이야기하는 '보이지 않는 손(an invisible hand)'의 원리는 어떻게 시장경제가 자기 이익을 추구하는 개인들을 선한 결과로 인도하는지에 대한 경제 이론을 제공한다. 즉 "개인들은 보이지 않는 손에 이끌려 자신의 의도와 상관없이 다른 사람의 목적을 위해 봉사한다"는 것이다.

보이지 않는 손은 신의 섭리처럼 공급과 수요를 합리적으로 조절한다. 공급자와 수요자들은 상반된 이익을 가지고 있으며, 공급자들은 높은 가격에 많은 물건을 팔기를 원하는 반면 수요자들은 낮은 가격에 많은 물건을 사기를 원한다. 시장경제는 흥정과 합의를 통해서 이러한 갈등을 조화시키고 모두에게 유익한 결과를 이끌어낸다. 만약 공급자들이 주어진 가격에 그들이 가지고 있는 모든 물건을 팔 수 없다는 것을 발견한다면 그들 중에 일부가 가격을 내릴 것이다. 이것은 시장 교환에 있어 자동적으로 그리고 자발적으로 문제를 해결하는 데 도움을 준다. 가격이 떨어진다면 수요는 올라가고, 반대로 수요가 공급보다 높다면 일부 수요자들은 높은 가격에 상품을 구입할 것이다. 결국 가격이 올라가게 되고 수요는 내려가게 된다. 수요가 감소되면 가격은 다시 낮아지게 될 것이다. 시장을 통해서 수요와 공급이 적절하고 합리적인 수준으로 조정되는 것이다. 시장은 살아 움직이는 역동성이 특징이며 자기 이익을 추구하는 개인들이 모두가 서로 경쟁하는 상태에서, 수요와 공급의 관계에 따라 가격을 올리거나 낮추게 만드는 변화를 일으키는 인간들의 집합이다.

사람들의 취향에 변화가 있어 특정 상품에 대한 수요가 상승했다고 가정해 보자. 그렇다면 분명히 과거의 적정한 가격은 더 이상 균형 가격이 아니며 시장은 공급-수요의 불균형 상태에 있다. 이제 수요가 공급보다 크기 때문에 시장의 힘이 균형점을 찾기 위해 작동하게 되고 가격은 올라가게 되고 그 결과 수요는 떨어지게 되어서 새로운 균형 가격에 도달하게 된다. 결과적으로 공급은 수요를 조절한다. 만약 수요자들이 소비자이고 사업가들이 공급자라면, 공급자들은 소비자들이 원하는 것을 충족시키는 시장경제에 의해서 판매량을 조절할 것이다. 자유주의적 자본주의 시장 경제에서 소비자들은 궁극적인 주권을 가지고 있다. 따라서 아담 스미스는 소비가 생산의 유일한 목적이라고 말하였다.

자본주의에서 상품은 팔기 위해 생산된다. 이런 원리 속에서 공급자들은 서로 경쟁 관계에 놓여 있다. 시장은 경쟁의 장이다. 이들은 다른 사람보다 더 좋은 상품을 낮은 가격에 만들고 더 많이 팔기 위해 노력한다. 새로운 기술은 상품의 가격을 낮추고 소비자들은 이로부터 이익을 얻는다. 이 과정에서 경쟁은 기술촉진과 상품가격 하락 등 다양한 요소에 있어 매우 강력한 요인으로 작용한다. 비록 사업가들이 소비자들이나 노동자들보다 더 부유하지만, 그들은 다른 사업가들과 경쟁 관계에 놓여 있다. 만약 한 사업가가 새로운 기술을 개발하거나 도입하지 못한다면, 그는 경쟁 상황에서 매우 불리해지게 될 것이다. 만약 어떤 자본가가 기술개발을 통해 생산 비용을 획기적으로 낮추게 되면 그 수익은 자본가와 소비자 모두에게 이익이며 사회 전체에 이익이 된다. 또한 경쟁은 새로운 사업 분야로의 진출 또한 부추기는데, 차후 새로운 분야가 안정화됨에 따라 공급이 많아지게 되면 가격은 다시 하락하여 정상화될 것이다. 이러한 일련의 과정은 분업 또한 촉진시킨다. 일시적으로 초과 이윤이 발생할 수 있지만 정상(normal)을 초과하는 이익은 없다. 정상 이윤(normal profit)은 이미 비용 그 자체의 개념에 포함되어 있다. 모든 자본가의 생산과 가격은 하나의 균형점으로 수렴되며 그 비용에는 이미 경쟁 비용이 포함되어 있다.

스미스는 검소하고 성공을 원하는 자본가들이 자기 이익을 실현하기 위해서는 두 가지를 수행해야 한다고 주장했다.

① 자본가들은 경쟁에서 이기기 위해 획득한 이익을 다시 자본 삼아 투자를 해야 한다. 더 많은 자본의 투입은 노동수요를 증가시키고 이는 임금상승으로 이어진다. 게다가 임금상승은 다시 인구 상승(출생률 증가와 사망률 감소)을 촉진시킨다. 그리고 인구 증가는 더 많은 노동력의 증대로 이어지고 더 높은 경제성장과 이익을 창출한다. 각 개인은 투자와 자본축적을 통해 자기 자신의 이익을 창출하기 위해서 노력한다. 그리고 이런 활동들이 모여 시장경제의 확장과 발전을 만들어 낸다.

② 자본가들은 노동 분업과 기술향상을 위해 노력해야 한다. 분업과 기술향상은 노동의 생산성을 높여주고 생산단가를 낮춰 이익을 높여주며, 궁극적으로 자본의 규모를 확장시켜 준다. 스미스가 설명한 순수한 자유시장경쟁자본주의 경제에서는 소비자의 이익에 대한 착취는 없다. 독점이나 담합이 없는 자유 시장경제에서는 경쟁 속에서 자본가들은 궁극적인 정상 이윤을 획득하게 된다. 초과 이윤을 위한 자본가들의 경쟁은 자본가를 포함하여 모두에게 이익이 된다.

그러므로 신자유주의의 선구자로 불리는 하이예크(Friedrich Hayek)가 강조한 것처럼 이러한 종류의 협력은 자발적이다. 협력은 인공적으로 만들어진 것도 아니고 공적 권위에 의해 강요된 것도 아니다. 그것은 개인들의 행동을 통하여 자연스럽게 생겨난 것이다. 이것이 자본주의적 협력의 가장 큰 강점이다. 사회주의에서와 같이 중앙권력이나 협력을 계획하는 사람 없이도 시장은 균형 상태를 유지한다. 1874년 프랑스 경제학자인 레온 왈라스(Leon Walras)는 시장의 균형 상태가 어떻게 가능한가에 대한 논의를 통해 가격을 올리고 내리는 세계적인 경매인이 있다는 단순한 가정을 제시하기도 하였지만, 실제 세계에서 그러한 경매인의 존재는 없다.

순수한 경쟁자본주의 체제에서는 특정인이 수요-공급을 기획하거나 가격을 조정하지 않는다. 그렇다면 가격의 조정은 어떻게 일어나는 것일까? 사실 이 문제는 오늘날까지 여전히 논쟁의 여지가 있지만, 적어도 스미스는 이 문제에 대해 굳이 신경쓰진 않았다. 그는 시장의 보이지 않는 손에 의해 자연발생적으로 시장이 균형상태에 도달한다고 주장했다. 이와 같은 자발성과 신비로운 가격의 원리는 시장경제의 특징이다. 그리고 이러한 특징은 자발적인 교환의 협력체로서 시장과 정부의 역할에 대해 중요한 주장을 도출한다.

앞서 제기한 바를 생각해 보자면 시장에는 자연스럽게 조화와 협력만이 존재하는 것처럼 보인다. 그렇다면 정말 시장에는 부조화란 존재하지 않는 것일까? 고전적 자유주의자들은 '그렇다'고 대답할 것이다. 하지만 과연 그럴까? 후술하겠지만, 마르크스는 이러한 생각을 실증에 기반한 판단이 아니라 시장의 조화에 대한 단순한 믿음이라고 전제하여 고전적 자유주의자들을 거세게 비판한 바 있다. 그러나 만약 우리가 고전파 경제학자들의 저작들을 살펴보게 된다면, 앞의 섣부른 대답과는 달리 자본주의 시장의 부조화를 만드는 다양한 요소들에 대해 그들이 인식하고 인정하며 논쟁한 흔적들을 발견하게 된다. 실제로 고전적 자유주의 경제학자들은 그들의 계승자들인 신고전주의 경제학자들보다 부조화를 인정하는 데 훨씬 더 현실적이었으며 솔직하였다.

고전파 자유주의 경제학자들이 시장의 부조화들과 관련하여 명료하게 인지한 현상 가운데 하나는 독점이다. 시장경제의 조화를 이야기할 때 전제는 경쟁의 보장이다. 만약 공급에서 독점이 발생한다면 가격은 경쟁이 있는 경우보다 높을 것이다. 스미스가 주장한 것과 같이 "독점의 가격은 가능한 높은 가격보다도 가장 높게 만든다." 독점 자본가들은 이익이 극대화되는 시점까지 가격을 올릴 것이다. 설사 가격이 경쟁적인 상황에서 더 높아질 수 있다고 하더라도 독점가들은 전체적인 이익 극대화를 위해 가격을 자의적으로 조정할 것이다. 그런 상황에서 주권자는 소비자들이 아니라 독점가들이다. 왜냐하면, 가격을 정하는 것에 독점가들의 영향력이 가장 크게 작용하기 때문이다. 사업가들이 다른 공급자들과 경쟁하는 상황에서 가격 수용자(price taker: 주어진 가격을 따르는 사람)의 지위를 받아들이는 것과 독점적 공급자가 가격 결정자(price maker: 가격을 정할 힘을 가진 사람)인 상황 사이에는 근본적인 차이가 있으며 이것이 부조화의 핵심적인 현상이다.

그뿐 아니라, 시장의 부조화는 재산의 힘(Wealth Power) 즉, 소유에 의해서도 나타난다. 자유주의적 자본주의 사회에서는 모든 사람이 동등한 부를 가지고 있지 않다. 기업을 소유한 자본가들과 노동자들이 대결하게 되면 노동자들이 패배할 가능성이 높다. 왜냐하면 노동자들은 하루하루 먹고 살아야 하기 때문에 파업을 무한정 지속할 수 없다. 재정적으로 사업주들은 노동자들보다 오래 버틸 수 있는 재력이 있다. 스미스 역시 갈등 상황에서 소유주들이 노동자들보다 더 오래 버틸 수 있기에 소유주와 노동자 둘 간의 어떤 협상 상황에서도 자본의 소유자들이 강자라고 지적한다. 현대 사회에서도 이러한 논의는 존재한다. 노사 대립에서 '사를 이기는 노는 없다'는 말이 상기되는 지점이다.

부조화의 또 다른 형태는 재산의 불평등이다. 스미스는 사유재산의 소유도 없고 자본의 축적도 없는 상태를 초기의 야만적인 사회상태(early and rude state of society)라고 불렀다. 그러한 사회에서 노동자들은 자기 자신의 노동과 자신의 간단한 노동 도구들을 소유한다. 토지는 신이 준 공평한 선물로 모든 사람이 자유롭게 접근이 가능하다. 유일한 질문은 사냥꾼이 사냥한 사슴과 토지 사이의 교환조건이 어떻게 될 것인가, 교환비율은 어떻게 하는 것이 정당한가 하는 것이다. 그러한 사회에서는 토지가 사적 소유가 아니기 때문에 지주도 없고 자본 축적이 없기 때문에 자본가도 없다. 그러므로 당연히 자본가에게 자신의 노동력을 판매하는 노동자도 없다. 단지 루소가 이야기한 소박한 소유주들만 있을 뿐이다. 그러므로 생산물(사냥한 사슴)은 그것을 생산한(사냥한) 노동자(사냥꾼)에 속했다.

하지만 이번에는 토지가 사적 소유로 점유되었다고 가정해 보자. 사냥꾼은 토지에 접근하기 위해 지대를 내야 한다. 그의 생산물(사냥한 것) 중 일부는 더 이상 그의 것이 아니며 그것은 반드시 지주에게 바쳐야 하는 지대이다. 비록 지주가 생산물을 위해 아무것도 하지 않았더라도 말이다. 때문에 유용하지만 희소성을 가진 토지 같은 사적재산을 소유한 지주와 노동자 사이에는 갈등이 발생한다. 초기의 야만적인 사회상태에서와 달리, 이 단계에서 일부의 사람들은 자본을 축적하는 반면에 다른 사람들은 그렇게 하지 못하게 되면서 재산 축적에 불평등이 발생한다. 스미스는 결국 자본을 축적하지 못한 사람들은 그들을 도와줄 자본가이자 주인이 필요한 상황에 처해 있다고 설명했다. 이에 따라 자본을 축적하지 못한 자들은 자신이 가진 노동력을 팔아 임금을 얻기 위해 자본을 소유한 사람들을 찾는다. 결국 노동자들의 노동은 자본가들의 통제하에 놓인다. 자본가들은 자신들에게 부여된 권한으로 노동자들에게 생산에 대한 노동을 지시한다. 자본가들은 이렇게 생산된 생산물을 팔아 노동자들에게 임금을 주거나 지대나 이자를 얻기 위해 사용하며 이윤을 보존한다.

아담 스미스는 위에서 제시한 예시와 같이, 실제로 생산의 노동 이론과 생산물의 처분 권력에 대한 이론을 전개했다. 자본가들은 단순히 생산수단을 소유한 것이며 이로 인해 노동자들은 자신의 노동에 의한 생산물을 지주들과 자본가들과 공유해야 한다고 주장하였다. 만약 노동자들이 노동의 생산물에 대한 권리를 인지하였다면 그들은 이런 경제체제를 좋아하지 않았을 것이다. 그러나 스미스는 노동자들이 받는 임금과 생필품 등은 사적 소유에 기반한 자본주의 경제의 수혜물이라고 설득하였을 것이다. 자본가들은 생산 수단을 소유하고 물건을 만들어내어 공급과 수요, 가격과 비용, 생산과 소비 사이의 조화에 의해 시장경제는 원활하게 작동시키고 그 수혜물은 자본가와 노동자가 마땅한 몫으로 가져가는 것이다. 만약 당신이 노동자들이 모든 생산물을 가지는 다른 사회로 이동한다면, 당신은 황금알을 낳는 거위를 죽인 것과 같다. 그러나 사회주의자들은 또 다른 거위가 있다고 주장할 것이다. 물론 이것은 비유이며, 스미스는 사회주의자는 아니었다. 하지만 그에게서 경제학을 배운 리카도를 따르는 사회주의자들은 스스로를 리카디안 사회주의자(Ricardian Socialists)로 명명하면서 노동자들이 생산물을 가져야 한다고 주장한다. 앞서 검토한 아담 스미스의 의견을 따른다면, 우리는 이들을 스미시언 사회주의자(Smithian Socialists)라고도 부를 수 있을 것이다. 나중에 살펴보겠지만, 이들은 고전적 자유주의 주장을 뒤집어 사회주의적 결론을 이끌어 내기도 하였다.

분명히 스미스는 자유주의적 자본주의 경제를 철저하게 옹호하였다. 왜냐하면 부유하고 자본을 가진 사람들이 시장에서 더 많은 부를 얻기 위해 경쟁적인 투쟁으로부터 많은 이익이 발생하고 그것이 가난한 사람들에게 확산되기 때문이다. 그리고 이것은 '보이지 않는 손'에 의해 움직이는 시장의 축복으로 인해 가능한 것이다. 스미스는 이것을 부정해서는 안 된다고 굳게 믿었다. 그런데 이 문제는 아직 민주주의가 충분히 나타나지 않은 초기 자본주의 시대와 비교할 때, 산업혁명 이후 다른 양상으로 확대되며 아담 스미스가 미처 예상치 못한 방향으로 진행되었다. 민주주의는 산업자본주의가 양산하는 경제적 불평등이 부조화의 핵심 문제라고 비판했다. 자유롭고 평등한 정치 참여에 기반한 민주주의에서는 정부가 시장의 부조화를 해결하기 위해 보다 적극적인 개입과 역할을 해야 한다는, 정부의 역할과 범위에 대한 역사적인 논쟁이 시작되었다. 민주주의가 없는 사회에서 부조화는 영구적인 부조화로 남을 것이며, 부조화는 투표권이 없는 무산자들에게 부정적인 영향을 미칠 것이다. 그런데 이제 민주주의가 확산되면서 무산자들은 조직화되고 단결된 목소리를 내기 시작한다. '자본주의는 모든 이들에게 축복'이라는 가설이 의심받고 도전받는 시대가 된 것이다.

4 칼 마르크스(Karl Marx)의 정치경제학 비판

1) 급진주의의 시대적 배경과 흐름

급진주의 사상에 있어 그 원류는 사유재산 개념과 맞물려 매우 오래되었다고 할 수 있다. 하지만 근대적 의미에서의 급진주의는 자본가의 등장과 그에 따른 자본주의 비판과 흐름을 같이 한다는 점에서 다소 차이가 있다. 근대의 급진주의는 부분적으로 18세기 말과 19세기 초 정치적·경제적 자유주의에 대한 비판으로 시작하였다. 마르크스를 포함한 급진주의자들은 자유주의의 핵심요소인 이익추구, 경쟁, 그리고 개인의 자유 등의 개념에 대해서 비판을 가하였다. 급진주의자들은 인간이 천성적으로 사회적 혹은 공동체적 존재이며 개인은 혼자가 아니라 상호 간 협동과 협력을 통해 일을 하며 살아가는 존재라고 주장한다. 문제는 개인의 소유권을 보장하고 장려하는 자본주의 체제, 교환과정에서의 경쟁이 최고의 원칙으로 작동하는 시장경제체제이며, 인간을 오직 사적 이익만을 추구하는 고립된 존재로 만들어 모래알 같은 원자론적 사회로 해체시키고 있다는 것이다.

급진주의자들의 관점으로는 모든 사람이 상당한 정도의 자유, 정의, 행복을 누릴 수 있는 사회의 토대는 개인들 간의 경쟁이 아니라 협동이다.

따라서 급진주의자들은 더 많은 평등과 생산수단에 대한 공적 통제가 절대 다수의 보편적인 자유와 정의를 위해 매우 본질적인 요소라고 강조했다. 특히 급진주의자들의 관점에서 사유재산은 소수의 사람에게는 권력과 특권적 지위를 부여하고, 또 다른 사람들을 빈곤과 무력의 나락으로 떨어뜨리는 계급 갈등과 사회 분열의 근원이었다. 실제로 급진주의자들의 주된 목적은 부와 권력을 사회 전체에 걸쳐 고르게 배분할 프로그램을 만드는 것이었다.

한편 19세기를 거치면서 고전적 자유주의자들은 일반 대중에 대해 비관적인 관점에서 접근하여 반평등주의적인 노선을 걷고 있었는데, 이는 노동자들과 지식인들 사이에 급진주의 사상이 더욱 확산되는 원인으로 작용하기도 하였다. 급진주의 이념의 영향력은 미국과 유럽에서 자유주의 이념과 정책의 변화를 통해 간접적으로 전이되어 가기도 하였다. 다른 한편으로 급진주의가 사회주의나 공산주의로 발전해 감에 따라 이에 반대하는 진영에서는 개인의 재산을 보호하려는 사람들이 자유주의를 새롭게 강화하고 보완하려는 노력 또한 진행되었다.

마르크스주의로 상징되는 급진주의 이념은 역사적으로는 고전 시대 플라톤의 『국가론』과 공산주의 경제체제, 민주주의 정치 체제에 영향을 받았으며, 교육과 종교의 자유를 보장하는 유토피아를 묘사한 토마스 무어(Thomas Moore)의 『이상사회(Utopia)』에서도 영향을 받은 것을 발견할 수 있다. 그 가운데 18세기의 대표적인 공상적 급진주의자인 생시몽(Henri de Saint Simon)은 급진주의를 과학적이고 체계적으로 정리하려 노력한 사상가이다. 그는 인류의 역사에서는 낡은 형태의 사회가 사라지면 반드시 새로운 형태의 사회가 나타나 그 자리를 대신한다고 생각하였다. 그는 근대의 산업사회는 엄청나게 복잡해서 서로 다른 여러 부류의 전문가와 기술자들의 기술과 지식이 조화를 이루어야 작동될 수 있다고 하였다. 이러한 사회에서 공동체와 동떨어져 고립적으로 살아가는 자유주의적 개인관은 허구라고 비판했다. 즉, 산업사회의 현실 세계에서 개인은 자신의 사회적 역할과 생산 기능으로 환원된다는 것이다. 특히, 생시몽은 재산을 사유에서 공공의 통제로 옮겨야 한다고 명시적으로 요구하지는 않았으나, 이윤을 놓고 서로 경쟁하는 사람들이 어떤 재화는 너무 많이 생산하고 어떤 재화는 아주 적게 생산함으로써 '과잉생산'과 '과소생산'을 만들어내기 때문에 자유방임적인 자본주의는 비효율적이라고 하였다. 그는 계획을 통해 전문가들이 자본주의보다 더 효율적이고 공정한 체제를 제공할 수 있으며, 사회적 필요를 예측하고 충족시킬 수 있다고 주장하였다. 또한 실천주의 혁명가 루이 블랑키(Louis Blanque)는 시장경제로부터 소외된 계급의 자발적 조직화보다는 소수의 조직된 결사조직에 의하여 혁명이 주도되어야 한다고 주장했다. 그의 주장은 훗날 레닌(Lenin)의 전위정당(Vanguard Party)으로 발전·적용되었다고 볼 수 있다.

이러한 초창기 급진주의의 흐름은 차츰 사회주의 사상으로 변화하게 되었다. 초기의 사회주의는 근본주의적이고 이상적이며 혁명적 성격을 띠고 있었다. 점차적으로 사회주의의 목표는 시장 교환에 기초한 자본주의 경제를 폐지하고, 자본주의 경제를 질적으로 다른 사회주의 경제로 바꾸는 것이었다. 바로 소유권을 어떻게 하느냐이다. 이러한 사회주의의 가장 영향력 있는 대표자는 마르크스인데, 그의 이념은 사회주의와 차별성을 지닌 혁명적 과학적 사회주의 즉, 20세기 공산주의의 기초가 되었다.

칼 마르크스 Karl Marx (1818~1883)

독일의 철학자이자 정치경제학자이다. 마르크스는 프리에르시의 부유한 변호사 가문에서 태어났으며 본 대학, 베를린 대학에서 법학을 수학하였으나, 헤겔 철학에 심취하여 철학과 역사학에 천착하였다. 마르크스는 본디 청년헤겔학파의 성원으로 참여하였으나, 이후 관념을 중시하는 사조로부터 결별을 선언하고 독자적인 철학 체계를 세우는 데 천착한다. 익히 알려진 바와 같이, 마르크스의 사상은 헤겔 철학과 포이어바흐의 독특한 사유와 깊게 유착되어 있다.

헤겔 철학의 핵심은 변증법이다. 변증법은 모순 혹은 대립을 기초로 사물의 운동을 설명하려는 논리를 뜻한다. 기존의 사물은 모순은 존재하지만 인식하지 못하며 옳다고 믿는 '정(正)'의 1단계로 시작된다. 이윽고 '정'의 결함을 들추어내는 사물, 즉 반(反)이 나타나서 양자는 서로 대립한다. 이 과정은 불필요하고 소모적인 대립에 그치는 것이 아니라, 보존할 것은 보존하되 폐기할 것은 폐기하는 과정의 2단계를 거치게 된다. 이 과정을 거친 후에 도출된 사물은 앞서의 두 사물보다 고차적인 '합(合)'에 해당하며 '절대정신'을 향하여 3단계로 진보한다. 포이어바흐는 신의 존재론적 기원을 인간의 창조로 보았으며, 신에 대한 숭배를 인간 자신의 피조물에 통제력을 상실한 '소외 상태'인 것으로 규정하였다. 그리고 포이어바흐는 당대 독일 사유의 관념적 경향으로부터 탈피하여, 인간을 지극히 물질적인 존재로 상정하였다.

마르크스는 두 사유를 철학적으로 종합함으로써 자신만의 새로운 유물사관을 창조한다. 마르크스는 헤겔의 변증법적 운동이 궁극적으로 지향하는 목표를 관념 대신, 포이어바흐와 같이 물질 즉 '경제'로 대입한다. 그리고 변증법적 운동의 핵심적인 위상에 있는 '모순'을 노동의 '소외'와 결부 짓는다. 노동자는 스스로 창조한 생산물에 대해서 통제력을 상실함으로써 소외를 당한다. 그리고 경제적 소외는 노동자의 삶뿐만이 아니라, 사회 전반으로부터 파급되고 만다는 것이 마르크스의 진단이었다.

주요 저서로 「자본론」, 「정치경제학 비판」 등이 있다.

2) 마르크스(Marx)의 자본론과 정치경제학 비판

보통 정치경제학은 마르크스주의자들의 상표처럼 사용되는 경향이 있다. 그러나 정치경제학은 상술하였듯이 1760년대 리카도 등 영국 고전학파가 사용된 이후 1870년대까지 일반적인 경제학을 의미하는 학문 분과의 용어로 사용되었다. 고전적인 정치경제학은 정치와 경제의 관계에 기반하여 경제를 위한 정치(국가)의 역할을 중점적으로 다루었는데, 마르크스는 이러한 (신)고전적 정치경제학이 본질적으로 국가권력과 결탁한 부르주아(자본가) 계급의 이익에 복무한다고 비판하면서 자신의 정치사회 사상을 '정치경제학 비판'으로 이름 붙였다. 이 책에서는 정치경제학이라는 용어를 보다 포괄적인 의미에서 (신)고전적 정치경제학과 마르크스의 정치경제 이론까지 포함하는 넓은 의미로 사용하고 있음을 밝혀둔다.

마르크스는 헤겔(Georg Wilhelm Friedrich Hegel)의 변증법과 포이에르바하(Ludwig Feuerbach)의 유물론을 비판적으로 계승하고 창조적으로 재구성한 변증법적 유물론을 바탕으로, 1867년 『사본론(Capital)』이라는 저서를 통해 자본주의 생산양식을 분석하여 기존의 정치경제학에 대해 비판했다. 여기에서 그는 자본주의의 작동원리를 분석하고 노동대중에 대한 착취와 억압 메커니즘을 규명하며 자본의 폭력성을 강조하고, 이를 통해 자본주의 경제의 모순과 예측되는 붕괴를 설명하였다. 특히, 마르크스는 당대의 고전적 자유주의를 산업자본가들의 이해관계를 보호하려는 허위적 이데올로기라고 비판하였다. 자본주의의 작동 원리를 분석하고 억압·착취의 메커니즘을 제시함으로써 마르크스는 자본주의의 붕괴 이후 공산주의 시대가 도래할 것이라고 예측하였다.

궁극적으로 마르크스가 설명하고자 한 것은 경제적 변화가 어떻게 인간의 행동과 정치사회의 변화를 야기할 수 있는지에 대한 것이었다. 마르크스의 정치경제학에서 경제는 다른 무엇보다 우선시되는 요소이다. 경제

결정론자로 호칭되는 이유이다. 그는 사적 유물론을 통해 생산관계와 같은 물질적인 조건이 정신적인 가치에 우선하며, 이러한 유물론적 경제구조가 인류 역사를 통하여 변증법적으로 하나의 목적을 향해서 발전해 나간다고 보았다. 그는 생산력과 생산관계라는 개념을 중심으로 경제적 토대가 정치, 사회, 문화, 법 등 상부구조를 결정한다는 일관된 법칙을 수립하고, 인류의 역사와 현실 세계를 설명하려고 노력했다. 마르크스는 인류의 역사가 생산력과 생산관계의 변화에 따라 변증법적으로 진보하여 왔으며, 인류 역사의 발전단계를 '원시 공산사회'로부터 '고대 노예제'와 '봉건제'를 거쳐 '자본주의 시대'에 도달한 것으로 인식했다. 그리고 이러한 인류 역사의 흐름은 '사회주의 사회'를 거쳐, 궁극적으로 누구의 지배도 받지 않는 '공산주의 사회'에 도달하게 될 것이라고 예측했다.

이처럼 마르크스는 경제적 생산관계를 중심으로 자본주의 사회의 구조를 설명하였다. 그는 사회가 상부구조와 하부구조로 이루어져 있으며, 하부구조인 노동과 자본 간의 상호관계인 생산관계가 핵심을 이루어 상부구조인 정치와 문화, 종교 등을 구성한다고 설명했다.

마르크스는 일반적이고 추상적인 '경제체제(economic system)'라는 개념보다 좀 더 기술적이고 구체적인 분석이 가능한 '생산 양식(mode of production)'이라는 용어를 사용한다. 마르크스에게 생산 양식은 경제체제라는 말보다 더 포괄적인 개념으로 경제활동 및 상품 생산을 포함하는 전체적인 삶의 양식을 가리킨다. 생산 양식은 다음의 3가지를 포함한다.

① 생산력(forces of production): 노동력, 기술과 자원을 의미하는데 이 요소들의 결합이 사용가치가 있는 어떤 상품의 생산능력을 구성한다.

② 생산과 교환의 사회적 관계들(social relations of production and exchange): 생산과정에 결합된 인간과 집단의 관계와 요소들. 사유재산, 경쟁, 시장교환, 노동 분업 등이 포함된다.

③ 마르크스가 상부구조(superstructure)라고 부른 것: 법, 정치, 도덕, 이데올로기 등 하부구조에 의해 결정된 요소들이다.

자본주의가 경제체제를 의미하는 대신에 삶의 총체적인 양식을 의미한다는 것은 대단히 정치적이고 역사적인 의미를 갖는다. 우리는 흔히 경제체제와 정치체제를 구분한다. 그러한 구분에 따라 자본주의와 민주주의는 개별적이고 분리된 것으로 이해되어 협소하게 정의된다. 물론 마르크스 역시 『자본론(Capital)』에서 자본의 운동과 원리에 초점을 맞추고 정치적, 법적, 도덕적인 측면을 제외시키면서 시장경제를 논하고 있지만 이는 분석상의 편의를 위한 것이다. 마르크스의 분석에서 삶의 양식이란 상품을 생산하는 물질적 영역을 넘어서 그것에 기반하여 사회 전체를 구성하는 정치적, 경제적, 기술적 관계들의 전체적인 집합을 의미하는 것으로, 인간의 삶의 양식이 그러한 영역들로부터 분리되어 존재할 수 없는 것임을 의미한다. 삶의 총체적인 양식이라는 표현을 통해 마르스크는 우리가 흔히 사용하는 '사회'를 논하고 있는 것이다. 이에 따라 마르크스의 자본에 대한 분석은 생산수단(자본)을 소유한 자본가 계급과 노동력만을 소유한 노동자계급의 생산관계로 나아가고 이에 기반하여 정치사회적, 문화적, 법적 논의가 유기적으로 연관되어 분석된다.

질문

마르크스는 자본주의를 분석할 때 노동자계급과 자본가계급의 적대적 관계를 지나치게 강조합니다. 이들의 존재만이 자본주의의 필수적 조건입니까?

답

마르크스에게도 계급은 두 개 이상 존재합니다. 예를 들어 귀족, 소작농, 소규모 자영업자와 자작농 등이 존재합니다. 다만, 마르크스는 계급구조를 분석할 때 유의미한 집단은 부르주아(bourgeoisie)와 프롤레타리아(proletariat)라는 두 개의 거대한 계급으로 양극화되며 나머지 집단도 이런 구조에 수렴된다는 것입니다.

마르크스는『공산당 선언(Communist Manifesto)』에서 다양한 계급구조가 두 개의 극단적인 계급으로 환원되는 것은 자본주의뿐만 아니라 자유주의, 민주주의 요소 및 변화·발전과 밀접한 관계가 있다고 강조한다. 마르크스에게 자본주의는 자유주의, 민주주의와 구분되는 것이 아니라 자본주의 자체가 자유주의, 민주주의 요소를 모두 포함하고 있으며 자본주의가 발전에 따라 특정 요소를 억압하거나 배제, 지지하는 경향을 나타낸다는 의미이다. 이는 자유주의와 민주주의가 자본주의와 분리된 별개의 요소가 아니라 자본주의 발전에 중요한 영향을 미치는 변수임을 의미한다.

이러한 결합과 경향은 역사적이기 때문에, 자본주의 사회는 시기에 따라 더 자유주의적이거나 덜 민주주의적일 수 있다. 마르크스는 시기에 따른 차이와 변화를 설명하기 위해 그가 사회구성체(Social Formation)라고 부른 확장된 범주를 사용한다. 생산양식이 분석적 범주라면 사회구성체는 역사적 범주라고 할 수 있다. 사회구성체는 생산양식에 기반한 사회의 역사적 변화를 분석하는 개념으로, 모든 사회 구성체는 발생과 성장, 성숙 과정, 그리고 더 높은 사회 구성체로의 이행 과정에서 그 나름대로의 일정한 법칙성을 가진다. 노예제, 봉건제, 자본주의, 사회주의 등이 대표적인 사회구성체이다.

마르크스의 자본주의 분석에서 가장 중요한 요소는 두 계급 간의 적대적 갈등이다. 모든 구성원은 생산수단을 소유한 부르주아 계급과 생산수단을 소유하지 못한 채 노동에 의존해서 살아야 하는 프롤레타리아 계급으로 환원된다. 자본가 계급이 프롤레타리아 계급을 무한 착취할 수밖에 없는 자본주의 구조 속에서, 두 계급 사이에는 항상 적대적인 갈등이 존재한다. 자본가들이 가지고 있는 단순기계나 생산수단(자본, 원료, 공장 등)은 그 자체로 생산력을 창출할 수 없다. 오로지 이러한 생산수단을 바탕으로 노동자가 가진 노동력을 활용해야지만 상품을 생산하고 이윤을 확보할 수 있다. 때문에 자본가는 잉여가치를 창출하기 위해 다양한 방법을 통해 노동력을 착취한다. 비록 노동자가 노동을 통해 임금 이상의 이윤을 창출하여 잉여가치 증가에 절대적 영향을 미친다 하더라도 자본가는 이윤을 극대화하기 위해 노동자의 최소생활과 다음세대 노동자 출산을 위한 최소생활의 임금만을 지불한다. 결론적으로 노동자는 먹고 살기 위해 노동력을 팔 수밖에 없으며 이들의 생사권을 좌우하는 자본가에게 종속될 수밖에 없다. 마르크스는 자본주의 생산력이 증가할수록 기존의 생산관계에 모순이 심화되어 소수로의 부가 집중되고 근로대중은 궁핍화된다고 분석했다.

또한 마르크스는 자본주의 경제와 정치 관계를 분석하면서 자유민주주의를 비판한다. 자유주의 사회는 실질적으로뿐만 아니라 제도적으로도 자본가들에 의해 지배된다는 것이 그의 주장이다. 자본가들은 물질적 재화의 생산과 분배, 잉여가치를 사실상 독점하고 있기에 민주적으로 선출된 공직자들조차 자본가들에게 종속될 수밖에 없고, 따라서 그들은 부르주아의 집행위원회에 불과하다는 것이다. 그래서 마르크스는 국가에 대하여 "근대 국가의 행정부는 전체 부르주아의 공동업무를 관리하기 위한 위원회에 불과하다"고 주장했던 것이다. 이러한 전제 위에서 마르크스는 경제적 권력이 계급관계를 만들어내고 효과적으로 계급갈등을 통제하기 위해 국가를 필요로 한다고 주장했다. 이러한 마르크스의 이론 속에서, 국가는 지배계급이 피지배계급을 억압하고 착취하기 위한 수단으로 파악된다. 마르크스는 자본주의 사회에 있어 근대 국가란 부르주아 계급이 지배하고 있는 경제적 생산관계가 주축을 이룬 하부구조에 의해 결정되는 상부구조의 일부분이기 때문에, 국가란 필연적으로 이 관계를 유지 시키기 위한 하나의 도구로서 기능할 수밖에 없는 부르주아 계급의 꼭두각시에 불과하다고 본 것이다.

마르크스는 상부구조가 그 토대인 하부 구조에 의해 조정된다는 도구주의적 관점과 국가가 교육과 제도들을 통해 상대적 자율성을 갖지만 그러한 자율성은 자본주의라는 경제체제에 한정되어 있다는 구조주의적 관점을 통해 사회의 구성과 제도를 설명하였다. 두 관점의 공통점은 하부구조가 상부구조에 영향을 미친다는 것이다. 다시 말해 마르크스의 주장은 물질적인 하부구조에 의하여 정치·사회·문화적인 상부구조가 결정된다는 것이 핵심적이다.

특히 그는 생산수단을 소유·통제하고 있는 경제적 지배 계급이자 정치적 지배 계급인 부르주아 계급에 의해 이루어지는 지배 행태들을 분석하는 데 중점을 두었다. 마르크스에게 자본주의를 정당화하는 정치 즉, 자유주의 사상은 경제적 영역에서 자본가 계급 등 부르주아의 이익을 보호하는 공권력을 정당화하는 체제이다. 그러므로 마르크스의 눈에 자유주의란 억압을 위해 제공된 허구에 불과한 것으로 파악되었다. 반면에 민주주의는 다수의 무산대중이 소수의 부르주아를 제압하고 국가기구를 장악할 가능성을 제공하기에, 이를 통해 사유재산의 소유권과 통제권을 국가로 귀속시킴으로써 국민을 위한 정치체제로 만들 수 있다고 보았다. 따라서 마르크스는 자본주의 사회에서는 프롤레타리아가 단결하여 먼저 국가 내에서 혁명과 투쟁을 통해 부르주아가 소유하고 있는 정치권력을 찬탈해야 한다고 주장했다. 프롤레타리아가 부르주아로부터 정치권력을 확보한 뒤 불평등과 착취, 소외의 근원이 된 사유재산을 폐지하고 자본주의 사회의 폐해를 제거하기 위한 일정기간의 프롤레타리아 독재를 거쳐 진정한 미래 공산주의 사회를 건설해야 한다고 생각한 것이다. 이러한 주장에는 궁극적으로 프롤레타리아 계급 혁명을 통해 국가 및 지배 계급이 소멸된 공산주의 사회 건설이라는 목표가 전제되어 있다.

마르크스에 따르면, 역사는 자유민과 노예, 귀족과 평민, 영주와 농노, 장인과 직인 등 억압자와 피억압자 관계와 같은 지배계급과 피지배 계급 간의 투쟁의 역사이다. 이것이 원시공동체로부터 시작한 노예제에서 봉건주의로, 자본주의 사회구성체로 변화해 온 원동력이다. 마르크스는 자본주의 사회에서 노동의 비인간적 측면 역시 날카롭게 통찰했다. 마르크스는 자본주의에서는 노동자 대중들이 물질적·경제적 제약으로 인해 잠재력을 실현하지 못한다고 비판했다. 먼저, ① 노동의 결과로부터 소외: 노동자들이 자신의 생산품을 온전하게 향유할 수 없으며, ② 노동으로부터의 소외: 창조적 노동이 인간의 유적 본질을 유지해야 하지만 노동이 생존을 위한 수단으로 전락하여 본인의 창의적 생각과 행동을 통제하며, ③ 노동 과정에서의 소외: 일과 작업장에서 감독과 통제에 순종해야 한다는 점, 마지막으로 ④ 인간 소외현상: 생존과 경쟁에서 더 많은 재화 획득의 지위를 차지하기 위하여 인간을 대상화한다고 비판했다. 더구나 이런 인간 소외는 노동자들 사이에서도 발생한다. 생산기술의 발달로 노동자들의 자리를 대신해 기계가 차지하는 비율이 높아지면서 노동자들 사이에서도 서로 경쟁을 해야만 한다. 자신의 노동력을 상품으로 삼고 자본가에게 자신을 팔기 위해서 같은 노동자인 타인을 적대시해야 한다는 점이다.

한편, 19세기 후반부터 노동조건, 임금, 노동조합의 성정, 그리고 사회주의 정당들의 증진을 계기로 노동자 계급을 자본주의 사회 속으로 점진적으로 통합하고자 하였던 개혁적 사회주의 전통이 출현하면서 사회주의로의 평화적이고 점진적이며 합법적인 전환이 가능하다는 주장이 대두되기 시작한다. 이러한 현상은 '의회주의적 길'을 채택함으로써 일어났다.

이를 개혁 사회주의라 부르는데, 이는 두 가지 기원에 그 뿌리를 두고 있다. 하나는 로버트 오웬(Robert Owen), 찰스 프리에(Charles Fourier), 윌리엄 모리스(William Morris)와 같은 사상가와 연결된 인간은 환경의 산물로 교육과 협동조합, 사회적 기업 등을 통해 사회 개선이 가능하다고 주장하는 윤리적 사회주의가 지니는 인간적 전통(선한 환경을 조성하면 선한 인간이 양성된다는 믿음)이고, 다른 하나는 베른슈타인(Eduard Bernstein)에 의해 발전된 수정주의적 마르크스주의 형태였다. 독일 사회민주당의 초기 당원이었던 베른슈타인은 합헌주의를 통한 생산수단의 사적 소유권을 집산적 소유와 통제로 대체할 것을 주장하는, 버나드 쇼(Bernard Shaw) 등으로 대표되는 영국의 페이비언주의(Fabianism)에 영향을 받아 계급적 전쟁의 부재를 강조하였던 경험적 비판을 발전시켜 무력혁명보다는 의회를 통한 입법, 노동조합 활동, 민주적 제도가 보장하는 정치적 협상 등을 통해 사회주의로의 점진적 개혁의 가능성을 주장하였다. 그의 사상은 유럽 각국의 사회민주주의 정당의 정책 방향에 영향을 주었다.

Ⅲ.

개혁의 정치경제학: 급진주의와 보수주의

Ⅲ. 개혁의 정치경제학: 급진주의와 보수주의

1 근대 초기의 급진적 사상가들

민주주의는 상업자본주의 시대를 배경으로 17~18세기의 내전을 거치면서 촉발되어 여러 사상가들에 의해 이론적 성숙을 이루었다. 이들은 자본주의가 양산하는 불평등의 문제에 대응하면서 자본주의와 민주주의 관계에 대한 다양한 이론적, 실천적 주장들을 전개했으며 이는 이후 정치경제 사상 및 제도 개혁에 큰 영향을 미쳤다. 여기에는 여러 흐름이 있으며, 그 가운데 첫 번째에는 해링턴(Harrington)과 수평주의자들(the Levellers) 그리고 디거스(the Diggers)를 포함하여 평등을 주창하는 흐름이 있었다.

1) 해링턴(Harrington)과 오세아나 공화국

상술하였던, 해링턴은 이 시기에 가장 유명한 사상가 중 한 명이었다. 그는 정치와 경제의 밀접한 관계를 강조하며 두 영역을 분리시키는 것은 불가능하다고 주장했다. 해링턴의 사상을 이해하기 위해서는 우선 통치체제에 대한 논의가 필요하다. 어떤 사회의 권력과 부가 독점적으로 한 사람의 손에 집중된다면 그 체제는 공국(Principality)이라고 불리는 군주국이 된다. 이것은 봉건 시대에 지배적인 형태였다. 강력한 왕권을 행사하기 위해 군주는 사회적 부에 대해 독점적 권력이 필요했다. 그러나 현실적으로 군주들이 직면한 많은 문제의 핵심은 군주들이 절대적 부를 소유하지 못했으며 반면에 지주·귀족 같은 강력한 독자 세력이 경제적인 영역에서 상당한 부를 차지하고 있었다는 점이다. 따라서 군주는 준(準)과두제를 통해서 다른 부유한 토지 소유자들과 권력을 공유해야 했다. 이러한 현실의 대표적인 사례가 잉글랜드로, 군주를 견제하는 의회의 존재를 통해 확인할 수 있다. 따라서 해링턴은 홉스가 이야기하는 완전한 리바이어던은 존재할 수 없다고 주장한다. 왕과 의회가 양립할 수 있는 것은 권력과 부가 밀접한 관련을 맺을 수밖에 없기 때문이다. 따라서 영국과 같은 현실에서 일반적으로 한 명의 통치자가 정치권력을 소유한다고 할지라도 과두적 지배는 불가피하다.

그런데 민주주의 혹은 준(準)민주주의의 기본적인 조건은 많은 시민들이 적은 재산을 가지고 있다고 할지라도 정부의 운영에 참여하는 것이다. 루소가 주장하듯이 만약 사회의 규모가 아주 작다면 시민들은 직접 통치에 참여하거나 혹은 그들 중에서 선출된 대표자들을 통해 정부를 운영하면 될 것이다. 해링턴은 분명하게 민주주의적 대안 즉, 사회 전체에 넓게 퍼진 정치적 민주주의와 공평한 부의 분포(즉 극도로 부유하거나 권력을 장악한 개인이나 집단이 없는 아리스토텔레스의 헌법적 정부)를 지지했다. 가장 이상적인 경우는 소박할지라도 모든 사람이 비슷한 규모의 재산을 가진 소유자가 되는 것이다. 민주주의를 유지하기 위해서는 소수가 많은 재산(당시로서는 토지가 대표적 사유물)을 소유해서는 안 된다. 따라서 해링턴은 어느 개인도 일정 규모 이상의 토지를 소유하지 못하게 하는 농업법을 제안했다. 이는 모든 사람이 동일한 크기의 땅을 가져야 한다는 것은 아니다. 다만, 어느 누구도 가장 최소의 기본 토지의 면적보다 몇 배 이상의 토지를 소유하지 못하게 하는 것이다. 우연하게도 이것은 플라톤이 『법률(The Law)』에서 제기한 해결책과 동일하다. 물론 아담 스미스는 이런 제도가 부를 극대화하는 데 비효율적이라고 비판했을 것이다. 그러나 효율성이 정의로운 공동체를 위한 유일한 기준은 아닐 것이다. 예컨대, 상업 자본주의는 소박한 토지소유자들의 농업사회보다 더 효율적일 수 있지만, 공동체 전체에 유익하게 부가 분배되는 데는 효과적이지는 않을 수 있다. 해링턴 역시 상업 자본주의의 효율성은 인정하였지만 농부들이 그들의 땅을 잃고 재산이 없는 노동자로 전락하는 것의 심각한 해악을 우려했다. 따라서 건강한 민주주의 사회를 유지하기 위해서 상업자본주의는 적합하지 않으며 비슷한 재산을 소유한 다수에 기반한 민주주의와 연계된 경제체제를 만들어야 한다는 주장을 개진했다.

특히 해링턴은 역작 『오세아나 공화국(The Commonwealth of Oceana)』에서 다수 국민이 공평한 토지 소유로 인해 진정한 주권자가 되는 공화국을 묘사하고 있다. 이런 공화국은 비교적 평등한 재산의 균형에 기반해 수립되었기 때문에 안전하고 완전한 공화국이 될 수 있을 것이다. 더구나 해링턴은 아테네 도시국가의 "누구나 통치할 수 있고 통치받을 수 있다"는 원리를 연상시키듯 시민들 사이에 공직의 순환적 교체를 강조했다는 점에서 시민적 공화주의자인 동시에 공공선에 대한 시민의 책무를 강조했다. 그는 이러한 원리를 17세기 영국의 현실에 적용시키고자 노력했다는 점에서 이상적 현실주의자라고 볼 수 있다. 미국 건국의 아버지들에 영향을 미친 해링턴은 아리스토텔레스의 영향을 받아 극심한 경제적 불평등은 자유로운 공화국에 암적인 요소임을 강조하면서 적절한 규모의 소유를 통해 독립성을 구가할 수 있는 중산층 계급의 중요성을 강조했다. 이러한 해링턴의 논의는 상업자본주의와 민주주의의 관계에 대한 근본적인 문제를 제기한 것이며, 이는 이후의 사상가들에게 큰 영향을 미쳤다. 즉,

안정된 민주주의 정치경제를 위해서는 소박하고 평등한 소유권에 기반한 경제 체제가 필요하며 상업 자본주의는 이에 적합하지 않다는 것이다.

제임스 해링턴 James Harrington (1611~1677)

영국의 정치가이자 정치철학자이다. 명문 가문의 장남으로 태어나, 옥스퍼드 대학에서 수학하는 중 중퇴, 30년 전쟁에 종군하였다. 이후 여행길을 떠나 각국의 언어, 정치, 사회제도를 연구하여 귀국한 후, 혁명의회의 의원으로 선출되어 정치가로서 활약하였다.

해링턴의 정치이론과 사상은 국내뿐만 아니라 서구의 학계에서도 충분히 소개되지 못했다. 그러나 해링턴은 권력 분립주의를 실현시킬 수 있는 제도적 모형을 제시하였다는 점에서 사상사에 한 획을 그은 이론가이다. 해링턴의 사상의 정수를 알려주는 저서는 '오세아나 왕국'이다. 오세아나 왕국은 토마스 모어의 이상사회처럼, 가상의 이상적인 국가의 원형과 원리를 고찰한 저서이다.

해링턴은 해당 저서에서 공화주의를 주장하였으며, 특히 법의 지배를 실현시킬 수 있는 정치기구 모형에 천착하였다. 주목할 지점은 17세기에 이미 권력의 부패와 집중을 방지하기 입법부와 행정부, 사법부의 권력분립을 제안했다는 점이다. 이러한 해링턴의 착상은 현실적으로 미국 정부제도에도 큰 영향을 미쳤으며 현대정치학의 구성에 근본적인 영향을 미쳤다.

또한 해링턴은 정치와 경제, 즉 민주주의와 자본주의 사이의 관계까지도 고찰했다. 해링턴은 권력이나 부 중 한 요소가 비대칭적으로 분배될 경우, 나머지 하나도 그 영향을 받아 분배의 왜곡을 가져온다고 판단했다. 특히 그는 부의 분포가 권력의 향방에 결정적인 영향을 미친다고 판단했다. 그러므로 만민의 평등함을 전제하는 민주주의가 유지되기 위해서는, 모든 국민이 일정 수준의 토지와 재산을 보유해야 한다고 주장하였다.

주요 저서로 「오세아나 공화국」 등이 있다.

2) 수평주의자(the Levellers)와 재산의 평등

수평주의자들은 그 명칭이 시사하는 것처럼, 경제와 사회가 균등해지기를 원한 평등주의자들이었다. 그들은 모든 사람의 사유재산권은 보호받아야 한다고 생각했으며 동시에 모든 사람이 일정 이상의 사유재산을 가져야 한다고 생각했다. 만약 모든 사람이 적절한 재산을 가진 시민들이라면 그들은 정치적으로도 동등하고 적극적인 시민이 될 수 있다. 수평주의자들은 이처럼 정치적으로 동등한 시민들이 자신과 공동체를 위해 직접 정부를 운영하거나 일 년 동안 봉사할 대표자들을 선출하여 정부를 운영할 것을 주장하였다.

질문

만약 모든 사람들이 동일한 재산을 균등하게 나누어 가진다고 하여도 그런 평등한 상태를 유지한다는 것은 어렵습니다. 러시아(과거 소비에트연방)처럼 사유재산을 부정하는 사회가 아니라면, 부의 분배를 획일화하는 것은 불가능한 것 아닐까요?

답

근대 초기의 사상가들은 이런 지적 자체가 잘못된 것이라고 대응했을 것입니다. 해링턴의 핵심 주장은 농업법이었으며 이것은 사유재의 분배의 문제가 아니라 그 소유에 제한을 두자는 것이었습니다. 수평주의자들의 문제의식 역시 재산 규모의 차이가 나는 것을 반대하지 않았습니다. 다만, 특정한 대규모 자산가들이 부의 대부분을 장악하고 있다면, 재산이 아주 적거나 없는 사람들이 재산을 가지는 것이 불가능하고 인격적으로 종속될 것이라고 강조하고 있을 뿐이죠.

민주주의 원리가 실현되는 정치체제를 유지하기 위해서는 시민들 사이에 재산 규모의 격차가 너무 커서는 안 된다. 만약 대규모 자산가들이 존재하지 않고 모든 사람에게 일정 정도의 토지나 재산의 확보가 가능하다면 사유재산을 증식하기 위해 필요한 저축은 가능할 것이다. 그러나 만약 내가 삼성전자를 인수할 정도로 사유재산을 축적하는 것을 허용해서는 안 된다. 대규모 자산가가 등장할 경우 자산 규모의 차이로 인해 불공정한 경쟁이 발생하고, 이는 곧 경제적·정치적 불균형의 초래를 의미하기 때문이다. 물론 이에 대해 비판자들은 규모의 경제가 더 효율적이라고 주장하며 비판할 수도 있을 것이다.

일정한 재산을 가지지 못한 사람들은 반드시 저축을 해서 재산을 증식해야 한다. 그리고 저축을 하기 위해서는 소득이 있어야 한다. 그러므로 누군가가 재산(당시에는 토지)을 소유하지 않았다면 그는 재산을 소유한 사람들에게 종속되어 일을 해야 한다. 더구나 소수가 막대한 재산을 소유하고 있다면, 재산이 없는 사람들은 그들의 노동이나 임금을 위하여 자신의 이익을 대변할 수 있는 노동과 임금의 자율적 교환은 어렵다. 수평주의자들이 제시하는 일정 수준의 동등한 사유재산이 없다면, 불평등한 권력관계는 필연적인 것이다.

수평주의자들은 사유재산 제도를 없애거나 공동 소유의 재산을 설립하거나 모든 사람이 동일한 재산을 가져야 한다고 주장하지는 않는다. 그들이 원한 것은 가능한 한 많은 사람이 소박한 규모의 토지 혹은 적당한 사유재산을 가지는 것이다. 이 목표를 이루기 위해서 수평주의자들은 중하층 계급의 사람들을 위한 '사회정책'을 주창했다. 수평주의자들은 낮은 계층의 사람들에게 기술교육을 시켜서 미래의 농부가 되고 재산소유자가 될 수 있게 만들면서 큰 농장과 경쟁할 수 있는 교육법을 주창했고 소상인을 위한 조세법 및 관세를 지지했다. 그리고 막대한 부를 가진 사업주들에 대해서는 더 큰 과세를 부담지우는 탄력 있는 조세법 등을 제안했다. 정치적 측면에서는 이러한 소박한 재산소유자들이 정부를 운영하도록 해야 안정된 사회를 유지할 수 있다고 주장했다. 소박한 시민들이 대표자를 선출하고 또 대표자로 선출될 수 있어야 한다. 당시의 시대적 배경 속에서, 이러한 정치제도를 유지하기 위해서 우리는 소박한 소유주의 경제를 필요로 한다. 수평주의자들은 특별히 노동자들에게 유리한 정치적·경제적 이론을 주창하지 않았다. 다만, 사유재산을 가진 사람만이 선거권을 가져야 한다고 주장한 점을 볼 때, 그들에게 지금과 같은 보통선거권에 대한 명확한 의식은 없었다고 할 수 있다. 하지만 소박한 소유주의 경제하에서는 대부분이 선거권을 갖게 된다는 점이 중요하며 이는 수평주의자들의 주요 논점이 정치 참여 권한에 있음을 의미한다. 이를 위해 수평주의자들은 급진적인 사유재산 개념을 통한 민주주의의 형태를 제시한 것이다. 적은 재산을 가진 사람들에게도 선거권을 폭넓게 확장했으며, 이들로 구성된 의회 구성원들을 선출하여 정치권력에 대한 철저한 감시와 통제를 매년 하기를 요구한 것은 모두 정치 참여라는 하나의 논점에 귀결되어 있다.

3) 디거스(the Diggers)와 급진적 평등주의

디거스는 수평주의자들보다 훨씬 더 극단적인 이념 집단이었다. 때문에 영국 혁명 이후 통치자가 된 크롬웰은 군대를 동원해 강제로 디거스들을 해산시켰다. 대표적으로 윈스탠리(Gerrard Winstanley)는 『옳음에 대한 새로운 법(The New Law of Righteousness)』과 『자유의 법(The Law ofFreedom)』이라는 책에서 수평주의자의 생각을 더욱 급진적으로 전개했다. 그는 개인들이 사유재산을 모아서 작을 땅을 소유하려는 것은 소용이 없다고 강조했다. 왜냐하면 상업 자본가들은 평범한 사람들과 비교할 수 없을 정도로 이미 더 큰 부를 증식하면서 강력한 세력이 되어가기 때문이다. 그러므로 더 급진적인 평등화 조치들이 있어야 한다는 것이 윈스탠리의 생각이었다. 예를 들어, 토지는 경작을 할 수 있는 사람들만 소유해야 하며 또한 직접 농사를 짓는 농민들에 의해서 공동으로 소유되어야 한다는 것이다. 이 문제에 대한 디거스의 주장은 다음과 같이 요약될 수 있다. "자기 자신이나 가족, 이웃 주민들처럼 형제애와 유대감으로 빵을 나누어 먹을 수 있는 사람들이 협력하여 경작할 수 있는 크기 이상의 땅을 어느 누구도 소유해서는 안 되며 자신의 토지 경작을 위해 누군가를 고용할 수 없다."고 주장하였다.

이러한 소유 규모에 대한 제약은 보통선거권의 확장으로 연결된다. 모든 성인 남성은 투표자가 되며 공직에서 일할 공평한 자격과 권리를 갖는다. 의회는 이런 사람들 사이에서 선출된 대표들로 구성되며 시민들에게 책임감과 의무를 다해야 된다. 비록 성인 남성에게만 한정되어 있으나, 공평한 자격과 권리 및 책임감과 의무는 중요한 민주적 특징이자 대단히 급진적인 것으로, 이는 차후 보통 선거권의 확장을 불러온 민주주의에 중요한 영향을 미쳤다.

해링턴으로부터 수평주의자, 디거스 그리고 윈스탠리까지 이어지는 흐름은 밀접한 연관성이 있다. 정치체제가 더 급진적으로 민주주의 이상에 가까울수록 경제체제는 더 급진적으로 비자본주의적(사유재산의 부정)으로 진행한다는 점이다. 그리고 그 반대의 논리도 성립한다. 즉, 자본주의 경제체제를 인정할수록 사유재산의 신성함과 시장경쟁을 옹호하게 되며 이는 다른 정치적 영향이 없다면 민주주의를 축소하게 된다. 부자들의 입장에서 자신들이 축적한 부에 위협이 될 수 있는 빈민들의 정치적 참여를 제한할 것이 필연적이기 때문이다. 그러므로 17세기의 급진적인 사상가들은 당신이 만약 민주주의를 원한다면 당장 사악한 자본주의를 막아야 한다고 주장했을 것이다. 반대로 당신이 만약 상업 자본주의(부와 경제적 힘이 소수의 상인과 상업 자본가들에게 집중되어 있는 사회)가 좋은 제도라고 생각한다면, 그런 소수의 독점상태를 보호할 수 있는 절대 군주처럼 강한 통치자 혹은 부유한 상인이나 지주들로 구성된 의회가 가장 좋은 정치제도라고 주장할 것이다. 그러므로 이런 정치체제는 대중민주주의보다는 과두제 성격이 강한 민주주의가 될 것이다. 어쨌든, 17세기의 홉스부터 급진적인 민주주의 사상가들까지 민주주의와 자본주의는 양립하기 힘든 체제였으며 하나를 가지기 위해서는 다른 하나를 포기 또는 양보해야 하는 관계에 놓여 있었다.

2 보수주의와 계몽군주론

1) 디드로(Diderot)의 개혁사상과 계몽군주

계몽군주 이론은 18세기 프랑스 합리주의 사상가들의 지배적인 관점이었다. 드니 디드로(Denis Diderot)는 자신의 절대의지로 통치하는 절대군주와 로크의 법의 지배(Rule of Law)를 행하는 헌법적 군주 사이의 계몽군주라는 이론을 제안했다. 계몽군주는 법으로부터 절대군주의 모든 권력을 보장받아 막강한 권한을 행사할 수 있다. 그러나 계몽군주는 17, 18세기 시대적 변화를 통찰한 지적인 계몽철학자들에 의해 설정된 합리성을 기반으로 하기에 실제 절대군주와 달리 시대의 요구에 충실하게 부응할 수 있다는 차이가 존재한다. 계몽철학자들은 계몽군주를 통해 전통적·경험적 개념의 정부와는 다른, 원칙과 이성이 지배하는 진보한 국가와 사회를 이룩하고자 시도하였다. 때문에 계몽철학자들과 이들이 제시한 계몽군주 이론은 보수주의자들의 비판에 직면할 수밖에 없었다.

드니 디드로 Denis Diderot (1713~1784)

프랑스의 계몽주의 철학자이자 작가이다. 디드로는 상파뉴에서 소매상의 아들로 태어났다. 그는 예수회 산하의 학교에서 문학학사 학위를 취득하였다. 디드로는 앙드레 르 브르통과 조우하면서 프랑스 지성사의 한 획을 긋는 계기를 맞이한다. 디드로의 재기발랄함을 눈여겨본 서책상인 브르통은 그에게 체임버스 백과사전의 불어 번역을 제의한다. 제의를 수용한 디드로는 작업을 시작하였으나, 당초 취지와는 달리 아예 새로운 내용을 담은 사전을 편집하기 시작하였다. 디드로의 작업은 프랑스 식자층의 대대적인 관심을 끌었으며 몽테스키외 등 약 180여 명의 연구가들이 편찬 작업에 참여하였다. 백과전서 편찬사업은 1751년 제 1권 출간 후에 과학과 예술, 기술에 관한 사전이 1772년에 최종 권이 발간되면서 그 대장정을 종료하게 되었다. 20년간 디드로는 편찬사업에서 대부분의 편집을 일임하였다.

그러나 디드로가 백과전서를 편찬한 과정은 고행에 가까웠다. 백과전서 편찬 초기에는 수많은 식자들이 관심을 보이고 적극적으로 기고하였으나, 견해 차이 등으로 작업에서 이탈하기 시작하였다. 정치적 탄압도 디드로의 편찬 작업을 괴롭혔다. 초기에는 프랑스 정권 차원에서 사업을 장려하였으나 인간의 이성, 사상의 자유, 과학과 기술의 가치, 종교적 관용 등 민감한 사안을 주창하고 신학과 교회의 전횡을 비판하면서 국가의 가장 큰 관심은 국민이라고 주장했기 때문에 프랑스 왕실로부터 극심한 탄압을 받았다.

결국 정치적 탄압과 보복을 두려워한 출판업자들에 의해서, 백과전서의 일부 내용은 삭제된 채 출판되고 말았으며 디드로는 깊은 아쉬움을 표하였다. 그러나 디드로의 대체 불가능한, 불멸의 학문적 업적은 결코 삭제할 수 없다.

주요 저서로 「백과전서」, 「수도녀」, 「달랑베르의 꿈」이 있다.

디드로 역시 시민을 시민답게 만드는 것은 사유재산이라고 생각했다. 국가 내에서 일정한 소유물을 가지고 있는 사람은 그의 신분적 계층에 상관없이 자신의 몫을 가진 시민(proprietor)으로서 국가와 공적인 업무에 관심과 참여할 자격을 가지고 있으며, 재산을 소유한 자로서 사회에서 자신의 목소리를 내야 할 의무와 대표자를 가질 권리를 가진다. 계몽군주의 첫 번째 중요한 임무는 이처럼 재산을 가진 사람들의 재산과 발언권을 보호하는 것이다. 여기서 계몽군주는 사유재산의 소유인을 보호하는 것을 제1목적으로 갖는다는 점에서 보수적인 로크와 유사한 점을 갖고 있다.

하지만 계몽철학자들은 정부가 재산을 보호할 뿐만 아니라 자유를 더욱 적극적으로 보호하고 촉진하기를 원한다는 점에서 특징적이다. 왜냐하면 사람들은 더 큰 자유를 누릴 때 그들의 재산을 극대화하고 확장할 수 있는 최고의 상태에 놓이기 때문이다. 15세기부터 18세기에 걸쳐 유럽에서 중앙집권적 군주국가 체제가 성립되면서 근대적 산업 체제를 확립하기 위해 채택한 국가본위의 간섭정책인 중상주의 시대에 개인들은 그들의 재산을 최대한으로 확장시킬 수 있는 자유를 가지지 못했다. 계몽철학자들이 제시하는 자유에 대한 보호란 이미 가진 것에 대한 수동적 보호의 의미일 뿐만 아니라 각 개인이 자신들의 권리와 이익을 극대화할 수 있게 되는 길을 여는 능동적인 것이다. "사람들을 자유롭게 남겨두어라. 그러면 그들은 자기이익의 법칙(the laws of self-interest)에 따라 그들 자신의 의지를 따라갈 것이다." 이런 명제는 적극적이고 능동적인 자기이익 추구자로서의 근대적인 인간형에 대한 담론이 확산되기 시작한 18세기의 분위기를 잘 보여준다. 상술하였듯이, 아담 스미스는 통치자는 개인의 의도와 그에 따른 행동에 간섭해선 안된다고 주장한 바 있다. 각 개인이 자신의 이익을 극대화하기 위해 행동할 때, 사회 전체의 부가 증가해 공익을 성취하게 만드는 사회적 협력과 통합의 원리가 이미 시장에 내재되어 있기 때문이다.

계몽 철학자들은 이러한 관점을 기반으로 군주에게 시민들을 간섭하지 말고 이들의 자유와 재산을 수호하는 것이 최선의 통치라고 조언하였다. 돌바크(Baron d'Holbach)는 "자유는 동료 시민들 사이에 추정되는 평등에 있지 않다. 허구적 평등은 우리의 본성과 공존할 수 없는 민주주의가 키우는 키메라(사자의 머리에 염소 몸통에 뱀 꼬리를 단 그리스 신화 속 괴물)이다. 우리의 몸과 마음에는 존재를 불평등하게 만드는 본성과 능력의 차이가 있다"고 하였다. 우리는 이러한 돌바크의 주장을 차별주의적인 것으로 이해해서는 안 된다. 돌바크의 주장은 개개인의 능력차에 따라 자연스러운 불평등이 존재한다는 사실을 강조하는 것이기 때문이다. "진정한 자유는 인간의 자연적인 불평등을 치유할 수 있는 법을 보장하고 보호하는 일에 존재한다. 부자이건 빈자이건, 다수이건 소수이건, 주권을 가지고 있건 종속되어 있건, 모든 사람을 공평하게 법을 통해 보호하는 것이다." 이러한 돌바크의 입장은 자유주의자 로크와 유사한 것으로써, 정부의 의무가 특정한 집단에만 귀속되는 것이 아니라 모든 사람의 재산과 자유를 보호하는 것임을 의미한다. 정부는 어떤 개인이라도 자유롭게 자신의 일을 할 수 있는 법률적 보장을 통해 가난한 사람들과 소수를 보호해야 한다. 이것이 17, 18세기 자유주의 사상가들의 핵심적 생각이었다.

2) 보수주의의 아버지, 버크(Burke)의 민주주의

보수주의는 17~18세기의 혁명적 상황에서 특히 당시에 급부상하고 있던 고전적 자유주의 그리고 합리주의와 대립각을 세우며 체계화되었다. 19~20세기 초반에 형성된 유럽의 전통적 보수주의는 봉건주의하에서 귀족계급을 대표하는 세력이 중심이 되어 계몽주의 사상과 산물을 거부하는 입장을 의미했다. 이들은 프랑스 혁명을 전후하여 나타난 새로운 시대적 흐름인 르네상스, 종교개혁, 사회계약, 국민주권, 평등, 입헌주의 등을 정치적으로 비난하고 중세의 종교적 이상과 귀족주의적 위계질서의 복권을 주장했다. 보수주의는 인간의 능력은 차이가 있다는 전제하에서 이성의 힘을 맹신하여 인간 이성에 의한 새로운 사회 건설은 위험하고 무책임한 것으로 비난했다. 대신에 세대를 거쳐 전승되면서 사회의 조화를 이끈 복합적인 관습체계로서 전통과 관행, 과거의 유지에 대한 합리적 성찰과 신념 즉, 역사적 맥락을 강조했다. 보수주의자들은 이러한 관습체계야말로 사회를 안정되게 유지하는 기반이라고 보았다.

고전적 보수주의의 대표적인 인물로는 영국의 정치가이자 철학자이며 작가이기도 했던 에드먼드 버크(Edmund Burke)가 있다. 하원의원이었던 버크는 비록 자신을 보수주의자로 칭한 적은 없으나(사실 1800년대 이전에는 자유주의 혹은 보수주의라는 정치용어가 존재하지도 않았다) 연설과 저작을 통해 보수주의에 입각한 독특한 정치적 입장을 표명하였기에 고전적 보수주의의 아버지로 불리운다. 특히 그는 당시에 자유와 평등의 대명사처럼 불린 기존 체제를 전복한 프랑스 혁명에 대해 반발하면서 저서 『프랑스혁명에 대한 성찰(Reflections onthe Revolution in France)』을 통해 프랑스 혁명을 맹비난하기도 하였다. 버크는 저서를 통해 '그들의 행위는 평등이란 이름의 평준화였고, 자유란 명목의 허무주의였으며, 국민이란 이름하에 행사된 절대적이고 총체적인 권력이었다'고 비난했다. 인간의 본성과 정부의 역할에 대해 프랑스 혁명가(자코뱅(Jacobin))들은 잘못된 인식을 하고 있으며 자유에 대한 관념 또한 오도하고 있다는 것이다. 그들은 실질적으로 샤플리에 법(the Law Le Chapeliar)을 집행하면서 역사적으로 형성된 모든 제도들을 제거하려 하였다. 특히, 가족, 교회, 길드, 수도원과 같은 집단들과 재산권 간의 연계를 파괴하려 하였다. 혁명가들은 일반 대중들에게는 관심 없이 교육과 설득을 통해 그리고 필요하면 무력과 공포를 이용하여 그들이 원하는 부류의 인간들을 만드는 데 절대적 권력을 사용하였다는 것이 버크의 주장이다.

보수주의자 버크는 인간 이성의 불완전성을 강조한다. 오랜 시간을 들여 형성한 사회 전체를 이성과 과학의 발전에 입각해 새롭게 재조직화하려는 시도는 무책임한 것이며, 오히려 시간을 들여 구성한 사회 질서를 파괴하게 된다. 그러므로 보수주의는 사회에 대한 전통적인 이해방식을 강조하며 상식과 경험적 이성의 중요성을 강조한다. 이러한 전제하에서 보수주의는 18세기를 전후하여 급부상하고 있었던 자유주의적 인간관이 고립된 개인주의를 선동하고 인간을 저열한 사익 추구자로 만든다고 맹비난했다. 보수주의에 따르면, 좋은 삶이란 오랫동안 사회적으로 형성된 가치관을 믿고 존재의 거대한 네트워크 내에서 각자의 위치에 맞는 역할을 수행하는 것이다. 이런 관점에서, 보수주의는 가문과 혈통을 중시하며 사람들의 재능과 능력은 서로 다르기에 이에 근거하여 자신에게 맞는 사회적 역할과 기여를 통해 유대감, 소속감을 강화하는 정치적 입장을 의미한다. 때문에 보수주의는 필연적으로 가문, 혈통, 계급, 인종, 성별 등에 기반한 불평등을 자연스러운 것으로 간주했다.

또한 그는 혁명가들이 개인의 권리와 이익 및 선택이라는 것에 집중함으로써, 전통적 방식을 통해 구성된 유기적 사회를 이익들의 집합체 혹은 서로 관련이 없는 독립적인 원자들로 이루어진 모래알의 사회로 간주하게 만든다고 비난하였다. 그는 사회를 유기체적 관점에서 바라보면서 사회는 '사회적 직물(social fabric)'과 같은 것으로 개개의 구성원들은 융단 속에 엮여 있는 실들과 같은 존재라고 하였다. 버크는 특히 "사회는 부분들의 총합보다 더 큰 실체이며 그 자체로 존재하는 별개의 실체이며 과거와 미래를 가진 실체"라고 하여 복잡한 상호연관성을 가진 유기체적 사회를 제시했다. 유기체적 사회는 건강한 인간의 신체와 비유할 수 있는데 인간의 신체에도 누뇌와 심장, 모발과 편도선이 있듯이 사회에도 위계와 서열이 존재한다. 즉, 더 중요한 인간과 집단, 덜 중요한 인간과 집단이 존재하는바, 개인, 조직, 제도가 전통적으로 주어진 역할과 기능을 수행할 때 그 사회는 원활하게 작동한다는 것이다. 합리적이지도 않고 자율적이지도 않으며 능력도 같지 않은 인간들이 이러한 유기체적 사회 속에서 살아갈 수 있는 것은 정부와 오래도록 지속되어 온 관습, 그리고 전통이 있기 때문이다.

따라서 정부, 관습과 전통은 필수불가결한 것이며, 정부는 필요에 따라 언제나 분해되고 조립될 수 있는 기계적 성질의 것이 아니다. 버크는 이러한 논리에 입각해 사람들이 정부에 복종하고 존경하며 심지어 숭배하는 습관까지도 습득해야 한다고 주장하여 국립교회와 귀족 정부를 옹호하였다. 또한 평범한 사람이 현명하게 선거를 할 수 있는 시간과 경향을 습득할 수 없다고 생각하여 민주주의에 대해 부정적인 견해를 피력하기도 하였다. 버크뿐만 아니라 고전적 보수주의는 일반적으로 천부적 귀족계급(natural aristocracy)이 사회 지도층 역할을 할 때 사회 발전이 효율적으로 이루어진다고 강조한다. 정치공동체에는 대표자 집단과 평민 집단이 존재하는바, 농민이나 노동자, 도시 부르주아보다 왕실, 토지소유귀족, 성직자들에게 더 큰 특권과 책임을 부여하는 것이 신의 질서에 부합한다. 특히 귀족 계급은 개명된 지도자로서 이익 추구적이지 않고 부의 분배로부터 초연한 통치 집단이며 이들의 역할과 리더십이 절대적으로 중요하다. 때문에 이들은 이익과 정념의 지배를 받을 가능성이 높은 일반 대중을 계도하고 사회의 질서를 유지해야 한다. 더불어 개인과 집단마다 타고난 고유한 지위와 역할을 인정함에 따라, 여기에 존재하는 필연적인 차등도 인정해야 한다는 것이 버크의 입장이다. 즉, 가문과 재산에 따라 차등적 경제적, 정치적 권리를 향유해야 한다는 것이다. 그러므로 통치 집단은 대중들의 변덕과 거부감에 휘둘려서는 안 되며 평민, 무산자들의 정치 참여를 핵심으로 하는 민주주의는 신성한 전통적 질서를 붕괴시킬 위험을 안고 있는 것으로 간주된다.

무엇보다도 민주주의는 다수의견에 대한 강조를 통해 사회 다양성의 조화를 무너트리고 인간 존재를 획일적이고 평등주의적인 프레임에 가두고 대중(masses)이라는 개념을 창조하게 되어 시간이 지날수록 대중에게 의존하게 된다는 것이다. 이러한 결과물은 신임투표적 독재(plebiscitary dictatorship)라는 형태로 귀결된다. 버크는 통치체제와 의회의 귀족적 본질에 대해 다음과 같은 두 가지 중요한 주제에 대해서 이야기하였다.

에드먼드 버크 Edmund Burke (1729~1797)

영국의 철학자이자 정치인이다. 버크는 명문 대학인 트리니티 칼리지(Trinity College)에서 수학한 후에 정치가, 문필가, 그리고 미학자로서 활약하였다. 버크가 철학적 기초를 세운 보수주의의 정수는 1790년 저술한 『프랑스 혁명에 대한 성찰』(이하 '성찰')에 담겨있다. 버크는 프랑스혁명이 일어난 직후, 그 과정에서 나타난 과격성과 급진주의를 최초로 비판하였다.

버크는 '성찰'에서 프랑스혁명을 '몽매하고 잔혹한 열정이 이끄는 폭정'으로 묘사하고 통렬하게 비판한다. 버크가 프랑스혁명에 가혹한 비판을 한 까닭은 현존하는 법률과 제도를 역사적인 전통으로 이해하였기 때문이다. 예컨대 기존의 체제는 일견 불합리한 것으로 비추어질 수 있다. 그러나 그것은 과거부터 꾸준히 갱신되면서 발전한 역사적 소산이며, 과거와 현재와 미래에 살아갈 사람들의 지혜가 집약된 결정체이다. 이러한 지혜의 결정물은 '섭리'에 해당하며, 섭리는 조율의 대상이지 타도의 대상이 아니었던 것이다.

또한 버크는 세력 간 균형을 프랑스 혁명에 대한 비판의 논거로 활용했다. 현존 체제는 공동체의 지혜만이 아니라, 귀족과 대중 사이에 달성된 균형을 반영하는 질서이기도 하였다. 질서의 변화는 서로 다른 이해를 가진 세력 간의 양보와 공존이 가능한 선에서 이루어져야 한다고 본 것이다. 버크의 사상은 그 논리적 정합성과는 별개로 다분히 귀족적이라는 비판이 뒤따랐다. 그러나 버크의 사상이 민중에게 오로지 적대적인 것은 아니었다. 버크는 사회적 약자에 대하여 귀족들이 충분한 책임을 질 필요가 있다고 역설하였다. 이러한 온정주의적 측면은 유럽 보수 정파가 실천한 복지정책의 사상적 근간이 되었다. 또한 보수주의의 정치적 맞수였던 자유주의 정파로 하여금 사회복지를 포섭하는 '사회적 자유주의'로 변화를 유도하는 촉매제 역할을 하였다.

주요 저서로 「프랑스혁명에 대한 성찰」, 「숭고와 미의 근원을 찾아서」가 있다.

① 대중과 과반수 의사결정의 규칙

버크는 대중 혹은 전체 유권자나 전체 시민에 대해서 논의할 때, 과반수 의사결정의 한계를 비판하는데 이는 민주주의 비판과 연관이 있다. "더 현명하고 더 전문적이고 더 부유한 사람들이 더 어리석고 잘 알지 못하며 더 가난한 사람들을 계몽하고 보호하는 전통에 의해 지휘되는 관습적인 사회규범을 가진 국가(state of habitual social discipline)에서는 숫자의 많고 적음이 항상 중요한 고려 사항이 되는 것은 아니다." 만약에 당신이 이러한 관습과 오랜 규범의 조화를 방해하고 질서를 깨버린다면 어떻게 될 것인가? 만약에 대중이 그들의 귀족적 지도자들의 지시를 따르지 않고, 대중들이 관습적 규범에 순응하지 않으면 어떻게 될 것인가? 그렇다면 우리는 이제 더 이상 민주정, 혹은 귀족정과 결합된 형태의 전통적이고 합리적인 통치가 아닌, 폭민정(mobocracy)의 형태 속에서, 폭민에 의한 통치를 받게 될 것이다. 이러한 상황에서 사람들은 그들에게 적합한 지도자를 부정하고 그들에 대항하는 군대가 되며 탈영병, 방랑자, 야생 짐승이 된다. 이러한 삶의 형태 속에는 더 이상 전통적 권위에 대한 순종이란 존재하지 않으며, 오직 이익의 여하에 따라 사람들은 싸우고 죽이게 될 것이다. 관습과 규범이라는 전통의 포기는 인간 모두를 야생의 세계로 밀어넣는다.

그래서 민주주의에 대한 버크의 관점은 매우 제한적이다. 민주적유권자들이 관습적 규율(habitual discipline)에 따르며 도덕적인 지도자들을 따르는 한에 있어서 민주주의는 수용될 수 있다. 버크가 제시하는 사회상은 매우 정교하게 설계된 위계적인 것이다. 그것은 분명한 계급 분화 사회이며 그런 사회 안에는 사람들이 전통과 규범을 지키는지 감시하는 모든 종류의 조직들과 집단들이 있다. 그 가운데 버크에게 있어 대단히 중요한 규범이며 관행과 규율을 따르게 만드는 것은 교화적 장치이다. 종교적 경건성은 사람들에게 주어진 질서와 역할을 부여하는 신의 질서에 순응하게 만들 것이다. 이 점이 사회개혁을 주장하는 마르크스가 "종교는 마약이다"라고 정의하는 이유일 것이다.

② 선출된 의원의 독립성 문제

버크는 자신을 선출한 브리스톨의 시민들에게 의회의 구성원으로서 지지자들과 대표의 관계, 그리고 대표와 의회의 관계에 대해서 다음과 같은 내용을 연설했다.

첫째로, 버크는 브리스톨에서 시민에 의해 선출된 대표자로서 브리스톨 사람들의 복지와 행복에 대해서 깊게 고민하고 있다고 말한다. 그리고 만약 그가 이런 의무를 의회에서 추진하지 않는다면 사람들은 그들을 다음 선거에서 내쫓을 권리가 있다고 말한다.

둘째, 그러나 그는 영국 전체, 즉 국가를 위해서 일하기 위해 선출되었다. 의회가 하는 일 중 가장 중요한 일은 올바른 정책을 판단하고 의결하는 것이다. 일반 대중은 전문가도 정치적 지도자도 아니다. 그들은 단지 유권자일 뿐이다. 버크는 유권자들의 삶에 관심을 가지겠지만 그들은 자신들의 이익을 위해서 버크가 받아들이지 않을 권위적인 지시나 명령을 내려서는 안 된다. 버크는 그들에게 고용된 사람이 아니다. 대표자는 자기 자신이 사려 깊은 판단을 내려야 하는 독립적인 사람이다. 그렇지 않다면 사람들 스스로가 의회에 있어야 할 것이다. 의회는 서로 다르고 적대적인 이익을 가지는 집단들을 단순하게 대리하는 대사들의 의회(Congress of Ambassador)가 아니라 국가 전체에 중대한 문제를 깊이 생각하고 심의하는 의회(Deliberative Assembly)이다. 우리는 오늘날에도 이러한 비슷한 논의는 이어지고 있다.

한편, 버크는 자유주의를 비판한 보수주의자이지만 고전적 자유주의와 유사한 측면을 가지고 있다. 그는 입헌군주(The Constitutional Monarchy)를 이야기하면서 정부는 강력한 권한을 갖지만 개인의 사적 이익과 경제를 자의적으로 간섭하지 않는다고 강조한다. 버크는 일종의 대의민주주의라는 영국적 맥락에서 입헌군주를 지지한다. 버크는 아테네적인 민주주의를 신뢰하지 않았으며 로크처럼 정부는 독단적이거나 변덕스럽지 않아야 하며 경제에 간섭하지 말아야 한다고 주장했다. 버크의 정부 역할에 대한 제한은 버크의 의견 중에는 고전적 자유주의자들과 공유하는 부분이 많으며, 이러한 주장은 현대에 이르러 신보수주의와 신자유주의가 함께 공존하는 논리의 기반이 되었다. 그의 주장은 다음과 같이 요약될 수 있다.

첫째, 정부는 철저히 공적인 사안과 평화와 안전, 질서, 그리고 번영을 위한 것에만 권한을 행사해야 한다. 정부는 사적인 영역은 개입하지 말아야 한다. 대신에 사적이지 않은 영역에 대해서는 정부의 권위 아래에 두어야 한다. 이것은 법을 통해 정부의 개입 영역을 규정하여 정치권력의 자의성을 제한하기 위함이다.

둘째, 정부는 국가에서부터 지방, 교구에서 개인 가정에 이르기까지 사려깊게 관여해야 한다. 지방의 일은 지방 정부에 맡겨야 하며 각각의 지역적 수준에 맞는 정부의 기능이 있으며 또한 지역 단위에서는 지방정부가 개인과 집단들의 요구에 더욱 효과적으로 대응할 수 있다. 지역적으로 낮은 수준일수록 개인과 가까운 단위에서 개인들의 요구를 처리하는 데 더 적합할 것이며 반대로 중앙정부로 갈수록 지역의 요구는 더 멀어진다고 볼 수 있다. 그러므로 중앙정부는 더 작은 기능만을 수행해야 하며 지역 정부에게 더 많은 기능과 역할을 부여해야 한다. 그가 주장하는 지방분권의 강화는 그만큼 개인의 자유를 보장하기 위한 시도로 볼 수 있다.

셋째, 인간 존재에는 자연적, 태생적 차이가 있지만 자연적 귀족주의가 전적으로 생물학적인 것은 아니다. 자연적 귀족주의에 따른, 통치에 적합한 인재는 출신성분에 훈육과 교육 등이 합쳐진 결과물이다. 이러한 버크의 생각은 매우 플라톤적인 것이다. 자연적으로 통치에 적합한 인재가 있고, 자연적으로 노동에 적합한 인재가 있다는 버크의 주장은 플라톤이 주장한 계급론과 유사성을 갖고 있기 때문이다. 버크는 노예제를 주장하지는 않았지만 노동에 적합한 사람들은 고용주들과 계약을 할 수 있는 자유를 가지고 있음을 강조했다. 이를 바탕으로 버크는, 영국이 귀족주의의 오랜 전통 속에서 소수의 통치자의 이익을 대변하는 과두정이 아니라 타고난 지도자들의 집합인 귀족정이라는 사실을 강조하며 "영국의 정부는 행복하게도 귀족정이다"라고 말하기도 하였다.

고전적 자유주의자인 아담 스미스는 이러한 버크의 주장에 대해 쌍둥이 아기가 성장해서 의사와 짐꾼으로 살아가는 일화를 제시하며 버크의 귀족주의 논리를 반박한 바 있다. 스미스는 이 이야기에서 정치적인 함의를 도출하지는 않았다. 그러나 급진적인 사람은 아마도 다음과 같이 지적할 수 있을 것이다. 순수하게 후천적 요인에 의해 만들어진 불평등은 인위적인 제도를 통해 얼마든지 평등하게 만들 수 있다. 예컨대, 쌍둥이 아기가 원한다면 모두 의사가 될 수 있는 사회적 조건을 만들어야 한다는 것이다. 정부의 역할이란 그러한 사회적 조건을 정책을 통해 조성하는 일이다. 이에 대해 버크는 '평준화하려는 자는 결코 평등화하지 못한다'라고 반박했다. 후천성은 오랜 전통과 관습과 규율에 의해 만들어진 것이기 때문에 선천적인 것과 밀접한 관련을 가진다. 후천적으로 평등하게 만드는 것은 귀족 정치가들을 부정하는 것이며 사회적으로도 유익하지 않다. 설사, 자연적인 귀족 가문 출신들이 잘못을 하더라도 우리는 그들의 품성을 믿고 지지해야 한다. 대부분의 경우에 그들은 이성적이고 고결하게 정부를 운영할 것이기 때문이다. 사회적 지위 상승에는 합당한 사회적 단계와 절차가 필요하다는 것이 버크의 주장이다.

버크는 오래되고 부패한 선거구 조정에 대해서도 반대한다. 그는 선거제도가 잘못될 수는 있지만 이것조차 우리의 전통이라고 주장한다. 만약 우리가 현재의 선거구제를 바꾸고 노동자들이 많이 살고 있는 리버풀에 더 많은 대표자들을 할당한다면 기존의 질서와 체계를 뒤흔드는 불확실성과 혼란, 무질서가 발생할 수 있다는 것이다. 따라서 버크셔는 오랜 체제는 되도록 유지하는 것이 좋다고 주장한다. 체제는 과거의 유산이 가능한 한 오래도록 유지되는 가운데, 점진적으로 바뀌어야 한다. 그러나 자유주의적 관점에서 이러한 유산은 중세봉건사회의 유산일 뿐이며 진보적인 사회는 근대 산업 자본주의에 따른 새롭고 역동적인 사회이다. 이러한 새로운 사회는 버크 같은 보수주의자의 충고를 따르기보다 새로운 변화의 요구에 집중하기를 원할 것이다.

한편, 버크의 사상을 기반으로 한 영국의 보수주의는 이후 온정주의적 보수주의(Paternalistic Conservatism) 혹은 토리 민주주의(Tory Democracy)라는 이름으로 디즈레일리(Benjamin Disraeli)와 처칠(Winston Churchill) 등에 의해서 이어졌다. 디즈레일리는 부자와 빈자라는 두 개의 민족으로 나누어지는 영국에 대한 경고 속에서 사회혁명에 대한 광범위한 불안을 설명하였다. 이 경고는 위로부터의 개혁이 아래로부터의 혁명보다 더 유익하다고 인식하는 특권층이 지니고 있는 이기주의에 대한 호소였다. 이 메시지는 높은 신분에는 도덕적 의무가 수반된다는 노블리스 오블리제(Noblesse Oblige)라는 신(新)봉건적 이념에 기원을 둔 의무와 사회적 책무의 원칙에 대한 호소를 통해 지탱되었다. 사실 이 관점에서 볼 때, 의무는 특권의 대가라고 할 수 있다. 권력가와 재산가는 사회적 응집력과 통일이라는 일반적 이해관계에서, 가난한 자를 돌볼 책임을 지닌다. 이러한 견해는 영국 보수당에 의해서 정치적으로 주장되었는데, 사실 이러한 온정주의적 보수주의는 사회평등의 이념이라기보다는 유기적 균형, 즉 응집력 있고 안정적인 위계조직에 기초한 사회의 안정을 유지시키기 위한 방편이었다.

3) 자본주의의 시대적 특징

보수주의자들은 자본주의가 인간의 정체성을 재물로 파악하며 비인격적으로 다룬다고 비판했지만, 자본주의의 등장과 이로 인한 번영은 시대에 따른 자연스러운 일이었다. 영국의 산업혁명 이후 자본주의는 비약적으로 성장하며 전 세계적인 규모에서 경제체제를 통합시켜 나갔는데, 그 본질은 다음과 같은 두 개의 조건에 의해 정의된다.

(1) 유산자와 노동자의 자산 소유 형태가 근본적으로 다르다. 유산계급은 자본과 토지를 소유한다. 노동자들은 오직 자신의 노동력만을 소유한다. 그리고 노동자들은 자신의 노동력을 자본을 가진 고용주들에게 판매하여 삶을 유지한다. 생산력을 가지고 있는 자본가들은 노동자들의 노동력과 원자재, 도구, 장비 등 생산수단을 결합하여 상품을 생산하고 판매하는 과정을 감독한다.

(2) 계급적으로 분화된 자본주의 사회의 두 번째 요소는 시장 자본주

의 경제(market capitalist economy)이다. 자본주의는 생산 수단의 사적 소유체제로 특징지어진다. 물론 노예제나 봉건주의 그리고 소박한 소유주들의 경제에서도 생산 수단의 사적 소유권은 있었다. 하지만 자본주의가 이런 다른 경제체제와 구분되는 것은 시장경제와 뚜렷한 계급사회가 결합했다는 점이다. 노예제나 봉건주의는 계급적으로 분화된 사회이지만 시장경제가 주된 경제 논리는 아니다. 소박한 소유주들이 구성하는 경제(simple proprietary economy)는 시장경제에 기반하고 있지만 계급적으로 첨예하게 분화된 사회는 아니다. 이처럼 시장경제와 계급사회라는 두 개의 구조적인 요소는 18, 19세기 근대 자본주의를 다른 시기와 구별할 수 있게 만드는 핵심 요소이다. 쉽게 말해 모든 상품이 시장에서 판매될 목적으로 생산되며 이 과정에 소수의 자본가 계급과 다수의 노동자 계급이 뚜렷이 구분되고 적대적인 관계를 형성한다고 볼 수 있다.

16, 17세기의 상업 자본주의(Commercial Capitalism) 이후 18세기 자본주의의 토대는 제조업 자본주의(Manufacturing Capitalism)였다. 제조업 자본주의의 근본적인 특징은 공장(factory)의 출현이다. 공장에서 노동자들은 하나의 작업장에서 함께 모여 자본가나 자본가가 고용한 관리자의 감독 아래서 일을 한다. 제조업 자본주의에 비해 산업 자본주의(Industrial Capitalism)는 기계화에 기반해 확산된 대량생산체제가 특징이다. 산업혁명 초창기에는 면직 산업 발달이 기계화를 추동했고 이후 기계화는 철강 산업, 철도 산업, 석탄 산업, 그리고 심지어 농업분야에까지 확대되었다. 기계화에 따른 변화는 독립적인 소규모 농장과 자영업자들을 퇴출시켰고 도시적이고 산업적인 공간에서 자본주의적 사회적 관계를 비약적으로 확장시켰다. 이런 산업자본주의 등장과 확산이 이 시기 사상가들의 경제적인 배경이었다.

한편, 마르크스가 자본주의 생산양식을 분석할 때 그는 방법론적으로 순수한 자본주의를 상정했으며 시장경제, 생산력, 생산수단의 소유여부 등을 기준으로 자본주의의 본질적 특성을 부각시켰다. 물론 마르크스와 다른 사상가들 역시 순수한 사회주의가 존재하지 않는 것처럼 순수한 자본주의도 존재하지 않는다는 것을 알고 있었다. 어떻게 보면, 역사적으로 모든 사회는 자본주의, 사회주의, 공산주의, 무정부주의, 개인주의, 자유주의, 파시즘, 보수주의, 급진주의, 소박한 자산경제, 봉건주의, 노예주의 등 서로 다른 일부의 요소들이 부분적으로 결합된 경제체제를 가지고 있다. 어떠한 체제를 열거하더라도 분명 대부분의 경제는 다양하고 이질적인 요소들을 포함하고 있다. 예를 들어, 19세기 초 영국은 다른 국가에 비교할 수 없을 정도로 자본주의가 발달한 국가였다. 그러나 이 시기의 영국 역시 순수한 자본주의라고 보기는 어렵다. 영국에서 산업혁명은 면직 산업에서 시작되었다. 그런데 미국의 남북전쟁 이전까지 영국 면직 산업의 발전을 위해서는 대량의 면화를 노예노동으로 운영되는 미국의 남부지역에서 수입해야만 했다. 즉, 영국은 산업혁명을 추동한 면직 산업을 일정 부분 노예경제에 의존하였다고 볼 수 있다. 그러므로 18세기 말과 19세기 초의 영국의 자본주의 사회구성체는 순수한 시장경제가 아니라 국제적인 분업 속에서 노예제를 전제하고 있었다. 이처럼 실제로 순수하고 완전한 자본주의 경제체제는 현실 속에서 발견하기 힘들다는 것을 기억해야 한다. 산업화를 통해 견고하게 발전하고 있는 자본주의는 노예제 없이 양극화된 계급구조를 중심으로 운영되는 사회라는 특징을 가지게 될 것이다. 이때 자본주의와 자유주의, 민주주의와 어떤 관계를 맺고 있느냐가 사회구성체의 근본적인 요소가 될 것이다.

3 공리주의자들의 개혁적 정치경제사상

이제 우리는 소농 기반 경제나 토지의 공평한 분배 문제를 넘어 자본주의가 개인적, 사회적으로 확고하게 뿌리내리고 확장되어 가는 19, 20세기의 산업자본주의 시대를 배경으로 활동한 사상가들을 살펴볼 것이다. 이 시대에서 자본주의는 돌이킬 수 없는 시대적 흐름이 되었고 자본주의의 발전 및 물질적 풍요에 대한 믿음이 지배적이게 되었다.

이 시기의 시대적 과제는 자본주의 경제체제에 민주주의를 어떻게 어떤 수준으로 결합할 것인가 하는 것이다. 이 과제는 지금까지도 쟁점이 되고 있는 것으로 해결책을 모색 중인 인류의 과제이다. 홉스(Hobbes), 로크(Locke), 볼테르(Voltaire), 해밀턴(Alexander Hamilton) 같은 자유주의 사상가들은 대중에게 너무 많은 민주주의가 보장된다면 유산자들의 재산과 이익은 무산자들의 공격을 받아 위태롭게 될 것을 우려했기 때문에 약한 수준의 민주주의를 지지했다. 민주주의가 자본주의 및 자본가들의 이익에 심각한 위협을 줄 수 있다는 두려움은 많은 사상가가 공유하고 있던 내용이었다. 18세기와 19세기 자유민주주의를 이론적으로 체계화한 벤담과 제임스 밀의 주된 업적은 자본주의에 민주주의의 아이디어와 제도를 접목시키는 것이었으며 달리 말해 이는 이미 현실적으로 존재하고 있던 자유주의적 자본주의의 민주적 요소를 조정하는 것이었다.

1) 고전적 자유주의 시대의 정치적 쟁점

우리는 고전적 자유주의의 두 가지 측면에 대해서 강조해 왔다. 첫째로, 고전적 자유주의자들은 개인의 경제적, 정치적 자유 및 그러한 자유를 실현시킬 수 있는 권리 보호를 강조해왔다는 점, 둘째로, 고전적 자유주의자들의 사상적 기조는 고전적 보수주의와 급진주의 사이에 위치해 있다는 점이다. 급진주의자들은 사회의 토대 즉 전통과 재산권 문제에 깊게 파고들어 그것들을 총체적이고 근본적으로 변화시키는 방식을 지향한다. 한편 고전적 보수주의자들은 오랜 세월동안 역사적으로 검증된 전통적 제도들은 아주 점진적으로 신중하게 바꾸어야 한다고 주장한다. 심지어 매우 부패한 제도나 체제조차도 그 단점에도 불구하고 오랫동안 유지되어 온 전통의 일부이므로, 손쉽게 폐기하는 것이 아니라 미세한 조정을 통해 점진적 개선을 해 나가야 한다는 것이다.

이에 비해 자유주의자들은 부패한 구체제의 종식과 새로운 체제의 구성과 성립을 추구한다. 고전적 자유주의자들에게 1832년의 영국 개정선거법(Reform Act)은 정치적으로 중요한 개혁의 성과이다. 이 법은 봉건적 특권도시로서 하원의 다수 대표를 선출한 지역인 버러(Borough: 영국의 특권도시 또는 국회의원 선출 자격을 지닌 자치도시)의 선거구를 없애고 유권자 수에 비례하는 대표를 선출하는 선거구 개혁을 담고 있다. 이에 따라 유권자의 절대다수가 주거하는 대도시 선거구의 의석수가 크게 증가할 수 있었다. 이러한 영국의 개정선거법은 자유주의와 자본주의 진전을 지지하는 매우 강력한 법률이 되었다. 이 법은 또한 역사적인 변동의 전환점으로서 토지 귀족과 부유한 상인들이 차지하고 있던 의회를 이제는 산업자본가 및 중산계급의 이익과 경제체제로서의 자본주의를 대변하는 정치사회적 제도로 만들었다.

이 시기의 사람들은 이러한 선거법 개정과 산업 자본주의의 발전을 '급진적(radical)' 변화라고 인식했고, 이런 변화들이 '자유주의적(liberal)'인 개혁으로 묘사되었다. 하지만 이런 변화는 보수주의자들의 요구처럼 아주 느리지도 않았고, 급진주의자의 주장처럼 하룻밤에 모든 것이 바뀌는 것도 아닌 적당한 속도와 형태를 가진 변화였다. 자유주의적 변화는 규모, 깊이, 총체성에 있어 중간 수준이었다. 물론 자유주의자들은 기존의 전통적, 봉건적 구체제를 변화시키는 데 더 강하고 급진적인 방식을 원했다.

의회의 다수를 차지하게 된 자유주의자들에게 정치적, 경제적으로 중요한 개혁 과제는 1845년의 곡물법(Corn Laws) 폐지였다. 토지 귀족들이 지배하던 이전의 의회에서 통과된 곡물법은 모든 종류의 곡식에 관세를 부과하는 것을 주요 골자로 하는데, 이는 상대적으로 저렴한 미국과 유럽 곡물이 영국으로 손쉽게 수입되는 걸 방해하는 것이 목적이었다. 이를 통해 토지 귀족들은 자신들이 생산한 곡물의 가격 경쟁력을 유지할 수 있었고, 고정적인 수요 속에서 많은 이득을 얻을 수 있었다. 이윤이 높아짐에 따라 토지에 대한 수요도 증가했지만, 대다수의 토지는 소수의 지주들에게 독점되어 있었기 때문에 지대 역시 더욱 상승하는 악순환을 불러왔다. 토지 귀족들은 이처럼 곡물법을 통해 생산물과 높은 지대를 통해 이윤을 극대화하고 이를 유지할 수 있었다. 자유주의자들에게 곡물법은 나쁜 국가의 상징이자 악이었으며 수용할 수 없는 것이었다. 때문에 자유주의자들은 곡물 수입에 매겨진 부당한 수준의 높은 관세를 자유 무역에 부합하는 수준으로 하향하는 법 개정을 요구했다.

질문

1832년의 선거법 개정이 이루어지지 않았다면, 곡물법 폐지가 가능했을까요?

답

개정선거법 없이 곡물법에 대한 폐지는 일어날 수 없었거나 아니면 지연되었을 것입니다. 곡물법이 처음에 만들어진 구체적인 이유는 프랑스와의 전쟁 때문이었습니다. 만약 곡물이 프랑스로부터 수입된다면, 영국의 파운드화가 프랑스로 가게 되고, 프랑스 사람들은 직간접적인 방식으로 영국의 군수품을 구매했을 것이며 이는 영·프 전쟁에서 불리해지는 것입니다. 그러므로 프랑스가 전쟁과 관련된 물품을 살 수 없도록 하기 위해서, 프랑스의 주요 상품을 수입하지 못하게 만들었던 것입니다. 그러나 프랑스와 전쟁이 끝나면서 곡물법을 지지하는 근거는 사라졌습니다. 그런데 이 법으로 이익을 얻고 있던 지주 및 봉건적 지배세력이 장악하고 있던 의회에서 곡물법은 폐지되지 않았습니다. 그러나 선거법 개정으로 의회에서 신흥세력이 의회의 다수를 차지하면서 곡물법 폐지가 가능했던 것입니다. 만약 중산 계급이 사회적 부의 중요 세력이 되어 권력을 가지지 못했다면, 그들은 선거법 개정법을 통과시키지 못했을 것입니다. 때문에 1832년의 선거법 개정은 아마도 곡물법 폐지의 촉진제였을 것입니다. 이는 근본적인 원인이라기보다는 직접적인 원인이었습니다. 산업혁명과 그 이후에 신흥 중산계급 혹은 자본가 계급이 더욱 강력해지고 부를 축적한 것이 곡물법 폐지의 근본적인 원인이었다는 것입니다. 어쨌든 선거법 개정법 없었다면 곡물법 폐지는 아마도 오랜 기간 동안 지연되었을 것입니다.

중세의 전통적 질서가 해체되는 시대적 흐름에서 자유주의의 시각을 통해 바라보자면, 곡물법은 반드시 폐지되어야만 하는 악법이었다. 관세는 자유 무역을 억압하는 악습이며, 이는 자유시장원리에 위배되는 것이었기 때문이다. 그런데 자유주의자들은 철강 같은 다른 제품에 부과하는 관세에 대해서는 크게 반대하지 않았다. 곡물에 대한 관세는 지주귀족 계급의 이익을 보장하면서 기존의 전통적인 구 세력의 지배 구조를 강화시키는 경제적 기반이었기에 어떤 타협도 없이 폐지되어야만 했던 것이다.

그렇다면 왜 귀족들이 이익을 얻으면 안 되는가? 자유주의자들에 따르면, 자본주의는 역동적이고 진보적이며 경제적 성장과 생활수준의 증대를 가져와 모두에게 혜택을 준다. 그런데 토지 귀족은 더 큰 경제 성장을 만들 수 있는 소득과 부를 차단하여 자신들의 이익만 극대화시키고 있다는 것이다. 자유무역을 지지하는 리카도(Ricardo)는 "지주들의 이익과 나머지 전체 사회의 이익은 어디서나 갈등 관계를 가진다."고 지적했다. 즉,

지주들의 불로소득은 자본주의 경제발전을 가로막는 악의 주범이 되는 것이다. 지주들은 노동 없이 지대를 받는 기생계급으로서 그들의 토지 소유권은 경제발전에 어떤 기여도 하지 않는다는 것이다.

그런데 자유주의의 정치적 입장은 다소 애매한 측면이 있다. 왜냐하면 그들은 보수주의와 함께 토지나 공장 등 사유재산 보호라는 이해관계를 공유하는 동시에 한편으로는 지주 지배세력을 전복하고 자본가가 지배하는 자유주의 사회를 지향하고 있기 때문이다. 그들은 이런 애매한 사회경제적 입지 속에서 사회 전체의 이익을 위한다는 급진적인 주장을 끝까지 밀고 가지는 않았다. 그래서 보수주의든 자유주의든 노동자 계급의 문제는 뜨거운 쟁점으로 양측은 자신의 이익을 위해 노동자 계급을 끌어들이려 했다.

자본가들은 만약 그들이 자신의 이익을 기업에 투자 한다면 경제는 성장하고 노동 수요가 증가해 실업률이 감소하고 노동자의 삶이 나아질 것이라고 주장했다. 즉, 임금 인상과 노동 시간 단축, 더 나은 노동 환경을 조성한다는 것이다. 그러므로 노동자들은 그들에게 우호적인 자본가 계급 및 신흥 중산 계급의 자연적 동맹 세력이 되어야 했다. 반면에, 토지 귀족들은 다른 관점에서 노동자 계급을 유인하려 했다. 즉, 자유주의자들은 자본가들에게 종속되어 있고 자본가들은 노동자들을 노예화하여 착취하고 억압하며 최소한의 양식으로 살 정도의 급여로 그들을 굶게 만든다고 비난했다. 때문에 노동자들은 선천적으로 덕이 있고 고귀한 귀족들이 노동자들을 보호하고 자선을 베풀 수 있는 노블리스 오블리제(Noblesse Oblige) 정신을 가진 토지 귀족의 동맹세력이 될 수 있으며 노동자들은 자신을 보살펴줄 귀족 지배 세력을 필요로 한다고 주장하였다. 자본가 계급이 노동자들을 굶주림으로 내몰 때, 보수주의자들이 자본가들에 대항하여 노동자들의 생존을 보장할 수 있다는 것이다. 실제로 영국에서 19세기 초에 보수주의 정당인 토리당은 공장법(Factory Legislation) 제정 등을 통해 노동자들의 생명과 건강, 복지를 위해 자본가들의 무자비한 착취를 막아내는 기여를 했다. 당시의 이런 온정주의적 조치와 정치적 입장들은 지배계급이 사회주의적 조치를 시행했다는 점에서 토리 사회주의자(Tory Socialists)라고 불리기도 했다. 공장법은 노동시간 통제, 여성과 아이들의 노동 감독, 야근 등을 제한하였으며 노동 환경의 청결 및 위생 등의 전반적인 문제를 다루었다. 영국적 특수성 속에서 보수주의자들은 급진주의자들과 공통적으로 자본주의의 비인간적 측면을 비판하고 산업혁명을 비난하면서 자본가의 노동착취와 억압에 대해 비판했다.

질문

19세기에 비참했던 노동자 계급의 생활수준은 귀족들에게 지배받는 농노들의 생활수준과 비교해서 어떠했습니까?

답

우리는 18세기 후반과 19세기 초반의 노동자의 생활수준과 농노들의 생활수준을 단순하게 비교해서는 안 됩니다. 왜냐하면 영국의 농노는 13세기부터 있었기 때문입니다. 봉건주의에서 자본주의로 넘어오는 몇 세기에 걸친 점진적 이행 과정을 거쳤습니다. 그래서 봉건주의와 새롭게 등장한 자본주의 사이에는 상당히 중첩되는 토지 소유권 경제가 있었습니다. 이러한 체제는 산업혁명이 일어나면서 붕괴되기 시작하였고 농촌과 비교되는 도시의 매력(일자리와 비교적 높은 임금)을 찾아서 많은 인구가 농촌을 떠나기 시작합니다. 다른 측면에서, 그 시기에 영국의 농촌에서 운영되던 효율적인 농장에서 농노의 삶은 아마도 도시의 노동자계급의 삶보다 나았을 것입니다. 그러나 18세기 초중반과 비교할 때, 18세기 후반과 19세기 초반의 노동자 임금은 전체적으로 상승했습니다. 그런데 노동자 계급의 삶이 얼마나 나아졌는지를 보여주는 몇몇 지표들은 이런 해석과는 상이합니다. 무엇보다도, 주택 문제는 농촌보다 훨씬 나빴습니다. 왜냐하면 18세기 후반에 너무나 많은 사람들이 단기간에 도시로 몰려들었기 때문입니다. 당시에 도시들은 이러한 몰려드는 인구에 준비가 되어 있지 않았습니다. 중산계급 자본가들의 이익을 위해 일하는 도시의 행정담당자들은 기업이나 공장의 이익과 상관없는 공공 주택, 상하수도, 위생 등 기본 생활 보장 같은 시스템을 준비하지 않았습니다. 따라서 콜레라, 장티푸스, 디프테리아 같은 전염병들이 농촌에 비해 도시에 만연할 수밖에 없었고, 1832년 리버풀에 살고 있는 노동자의 평균 기대 수명은 고작 32살이었습니다. 이를 통해 농촌지역에서의 주거 상황이나 일용양식의 신선도, 위생 등은 도시보다 좋았던 것과, 질병 역시 더 적었고 시대 수명 또한 높았음을 알 수 있습니다.

삶의 질을 구성하는 여러 요소를 고려할 때, 19세기 초 영국의 도시에 사는 사람들은 시골에 사는 사람들에 비해 낮은 수준의 삶을 살아가고 있었다. 나폴레옹과의 전쟁으로 인해 영국의 도시민들은 심각한 수준의 경제적 파괴와 박탈에 노출되어 있었으며, 프랑스의 하층계급처럼 이들이 지배체제와 사유재산권을 전복하기 위해 혁명을 일으킬 것을 두려워한 지배계급에 의한 탄압 또한 존재했다. 지배계층은 혁명이 일어나는 것을 막기 위한 일차적인 대응으로 하층민에게 시민권을 부여하지 않았으며, 집합을 금지하는 것을 제도화하였다. 예를 들어 노동자가 세 명 이상 모일 경우 체제전복 음모로 간주되었으며, 통행금지시간 이후 외부에 있는 것 또한 불법으로 간주되었다. 정부에 대한 불만을 공개적으로 이야기하는 것은 당연히 불법이었으며, 불법을 행한 노동자가 교수형에 처해지는 것은 이 시기 영국 대도시의 흔한 풍경이었다.

한편, 많은 제도와 방식이 변화하는 불안과 불확실성 시대의 도시와 비교할 때 농촌지역에는 빈곤한 농민들을 보호하는 매우 조직된 제도들이 있었으며 이는 보수주의의 공로라는 평가도 있었다. 아마도 농촌 인구의 전체적인 실질 임금 수준은 도시보다 더 낮았겠지만 농촌에서는 농노들이 일정 수준 이하의 빈곤에 빠지지 않도록 관리하는 것이 관습으로 존재했다. 하층민에 동정적인 보수주의 지방 정부가 제공하는 빈곤법이 있었으며 노블리스 오블리제의 의무를 실천하는 귀족들이 있었다. 도시에서는 이러한 자선과 시혜들이 결코 일어나지 않았다. 이러한 측면들을 다각적으로 고려하자면, 19세기 초 도시 노동자의 삶이 농촌에서의 삶보다 더 나빴다고 볼 수 있다.

다른 측면에서, 19세기의 후반에 영국 경제 전체에 산업화가 진행되어 면직 산업에서 다른 산업으로 확산되면서, 여러 산업의 생산성이 전반적으로 증가함에 따라 국가 전체의 이윤율 역시 비약적으로 증가하였다. 이러한 이윤 중의 일부가 빈곤한 노동자에게 수혜의 형태로 제공되기 시작하였다. 19세기 후반에 이르러서는 노동자들의 생활수준, 실질 임금 수준, 노동자 계급의 교육 수준, 그리고 선거권 같은 정치적 권리를 보장받는 데 있어 분명한 향상이 나타난다. 여기서 우리가 주목해야 할 내용은 19세기 초의 고전적 자유주의자들 사이에서, 특히 벤담과 제임스 밀, 그리고 존 스튜어트 밀과 그의 계승자들이 점차 민주주의적 요소들을 받아들이고 있다는 점이다. 실제로 자유주의적 자본주의는 점점 민주주의의 요소들, 특히 위에 제시된 복지와 관련된 정책들을 받아들이고 포함하면서 자유주의적 자본주의 민주주의 방향으로 이동하는 것을 관찰할 수 있다.

고전적 자유주의자들은 명백히 자유로운 시장중심 자본주의를 지지하고 촉진하기를 원했다. 때문에, 그들은 자본주의를 위해 다양한 역할과 사업을 하는 정부를 원했다. 예를 들어, 정부의 세 가지 중요한 기능으로서 ① 법과 질서 유지 ② 외국의 침략으로부터의 보호 ③ 사적인 기업이나 시장이 담당할 수 없는 공공 서비스 및 제도를 제공하는 것을 강조했다. 여기에는 대표적으로 교육, 도로, 항만, 우체국, 탐험과 발견, 예술과 과학 등의 영역과 사회 간접자본이 포함되었다.

정부가 제공하는 이런 제도와 서비스의 함의는 사적 개인이 쉽게 추진할 수 없으며 너무 큰 비용이 드는 것들이면서 사회전체에 이익을 제공해 준다는 것이다. 그러므로 정부의 권위를 통하여 이러한 공적 사업이나 제도를 제공하는 것은 자유주의적 자본주의 시장원리를 위반하는 것이 아니다. 이러한 공적 사업과 제도의 신설은 시장 경제를 건강하게 만들어 사회 전체의 부를 증진시키는 데에 도움이 되기 때문이다.

신자유주의자들도 시장의 정보를 중앙으로 집중화해서 통제하는 것은 효율성이 떨어지기 때문에 정부가 할 일은 사적인 개인들을 방임하고 그들이 서로 협력할 수 있는 공적인 사업과 제도들을 마련해 주는 것이라고 주장했다. 그런 것들은 사적인 개인들이 할 수 없는 영역이자 과업이다. 그러므로 현대 자본주의 사회에서도 외부적 공격으로부터 보호, 법과 질서의 유지, 공적 사업과 제도들을 제공하는 것이다. 신자유주의자 입장에서도 이런 사회적 이익/사회적 비용에 들어가는 정부의 예산 집행은 타당한 것이다.

그런데 정부의 역할에 대해 독특한 내용을 주문한 자유주의 사상가들도 있다. 예를 들어, 앞에서 살펴본 노동자들의 도덕적 절제를 주장한(인구감소로 노동자 임금상승 주장) 토마스 맬서스(Thomas Mal thus)는 몇 가지 이유에서 산업화나 경제발전을 사회 문제에 대한 하나의 해결책으로 생각하지 않았다는 점이다. 산업화가 추진된다면 노동 수요는 올라가고 임금이 올라가며 경제적 여유에 기반해 인구도 많아질 것이다. 인구가 더 많아지면 식량에 대한 수요도 올라가며 이는 식량을 생산하는 토지에 대한 수요 증가로 이어지며 궁극적으로 지대의 상승을 야기할 것이다.

이러한 문제에 대해 맬서스가 제시하는 해법 가운데 하나는 토지 귀족을 비롯해 경제적으로 부유한 계급이다. 사실 맬서스는 지대가 올라가는 것을 문제 삼지 않는 토지 귀족 계층의 일원이었다. 그가 바라보기에 문제는 자본주의의 극단적인 자기 팽창에 있었다. 자본주의의 지속적인 팽창으로 인해 자본의 축적이 심화됨에 따라 경쟁에서 이기기 위해 생산비용을 낮추면서 임금도 낮아지는 악순환이 초래되는데, 궁극적으로는 공급이 소비재 수요를 초과하게 되면서 과잉생산이 발생하게 될 것이다. 과잉생산은 결국 기업의 위축과 파산을 가져와 실업률이 높아질 것이고, 결국 만성적인 불황에 빠지게 된다. 현대의 우리에게도 익숙한 과잉생산, 과소비설을 통해 맬서스가 하고 싶은 이야기는 우리가 안정된 경제 상황을 유지하기 위해서는 시장에서 생산된 초과 공급 상품을 구입할 수 있는 부유한 사회계급이 필요하다는 것으로 이들이 바로 토지 귀족이라 할 수 있다. 따라서 맬서스의 이론 속에서 토지 귀족은 사회적 기여자에 해당한다. 왜냐하면 그들은 노동자나 자본가들이 구매하지 않아 초과 공급되는 재화를 구입하여 기업의 위축과 파산을 막아 불황을 방지하는 역할을 수행하기 때문이다.

고전적 자유주의적 시장중심 자본주의를 지지한 리카도(Ricardo)는 다른 해결책을 제시했다. 리카도 또한 맬서스와 비슷하게 임금이 올라가면 경제적 여유에 기반해 인구도 증가할 것이며 결국 맬서스가 이야기한 문제가 일어날 것이라고 생각했다. 하지만 리카도는 토지 귀족들이 시장의 초과 공급 상품들을 구입하게 만드는 것만이 해결책은 아니라고 생각했다. 리카도는 자유무역에 기반한 무역의 활성화가 보다 나은 해결책이 될 수 있으리라 보았다. 예컨대, 만약 영국이 식량 생산보다 공산품 생산에 집중하는 것이 다른 나라에 비해 더 효율적이라면, 영국은 그렇게 생산한 공산품을 다른 나라에 수출함으로써 재화를 마련하고, 이를 통해 미국이나 유럽 등 식량 생산이 보다 효율적인 나라로부터 수입을 하는 것이다. 이러한 논리를 통해 바라볼 때, 곡물법이나 특정 상품에 높은 관세를 부과하는 것은 영국 경제의 생산 효율을 떨어뜨려 자유무역에 기반한 경제 발전을 가로막는 것이나 다름없다. 그렇기에 리카도는 상술하였듯이 곡물법을 폐지함으로써 부당한 관세 제도를 바꿔야 한다고 주창했다.

리카도는 지주들의 불로소득을 비판하면서 곡물법의 폐지가 사회 전체에 도움이 될 것이라고 주장했다. 곡물법이 폐지되면 곡식 값이 내려가고 식량가격이 내려갈 것이다. 식량은 노동자 계급들의 예산에서 가장 큰 몫을 차지하는 단일 품목이기에, 식량가격의 하락은 실질임금의 상승을 의미한다. 이를 통해 남겨진 이윤이 산업화를 위한 재투자에 활용됨으로써, 다시 노동 수요와 임금의 상승을 불러온다. 이는 곡물법의 폐지가 실질 임금을 두 가지 방면에서 상승시킨다는 것을 의미한다. 첫째, 노동에 대한 수요가 증가함에 따라 임금이 상승한다. 둘째, 식량 공급이 많아져서 곡물 가격이 떨어지면 생활비가 하락하므로 실질임금이 상승한다. 그럼에도 이러한 선순환이 일어나지 않는 이유에 대해 리카도는 지주들이 장악한 정치적 권력을 이유로 지목한다. 이것이 바로 리카도가 지주 세력을 공격한 이유이다. 리카도는 이런 논리에 기반하여 산업화와 자본주의 경제발전 그리고 정치의 관계와 관련된 매우 복잡한 경제 이론을 발전시켰다.

질문

왜 자유주의 개념은 일관적이지 않을까요?

답

그것은 사실입니다. 사람들은 다른 시기에 다른 방식으로 '자유주의적(liberal)' 개념을 사용했습니다. 당장 우리가 앞에서 살펴본 해밀턴과 제퍼슨의 용법을 사례로 들 수 있습니다. 보통 고전적 자유주의는 최소방임국가, 보수주의는 개입주의적 국가관으로 통하지요. 해밀턴은 분명 친기업적인 국가를 지지했으며 자유주의적 성향이 강합니다. 그런데 그는 강력하고 중앙집권적인 정부가 시장에 적극 개입하는 것을 지지했습니다. 이에 비해 보수적인 제퍼슨은 제한적인 정부 역할을 지지했으며 질서유지 및 최소한의 경제적 기능에 국한된 작은 중앙정부를 원했습니다. 그리고 지방분권적이고 지방정부의 권한을 강조했습니다. 이런 대비는 전통적이고 고전적인 자유주의-보수주의 이념에 비추어보면 거꾸로 된 것입니다. 그런데 19세기 말에 가면 다시 정반대가 됩니다. 자신들을 보수주의자라고 생각한 사람들은 경제에 대한 정부의 최소 개입과 정부의 최소 역할을 주장합니다. 이에 비해 자유주의 주류 세력은 자본주의 경제위기를 극복하기 위한 정부의 적극적인 역할을 강조합니다.

그러므로 "자유주의(liberalism)"를 하나의 정형화된 이념으로 정의하기보다는 역사적 맥락과 권력관계 속에서 이해하는 것도 유용합니다. 예컨대, 영국에서는 자본주의가 진전되면서 점진적으로 자유주의적 가치와 권리들이 확장되고 산업혁명 이후에는 정치적 자유가 급진적으로 확장됩니다. 자유주의자들이 개인들의 경제적 자유와 시민적, 정치적 자유를 촉진하는 데 기여했다고 평가해도 무방할 정도입니다. 그런데 미국에서는 다르게 나타났습니다. 왜냐하면 미국에서는 산업자본주의가 성숙하기 전에 그리고 자유주의가 강력하게 나타나기 전에 성인남성의 보통선거권이 이미 19세기 초에 보장되었습니다. 그 때의 미국 경제는 여전히 작은 규모의 소유주(자작농) 기반의 경제였습니다. 본격적인 산업화는 노예제 폐지와 소박한 소유자 경제가 전복된 남북전쟁 이후에 주로 이루어졌기 때문에 미국에서는 자유주의와 민주주의의 정치적 변화와 자본주의의 경제적 변화 사이의 관계가 영국과 비교했을 때 상반된다고 볼 수 있습니다. 그때 미국에서의 주된 이슈는 이미 어느 정도 시행 중인 자유민주주의적 체제에 어떻게 산업 자본주의를 접목할 것인지의 문제였습니다. 그렇기에 19세기의 미국에서 자유주의적 자본주의 민주주의(liberal capitalist democracy) 진행은 영국의 그것과는 달랐다고 볼 수 있습니다.

2) 벤담(Bentham)의 공리주의와 민주주의

만약 우리가 원하는 유일한 것이 자유로운 시장중심 자본주의 경제를 유지하고 발전시키는 것이라면 민주주의는 필요하지 않을 수도 있다. 앞선 사례를 통해 바라보았듯, 민주주의는 자유로운 시장중심 자본주의 경제의 발전에 최우선적인 필요 요소는 아닐 수도 있기 때문이다. 그럼에도 벤담과 제임스 밀 등 공리주의자들은 보통 선거권을 통해 자유주의적 자본주의 사회의 발전을 지지하는 길을 안내했다는 점에서 특징적이다. 물론 이들이 민주주의를 적극 주창했다고 보는 것은 과장일 것이다. 이들 공리주의자가 위와 같은 길을 모색한 것은 자본주의에 기반한 정치경제 체제를 안정적으로 유지하기 위해서였다. 특히 벤담과 제임스 밀은 '가진 자들(소수)'을 '가지지 못한 자들(다수)'로부터 보호하는 방법을 찾으려 했고 그런 점에서 민주주의의 아이디어를 적극 활용했다고 보는 것이 보다 정확할 것이다. 이러한 의미에서 후대 연구자들은 벤담과 제임스 밀의 민주주의를 보호적 민주주의(Protective Democracy)라고 부른다.

제레미 벤담 Jeremy Bentham (1748~1832)

영국의 철학자이자 법학자이다. 벤담은 중산층 토리당 지지자 가문에서 태어났다. 법률가 가문에서 태어난 벤담은 웨스턴민스터 학교에서 수학한 후, 옥스퍼드 대학에서 학위를 수여받는다.

벤담은 공리주의의 근간을 마련한 사상적 태두이다. 벤담은 쾌락과 고통을 인간 행동의 영향을 미치는 요인으로 보았으며, 그 둘을 계산함으로써 가장 큰 수준의 쾌락을 산출할 수 있는 행동은 정당화될 수 있다고 보았다. 여기에서의 공리란 공공의 이익, 즉 최대다수의 최대행복을 의미한다. 즉 벤담이 제창한 공리 개념은 단순히 개인주의적인 차원의 쾌락을 의미하는 것이 아니었다. 벤담의 공리주의가 법학과 통치에 관한 윤리학적 근간을 제공할 수 있는 까닭은 바로 공리 개념에 내포된 공적 성격에 의거한다.

벤담은 자신의 공리주의 철학을 기초로 정치학과 입법학을 주창하였다. 최초의 저서 「통치론 단편」에서는, 공리주의를 기초로 통치자, 특히 입법자가 당파적 이익이 아니라 국민 전체의 이익에 복무해야 함을 강변하였다. 그 후에는 자신의 논문집인 '공직 적성의 최대화, 비용의 최소화'를 통하여 조세를 최소로 하되, 조직의 역량을 최대화할 수 있는 '효율국가'를 제창하였다.

주요 저서로 「통치론 단편」, 「도덕과 입법의 원리 서설」, 「정부소론」 등이 있다.

(1) 제레미 벤담(Jeremy Bentham)과 제임스 밀(James Mill)의 공리주의

벤담과 제임스 밀은 기본적으로 자유주의적 자본주의를 상정했다. 따라서 이들은 자유주의적 자본주의를 전제로 민주주의를 어떻게 접목시키고 이를 어느 수준까지 실현할 수 있는지에 초점을 맞추었다. 벤담과 밀은 19세기 초의 영국을 자유주의적 자본주의로 규정하면서 아직 충분히 민주주의가 활성화된 체제는 아니라고 평가했다. 이러한 기반에서 벤담에게 중요한 문제는 다음과 같다. 자본주의가 더 민주적으로 변할 수 있는가? 급격하게 모든 성인 남녀가 투표권을 가지는 것이 가능한가? 모든 사람들의 선거권과 피선거권을 보장하는 보통 선거권을 제공하는 민주주의 사회가 안정적인 정치체제인가?

그렇다면 자유주의적 자본주의에서 중요한 쟁점은 무엇인가? 케네(Francois Quesnay)와 튀르고(Anne Robert Jacques Turgot)와 같은 중농주의자들과 아담 스미스, 제레미 벤담, 데이비드 리카도, 제임스 밀, 그리고 존 스튜어트 밀 등과 같은 자유주의적 자본주의 이론가들의 저작을 살펴본다면 모두의 핵심 주제는 인간과 사회의 상호관계였다고 할 수 있다. 고대 사상가들에 비해 이런 근대 사상가들은 사회적, 정치적 동물로서의 인간 존재에 대해 심층적이고 풍부한 철학을 가지고 있지는 않았다. 잘 알려져 있듯이, 아담 스미스는 우리가 저녁식사를 할 수 있는 것은 농부 등 타인들의 이타적인 마음 때문이 아니라 저마다의 자기애와 이익 추구 때문이라고 설명했다. 어떤 기업체에서 사람들이 고용되어 일하는 것 역시 조직을 위해서도 아니고 자본가를 위한 것도 아니다. 이런 주장의 전제는 인간이 자기중심적이며 자신을 위해 부와 권력을 극대화하는 존재라는 것이다. 이것은 자기 이익의 추구가 국가 전체의 부를 창출하고 확장한다는 그의 『국부론』에 잘 나타나 있다. 벤담은 이익과 부의 추구에 대해 다음과 같이 주장한다. "부와 권력 사이의 연결은 가장 끈끈하고 친밀하다." 부를 쫓는 사람은 권력 역시 추구한다. 부는 권력을 얻는 도구이며 권력은 부를 얻는 도구이다. 여기에 덧붙여 벤담은 "인간은 생산의 가장 강력한 도구"라고 주장한다. 그러므로 모든 사람은 그 자신의 안위와 이익을 위해 다른 사람들의 서비스를 활용하고 고용하며 지배하기를 갈망한다. 이런 힘이 바로 권력이다. 그러므로 권력을 향한 강렬하고 보편적인 갈망은 종속과 지배에 대한 증오를 비례적으로 야기한다.

제임스 밀은 다음과 같이 말한다. "한 인간이 다른 사람의 고통은 상관하지 않고 자신의 행복을 위해 타인을 굴복시키고 타인의 재산을 귀속시키고 싶어 하는 것은 인간의 본성을 지배하는 법칙이다." 이것이야말로 자유로운 시장중심 자본주의의 전제를 반영한다. 왜냐하면 자유시장사회에서 유산계급은 자신들의 부와 권력을 유지하거나 확장하기 위해 다른 사람들의 노동과 서비스를 적극적으로 이용하기 때문이다. 이는 벤담이 소박한 소규모 자산가들의 평등한 사회를 논하는 것이 아님을 의미한다. 그가 논하는 것은 특정 계급이 더 많은 부와 권력을 활용해 행복을 증식시키고 다른 한 계급은 부와 권력을 증식시키지 못하는 계급적으로 분화된 사회에 대해 논하고 있다.

물론 벤담은 훌륭한 자유주의자이기에 그가 논하는 것은 자연적으로 혹은 선천적으로 타고나는 중세 귀족이나 보수주의 사회의 계급사회가 아니라 개별 노동자가 성실한 노동을 통해 누구든 자본가가 될 수 있는 사회이다. 또한 시장 경쟁, 새로운 기술, 자원의 개발, 수요-공급의 변화 등 불확실한 시장경제 속에서 자본가도 부를 잃고 노동자가 될 수 있다. 이러한 전제 속에서 벤담이 강조하고자 하는 것은 자유주의적 자본주의에서 인간 본성에 대한 가정은 개인들이 그들의 부와 권력을 극대화하기 위해 노력하는 존재라는 것이다.

가장 높은 수준의 추상에서 벤담은 개인들이 행복을 추구한다고 가정한다. 행복의 다른 말은 쾌락이다. 긍정적이며 만족을 주는 어떠한 것도 쾌락이라고 할 수 있다. 고통은 부정적이고 만족감을 잃어버리게 하는 그 어떤 것이다. 이와 같은 행복/쾌락과 관련해 벤담은 다음과 같은 두 가지 주장을 내놓는다.

① 서술적인 언술: "자연은 실제로 쾌락과 고통을 지배하면서 인간을 예속시켜왔다." 이는 홉스적인 생각의 직접적인 변용이다. 홉스는 "인간 본성을 총괄적으로 지배하는 법칙은 우리의 쾌락을 위해 다른 사람의 신체와 재산을 종속시키는 것"이라고 주장했기 때문이다. 벤담은 종속에서 벗어나기 위한 사회계약은 허구이며 이런 허구적 개념을 통해서는 국가의 존재이유나 시민들 간의 관계를 현실적으로 설명할 수 없다고 생각했다. 그는 과학적인 인간 본성에 입각할 때에만 올바른 정치경제 원리가 도출된다고 보았다. 벤담이 생각한 인간의 삶의 가장 중요한 동기는 자신의 욕구를 충족시키는 것과 만족 및 효용을 극대화하는 것, 그리고 고통을 최소화하는 것이다.

② 당위적인 언술: 통치권자들도 인간이기에 이들의 권력 남용을 막고 정부의 역할과 능력, 범위를 적절하게 인도하기 위한 방법이 필요하다. 벤담은 "민주주의는 그 특징으로서 통치세력의 억압과 약탈로부터 구성원을 보호하는 목적과 효과를 가진다"고 주장했다. 구체적으로, "사람들의 행복 증진이 입법부의 목적이 되어야 한다는 것이며, 이는 일반 효용(general utility)이 법률의 이성적 원칙이 되어야 함을 의미한다. 공동체의 후생을 위하여 무엇이 좋은지를 아는 것은 그 좋은 것을 생산하는 수단을 발견하기 위한 과학과 기술을 구성하는 데 기여한다." 그러므로 정치가 혹은 입법가들이 해야 하는 일은 특정한 개인의 행복이 아니라 사회 전체의 일반 효용이나 일반 행복을 촉진하는 것이다. 벤담은 개인들이 최소한의 국가 개입 아래 자유 시장에서의 이익 추구와 상품 교환, 경제적 거래를 통해 각자 개인의 효용을 최대화하려는 경쟁을 경험하며, 이로써 공동체 전체의 효용이 극대화된다고 주장한다. 이에 기반하여 벤담은 정치적 개인주의에 입각한 강한 방법론적 입장인 일반 규칙(a general rule)을 제안한다. 이는 "정부는 모든 사안들에 있어 개인들을 자유롭게 내버려 두어야 한다. 왜냐하면 개인들이 자신의 이익이 무엇인지를 알고 무엇인가 할 수 있는 최고의 판단자이기 때문이다."라는 것이 주된 골자이다. 훗날 제임스 밀의 아들인 존 스튜어트 밀(John Stuart Mill)의 유명한 자유주의 정치윤리 즉, "남에게 피해를 끼치지 않는 한 그의 자유는 절대 보장되어야 한다"는 위해(危害)의 원리도 자유주의를 상징하는 명제이다. 예컨대 술에 취해 다른 사람들에게 해를 끼치지 않는 선에서의 음주는 허용되지만 음주운전은 명백하게 타인에게 해를 줄 수 있기 때문에 제한되어야 한다. 이와 같이 서로에게 피해를 주는 행위로부터 개인을 보호하는 것이 아닌 한, 어떤 법의 간섭도 용납되어서는 안 된다. 그런 금지와 간섭은 개인들을 고통스럽게 만들 것이며 이는 권력의 정당성이 상실됨을

의미한다.

벤담에게 개인의 삶이나 정책의 정당성, 정의를 판단하는 기준은 효용이며 이런 맥락에서 공동체 일반의 이익이 최고의 가치를 가진다. 규범적이거나 철학적인 공공선이나 일반의지, 자연권 같은 것은 존재하지 않는다. 그러므로 문제의 핵심은 좋은 법과 정치가 개인들의 자기이익 추구에 필요한 제도들을 잘 만들고 운용하느냐이다. 자기 이익을 추구하는 개인들이 존재할 뿐이며 그런 이익의 합으로서 오직 일반효용만이 존재한다. 그렇다면 어떻게 우리는 집합적인 사회를 구성할 수 있는가? 벤담과 밀의 논의에서는 자연 상태도 사람들을 응집시키는 자연법도 가정되지 않는다. 개인들은 단지 자신의 효용을 촉진하면서 부와 권력을 극대화하기 위해 노력할 뿐이다.

결국, 존재하는 모든 것은 개인들과 그들 사이의 상호관계이다. 사회, 국가, 공동체와 같은 집합적인 것은 존재하지 않는다. 그런데 동시에 벤담은 최대다수의 최대행복을 원했다. 이것이 벤담에게 난점으로 작용한다. 이 논의에서는 벤담의 근본적인 윤리적 원칙을 상기하는 것이 중요하다. 그의 당위적 원칙은 입법자들이 사회 구성원 개개인이 자신의 최대 만족과 효용을 추구할 수 있도록 할 수 있는 모든 것을 다해야 한다는 것이다. 벤담의 윤리적 원칙은 각 개인은 평등하며 어느 누구도 다른 사람보다 더 높은 대우를 받을 수 없다는 것이 핵심이다. 이것은 매우 급진적인 윤리적 가정이다. 이러한 윤리적 평등 개념 때문에 벤담과 공리주의 학자들은 때때로 철학적 급진주의자들로 불렸다. 추상적으로 높은 수준에서 벤담은 모든 개인은 평등하며 이러한 평등한 개인들의 집합이 사회라고 이야기한다. 법은 개인들을 차별해서는 안 되며 법 앞에 모든 사람은 평등해야만 한다. 그가 말하는 정의는 법원 건물 앞에 서 있는 평등의 저울을 가진 눈가리개를 한 여인이 뜻하는, 만인의 법 앞에서의 평등을 의미한다.

그러므로 평등하지 않은 영역이나 제도가 있다면 그것은 부패한 것이며 만인의 평등의 원리에 맞게 바뀌어야 한다. 이것이 현대 사회의 중요한 정치적 흐름인 평등주의적 자유주의(Egalitarian Liberalism)의 중요한 원칙이다. 벤담에게는 공동체와 개인들 간의 어떠한 신비한 유대감도 없다. 때문에 벤담은 우리는 서로 다른 개인들의 평등을 보장하면서 최대 다수의 이익을 보장해줄 법체제가 필요하며 아마도 이것이 사회의 통합과 질서를 가능하게 만들 것이다. 이러한 관점에서, 벤담의 공리주의는 방법론적 개인주의를 채택하고 있다고 할 수 있다.

질문

벤담이나 밀이 주장하는 자유주의의 핵심은 무엇인가요?

답

개인의 경제적 자유와 시민적, 정치적 자유가 보장되는 것을 의미합니다.

질문

벤담이나 밀에게 자유주의는 개인주의 혹은 물질주의도 의미하는 것입니까?

답

제가 생각히기에 자유주의자가 반드시 물질적인 이익을 최우선시할 필요는 없다고 봅니다. 그러나 자유주의자는 개인주의자가 될 가능성이 높습니다. 기본적으로 개인의 자유와 권리를 가장 중시했기 때문입니다. 정치이념에는 다양한 가치들과 개념들이 결합되어 있습니다. 어색하기는 하지만, 개인적 가치와 집단적 가치를 결합시키는 자유주의도 가능합니다. 예를 들어, 사회주의를 개혁하려 했던 고르바초프(Gorbachev)는 글라스노스트(자유주의적 개혁개방)를 지지했지만 그들에게 자유주의는 집단주의적 원리와 개인의 사유재산과 원리들이 결합된 체제를 의미했습니다. 때문에 우리가 '자유적'이라는 용어를 사용할 때 그것이 반드시 특정한 자유주의를 지칭하는 것을 의미하지는 않습니다. 그런데 고전적 자유주의는 사회의 구성단위로서 개인에 초점을 맞추고 그들의 이념적 주장도 개인의 자유와 권리로 상징되는 이해관계를 보호하고 신장하는 것이기 때문에 벤담 같은 공리주의자들은 분명히 개인주 의적이고 또 물질주의적입니다. 중요한 것은 이 시기에 공리주의적 자유주의자들은 급진적이거나 보수적인 사람들의 이념과 비교되는, 인간과 사회에 대한 독특한 자유주의적 철학을 확실하게 가지고 있었다는 점입니다. 그런데 고전적 자유주의가 대부분 개인주의를 강조했지만 그렇다고 18세기 자유주의가 반드시 개인주의를 의미한 것은 아닙니다. 또 개인주의를 강조했다고 해서 반드시 물질주의적이거나 자유주의를 의미한 것도 아닙니다. 예컨대, 버크는 방법론적으로 개인을 강조했지만 그에게 개인은 조직과 집단의 일원으로 위계적인 사회적 구성원일 뿐이었습니다. 개인을 강조했지만 개인은 항상 언제나 집단에 의해 규정되는 것이고 특히 지주 귀족이야말로 국가의 핵심적인 세력이라고 강조합니다. 이것은 분명히 자유주의적 관점은 아닙니다. 이에 비해 고전적 자유주의자들에게 지주세력은 사회에 무익하며 전복되어야 할 대상입니다.

---

(2) 최대다수의 최대행복과 정부의 목표

벤담의 '최대다수의 최대행복 원칙'은 중요한 네 가지의 목표를 해결할 수 있다고 주장한다. ① 생계(subsistence) ② 풍요로움(abundance) ③ 평등(equality) ④ 안전(security). 그렇다면 이러한 목표와 관련하여 정부의 적합한 역할은 무엇일까?

① 생계: 정부는 국민의 생계와 관련해서 인위적으로 무언가를 할 필요가 없다. 왜냐하면 각 개인은 배고픔이라는 고통을 피하기 위해 열심히

일을 할 것이기 때문이다. 문제는 노동을 통해 자신의 욕구를 충족시키려는 자연적 본능을 방해하는 정치적 장애물을 제거하는 것이다. 그런데 부를 많이 가진 사람들에게는 재화가 많아져도 그만큼 쾌락이 더 많이 증가하지는 않기 때문에(한계효용 체감의 법칙) 평등한 관점에서 일반 이익에 대한 계산이 중요하다.

② **물질적 풍요:** 벤담과 제임스 밀은 기본적으로 최소국가론을 옹호했지만 개인의 이익 극대화를 위해서는 과감한 국가 개입의 필요성을 주창하기도 했다. 정부가 자본주의 경제의 번영을 촉진하는 데 사용하는 방법은 법 앞의 평등, 통화 공급 통제, 중앙은행 운영, 재정정책, 사유재산 보호 등을 포함하여 여러 가지가 있다. 만약 우리가 통화 공급을 개인들에게 맡긴다면, 개인들은 자신의 사적 은행을 만들어서 화폐를 마구 찍어내어 다른 사람들에게 피해를 줄 것이다. 때문에 정부는 거시적인 중앙은행을 필요로 한다. 또한 정부는 통화 공급을 확대하고 독점을 막기 위해서 시장에서의 경쟁이 공정하게 유지될 수 있도록 관리해야 한다.

좀 더 복잡한 주장은 저축과 투자의 확대를 위한 조치들이다. 정부는 사람들의 저축과 투자 중 어느 것이 더 경제번영에 유리할지를 판단하여 재정 정책을 운용해야 한다는 주장이다. 가장 기본적인 정부의 역할은 사유재산 보호이다. 이를 통해 개인들은 자신들의 재산이 안전하다고 느끼고 부와 권력을 추구하기 위해 더욱 적극적인 시장 활동을 펼칠 것이다. 정부는 직접적으로 재화를 생산하지 않는다. 그러므로 공장과 광산과 농장을 소유한 자본가들이 그들의 부와 권력을 극대화하는 사업에 전념할 수 있도록 전체적인 법의 체제와 공적인 기구들을 제공해야 한다. 이러한 주장은 방법론적, 정치적 개인주의와 정부 역할의 결합을 통해 사회 전체의 부와 권력이 극대화되는 공리주의적 목표를 달성하게 만든다.

③ **평등:** 우리는 이미 법 앞의 평등에 대해서 언급하였다. 평등에는 또

다른 종류가 있다. 노동과 사업을 통해 자기 이익을 추구하는 기회에서 차별받아서는 안 된다. 쉽게 말해 부의 추구를 위한 공평한 기회를 통해 돈잘 벌고 부유한 노동자도 나올 수 있는 제도가 필요하다는 것이다.

기회의 평등에 앞서 벤담이 주장한 '우리가 행복을 극대화해야 한다'는 것은 평등에 대한 다음과 같은 전제를 이해할 필요가 있다. 첫째, 개인들은 그들 자신의 행복을 증진하기 위해 노력한다는 전제. 둘째, 정부는 일반 행복(효용)의 극대화를 위해 법을 구성해야한다는 당위적 전제. 셋째, 모든 개인들은 법 앞의 평등뿐만 아니라 공공정책과 법률의 목적 달성을 위해 동등하게 적용되어야 한다는 윤리적 원칙. 넷째, 모든 사람은 윤리적으로 평등할 뿐만 아니라 쾌락을 향유하는 능력적 관점에서 평등하다는 전제이다. 이런 전제에 충실하게 개인과 정부의 역할이 전개된다면 전체 효용은 극대화되고 사람들의 경제적 조건의 차이 역시 최소화될 수 있다. 쾌락을 위한 동등한 능력을 가지고 있다면 대부분의 사람들의 한계효용 곡선의 모양과 위치는 비슷할 것이며 전체 효용이 극대화되는 지점에서 평균치는 최고점을 갖는다. 이러한 관점에서 바라보자면 봉건적 구질서는 공리주의 원리에 정면으로 위배된다. 왜냐하면, 작은 농지를 자작하거나 소작하는 농부들과 토지귀족들 사이에서 부의 원천으로서 토지가 평등하게 분배될 수 없기 때문에 전체 효용은 내려가게 될 것이다. 그래서 고전적 자유주의자들에게 공통된 윤리적 원칙은 각 개인이 동등하게 대우받아야 한다는 것이다.

그런데 벤담은 당위적으로 개인들이 동등하게 대우받아야 한다고 말했고 실제로 법 앞의 평등을 주창했지만 개인들이 행복에 대한 동등한 감성과 능력을 가졌다는 것은 엄밀한 사실이 아니라고 현실적으로 생각했다. 일반적으로, 여성은 남성보다 행복에 더욱 민감하며 부유하고 성공한 사람들이 가난한 사람들보다 행복에 더 적극적으로 반응하며 부를 추구한다. 그러므로 그의 윤리적 원칙에 모순되기는 하지만, 부의 불평등한 분배가 여전히 전체의 행복을 극대화할 수 있다. 그럼에도 벤담의 논리에는 기본적으로 부를 공평하게 분배할수록 사회 전체의 효용은 극대화될 가능성이 높다는 가정을 함축하고 있다. 벤담이 교육의 중요성을 강조하는 것은 이 때문이다. 물론 그는 보수주의자의 선구자인 버크처럼 귀족 가문 출신을 절대적으로 강조하지는 않는다. 하지만 벤담을 비롯한 자유주의자들은 부유한 사람들이 행복에 더 적극적으로 반응한다고 보았으며, 그 원인이 바로 교육에 있다고 보았다. 그러므로 가난한 사람들의 부에 대한 반응 능력을 향상시킨다면 사회 전체의 효용이 더욱 높아지는 결과를 가져올 것이다. 이는 최대행복을 추구하는 데 있어 이제 교육 정책이 엄청난 함의를 갖고 있음을 의미한다. "가난한 사람들을 교육하라. 그러면 그들은 부유한 사람들보다 부를 즐기는 능력에 있어 반드시 열등하지 않을 것이다." 물론 벤담은 모든 사람들의 부에 대한 반응 능력을 분석하고 향상시키기 위해 노력하는 정부를 적극적으로 묘사하거나 지지한 것으로 보이지는 않는다. 오히려 벤담은 자본주의 체제 안에는 불평등이 있을 수밖에 없으며 다만 어느 정도 감소시킬 수 있다고 생각했다.

④ 안전: 벤담은 위의 세 가지 목적을 달성하기 위해서는 사유재산의 안전이 가장 중요하다고 강조한다. 이를 위해 정부는 재산의 안전과 시장제도에 도전하는 세력들의 위협을 막아내야 한다. 때문에 우리는 가장 강력하고 절대적인 정부의 목적을 인정하게 된다. 시장과 재산의 안전이 가장 근본적으로 중요하다. 만약 불평등을 줄이기 위해 사유재산을 침해한다면 부의 소유자들은 불안해할 것이며 이는 투자의 축소와 자본 축적의 위태로움을 야기한다. 투자와 자본 축적의 감소는 실업, 물가상승, 경제적 불황, 기아 등으로 이어질 것이다. 반대로 재산의 안전한 보호는 기업가 정신을 자극하고 경제성장을 촉진하며 실업과 물가상승률을 낮추고 투자

를 위한 자본축적을 촉진할 것이다. 보호와 안전이라는 가치는 평등의 가치에 앞서며, 이는 평등과 안전의 가치가 충돌할 경우 공공정책이나 법률은 사유재산과 재화의 보호를 우선시해야 함을 가리킨다. 결과적으로 벤담의 요지는 그가 평등주의적 개인주의를 반대하지는 않지만, 그것은 물질적 풍요를 보장하는 안전과 충돌하지 않는 경우에만 해당된다는 것이다. 그런데 이는 역사적인 사실과 부합하지 않는 측면이 있다. 즉, 관행적인 재산세 및 부의 분배가 불안정할 때 오히려 생산성이 증가하여 국가 경제가 발전하는 경우도 존재하기 때문이다. 예컨대, 봉건주의가 자본주의에 역사적 지위를 양보했을 때 대토지 지주들과 귀족들은 재산 보호에 대한 심각한 불안을 느꼈고 제도적으로 부의 분배가 요동쳤다. 지주들은 몰락했고 자본가가 새로운 부의 소유자로 등장했다. 그러나 이 시기에 생산성은 더욱 높아졌고 더 많은 부가 창출되었고, 전반적인 경제적 조건도 향상되었다. 그러므로 평등을 향한 운동이 반드시 부의 확장에 부정적인 영향을 끼치는 것은 아니다. 또 다른 한 가지 문제는 벤담은 부와 행복을 동일시하여 가정해 왔지만, 이를 반드시 사실이라고는 할 수 없다는 점이다. 예컨대, 낮은 생산성을 가졌지만 부의 분배가 훨씬 더 평등하게 이루어진 사회가 높은 생산성을 가졌지만 덜 평등하게 분배된 사회보다 전체 행복이 더 높을 수도 있다. 중국과 인도 사이에 낀 남아시아의 작은 내륙국, 부탄이 생산성은 낮지만 행복지수가 높은 경우이다. 결과적으로 모든 것은 부와 행복에 대한 사람들의 생각에 달려있다.

존 스튜어트 밀은 벤담의 결론에 대해서 만족하지 않았다. 벤담과 제임스 밀의 사상은 분명히 근대 산업자본주의에 부합하는 소극적 민주주의 모델에 부합한다. 무제한의 이익과 욕망을 추구하는 개인들이 대중 소비자 집단으로서 개인적 쾌락 충족을 극대화하는 데 전념하는 사회의 모습이 두 사상가가 추구하는 모델이기 때문이다. 이런 자유주의적 자본주의 민주사회에는 국민의 덕성이나 지적 훈련, 자기 계발, 참여의 가치가 개입될 여지가 없다. 그래서 공리주의의 질적인 발전을 이룩한 존 스튜어트 밀은 다음과 같이 단언했다. "억압이 시(詩)만큼 가치가 있는가? 배고픈 소크라테스가 배부른 돼지보다 덜 존경받는가? 아니다." 시민들의 역할은 욕망 충족의 시장에 한정되지 않는다. 시민들을 위하는 보다 근본적인 방법은 좀 더 자유롭고 평등하며 안전하고 건강한, 평화로운 삶을 영위할 수 있는 공동체의 도덕적 기반을 가꿔가는 것이다.

자유주의의 사회적 기반을 확장하고자 했던 존 스튜어트 밀은 『대의정부론(Considerations on Representative Government)』에서 최선의 정부를 논하며 정치체제에서 "사회구성원들의 덕성과 지성을 증진시키는" 정부를 높이 평가했다. 그는 (당시로서는 매우 진보적이게도) '여성에게도 평등한 참정권이 주어져야 하고 노동자들에게도 공정한 교육의 기회가 부여되어야 하며 언론·출판·집회·결사의 자유뿐만 아니라 사상과 예술의 자유가 보장될 때, 공적 토론의 질이 향상되어 좀 더 나은 진리 위에 굳건하게 뿌리를 내린 정치공동체를 수립할 수 있다'고 주장했다. 이처럼 다수 국민의 자기개발을 통한 질적인 발전을 강조하는 존 스튜어트 밀의 민주주의를 발전적 민주주의(Developmental Democracy)라고 부른다.

(3) 초기 공리주의와 민주주의

자유주의적 자본주의 기반 질서에 민주주의가 접목될 수 있다는 벤담과 제임스 밀 등의 초기 공리주의자들의 핵심 주장은 다음과 같이 정리할 수 있다.

① 공리주의는 윤리적 가정을 가지고 있다. 모든 개인은 그들의 행복을 인식하고 촉진하는 데 있어 동등한 심리적 능력을 가지고 있다. 만약 우리가 모든 개인이 자신의 행복을 위한 요구를 표명할 평등한 기회가 부

여되어야 한다는 것에 윤리적으로 동의한다면, 그리고 각 개인이 그들 자신의 이익을 가장 잘 알고 있다면, 이러한 기본적인 심리적, 윤리적 가정에 완벽하게 맞는 유일한 정치 체제는 정치적 평등(대표적으로 보통선거권)에 기초한 체제이다. 오직 정치적 평등에 기반해서 각 개인은 자신의 행복을 극대화시키기 위해 공동체의 공적인 삶에 참여할 수 있고 적합한 법에 합의하여 통과시킬 수 있다. 따라서 보통 선거권은 공리주의적 행복론의 근본적인 가정에 부합하는 유일한 통치체제 구성원리로써 올바른 정부의 조건이다. 보통선거권에 기반한 민주주의보다 취약한 정치체제에서, 소외된 개인이나 집단은 정치적, 윤리적 평등권을 갖지 못해 자신의 행복을 극대화하기 어려울 수 있다. 하지만 이와 같은 주장은 굉장히 높은 수준의 추상을 바탕으로 하는 명제이기에 다음과 같은 보다 세밀한 이해와 조정이 필요하다.

② 모든 사람은 자기 이익을 추구하면서 상호의존적으로 상호연관되어 있다. 개인의 목표를 이루기 위한 활동은 다른 사람을 필요로 하며, 이는 타인에게 이익이 될 수도, 고통이나 해악이 될 수도 있다. 만약 정부가 소수의 특권층에 의해서만 운용된다면, 그들의 부와 권력, 이익 추구를 위해 통치 기구가 독점될 수 있으며, 이는 전체 인구의 일부에게 불행과 고통을 초래하는 착취의 기반이 될 수도 있다. 그러므로 소수가 장악하는 정부의 잠재적 약탈을 최소화하기 위해 보통 선거권은 기본적인 규칙으로써 보장되어야 한다. 벤담과 밀은 보통선거권 제도가 모든 개인의 동등한 참여를 통해 소수에 의한 약탈적인 정부 운영을 막고, 보다 양심적인 통치 집단을 선출할 수 있는 안정적인 제도라고 주장한다. 독립유공자이자 권위주의 정권에 도전했던 함석헌 선생님이 말씀하신 "정치(선거)란 덜 나쁜 놈을 뽑고 더 나쁜 놈을 도태시키는 과정이야."가 불현듯 생각나는 대목이다. 보통 선거권이야말로 정부의 약탈로부터 각 개인의 자유와 권

리, 사유재산 등을 지키는 유일한 체제이다.

③ 당대 사회의 구성원은 지주 및 귀족 계급, 자본가 계급, 노동자 계급으로 나뉜다. 지주 및 귀족 계급은 그간 축적된 부와 토지를 바탕으로 자신들의 이익을 추구하고, 자본가 계급은 상공업과 교환경제를 바탕으로 자신들의 이익을 추구하며, 노동자 계급은 자신의 노동력을 제공하여 임금을 받는 것으로 이익을 추구한다. 이 가운데 노동자 계급은 자신들의 처우 개선과 임금 상승을 위해 공동체의 운영에 참여하길 원하며, 이는 보통 선거권에 대한 요구로 나타난다. 거리와 공장에서 단결을 바탕으로 구성된 차티스트 조직(Chartist Organization)을 통해 노동자들은 보통 선거권을 위한 청원을 한다. 만약 노동자 계급에게 보통 선거권을 부여하지 않는다면 이들은 아마도 극단적인 혁명을 선택해 체제를 전복시킬 것이다. 자유주의자의 입장에서, 노동자 계급은 아직 이 사회의 주도권을 완전히 장악하고 있지 않다. 따라서, 함께 단결하여 여타 계급에 대항할 수 있는 노동자 계급은 역사적 투쟁에서 승리하기 위한 정치적 동맹의 대상이다. 보통 선거권은 자유주의자들이 정치적 동맹을 위해 노동자 계급에게 제공하는 보상이자, 이들이 극단적 선택을 하는 것을 막기 위한 수단이라 할 수 있다.

④ 노동자 계급에게 바람직한 천부적 지도자들은 자본가들이다. 여기에는 다음과 같은 이유가 제시된다. 첫째, 지주 귀족은 시골농촌 지방의 전통적인 지도자들이다. 그러나 노동자에게 직업을 제공하고 노동을 감독하며 그들의 생활에 관계된 권위를 가진 것은 산업 분야의 지도자인 자본가들이다. 따라서 자본가가 노동자들의 지도자가 되는 것은 자연스러운 일이다. 둘째, 자본가들은 귀족과 달리 상속된 부를 기반으로 하지 않았으며 과거 노동자이거나 낮은 중산층 출신도 많다. 이를 잘 알고 있는 노동자 계급은 귀족들보다 기업가들을 더 신뢰한다. 그러므로 노동자들은

의회에서 사업가들을 지지할 것이다. 셋째, 더욱 근면하고 성실하며 똑똑하고 능력 있는 노동자들은 영세한 자본가나 재산소유자가 될 수 있으며 이들은 자유주의의 우군이다. 넷째, 정치적 활동가 혹은 노동조합의 지지를 조직할 수 있는 야심차고 진취적인 노동자는 관리직으로 승진할 수 있다. 이는 노동자들에게 노력 여하에 따른 신분 상승의 가능성으로, 노동자들에게 사회적 가능성을 제공한다.

제임스 밀은 정부가 보통 부유한 계급의 정부임을 인정한다. 문제는 부유한 집단의 좋은 정부인지 나쁜 정부인지 하는 점이다. 소수의 지주 귀족들과 그들의 상인 친구들에 의해 운영되는 정부는 나쁜 정부이며 소수의 이익만을 추구할 것이다. 그러나 보통 선거권에 의해 절대 다수의 지지를 통해 선출되는 정부는 보다 많은 사람들을 위한 좋은 정부가 될 것이며, 자본가는 노동자들의 천부적인 지도자들로서 다수의 지지를 바탕으로 정부를 구성하게 될 것이다. 그러므로 자본가들은 민주주의의 잠재적 폭민정치화를 걱정할 필요가 없다. 왜냐하면 자본가가 지배하는 자유주의 정부는 다수의 지지를 기반으로 하기에 폭민정치(Mobocracy)가 되지 않을 것이며 그것은 진실로 좋은 의미의 금권정치(Plutocracy: 부유한 소수에 의해서 통치되는 정부)를 수행할 것이기 때문이다.

3) 존 스튜어트 밀(John Stuart Mill)의 개혁적 정치경제학

우리가 다루고 있는 모든 사상가들의 공통된 주제는 민주주의와 자본주의의 조화이다. 벤담과 제임스 밀의 주장에 따르면 자본주의와 민주주의는 양립 가능하다. 동시대에 등장한 자본주의와 민주주의 모델이 그 사례이며, 이는 차후 19·20세기의 정치사회 및 경제를 지배하는 체제로 발전할 것이라 주장했다.

존 스튜어트 밀의 주장은 좀 더 조심스럽고 동전의 양면을 가지고 있다. 존 스튜어트 밀은 자본주의에서 일어나는 수입과 부, 권력의 극심한 불평등을 강력하게 비판하면서도 정치적으로는 지식, 기술, 지혜를 가진 교육적 엘리트들의 특권적 지위와 역할을 옹호했다. 이점에서 밀의 대의 민주주의론은 어떤 점에서 보면 현대판 철인 왕에 비유될 수 있다. 루소적인 측면에서 밀은 재산의 불평등을 양산하는 자본주의가 민주주의에 위협이 된다고 말한다. 그리고 홉스적인측면에서의 밀은 무산자의 전횡을 방지하지 못하는 민주주의는 자본주의에 위협이 된다고 평가한다. 그는 이러한 이중적이고 모순적인 입장 속에서 민주주의와 자본주의 모두를 비판하고 개혁하기를 원한다. 그리고 이러한 사정은 밀의 이론에 대해 통일성과 일관성의 문제를 제기하게 만든다. 그의 이론은 일견 현실적이고 이론적으로 양립할 수 있다. 왜냐하면 두 개의 개혁이 역사 속에서 실제적으로 진행된 바 있기 때문이다. 그러나 당시에 적대적이고 타협하기 힘든 자본주의와 민주주의를 결합시키는 설명을 하는 것은 쉬운 일이 아니었으며, 밀의 이론 역시 한계를 가진다. 하지만 이런 한계에도 불구하고 밀의 이론은 이후 '인간의 얼굴을 한 자본주의'로서, 개혁에 이론적, 실천적 기여를 했다.

존 스튜어트 밀 John Stuart Mill (1806~1873)

영국의 정치철학자이다. 존 스튜어트 밀은 벤담의 제자인 제임스 밀(James Mill)의 장남으로 런던에서 출생했다. 어렸을 적부터 철저한 영재교육을 받은 존 스튜어트 밀은 자유주의와 공리주의를 진일보시킨 벤담 학파의 가장 탁월한 후계자였다.

존 스튜어트 밀의 착상은 방임적 자유주의에 관한 수정이기도 하였다. 밀이 살아간 당대의 풍토는 보통 사람들, 즉 노동자에게 가혹하기에 짝이 없는 환경이었다. 노동자로서는 개인주의를 사상적 기축으로 설정한 자유주의자보다는, 차라리 가부장적인 책임감을 강조하는 온정적 보수주의자가 나은 선택지일 수 있었다. 이러한 조건에서 밀은 자유주의에 '사회'를 도입함으로써, 노동자와의 연대를 포용할 수 있는 사상적 변모를 주도하였다. 우선 밀은 공리 개념의 근간이 되는 쾌락에 대하여 사회성을 주입시켰다. 그는 각각의 쾌락이 질적으로 상이한 수준을 점유하며, 그 수준을 나누는 기준이 사회적 합의를 통하여 만들어진다고 보았다. 공리주의가 사회적 면모를 갖추게 된 결정적 순간이었다.

또한 밀은 가장 중요한 가치에 '사회복지'를 보태었다. 개인은 몰역사적, 혹은 몰사회적인 존재가 아니라 사회적 조건에 의하여 형성되는 행위자로 판단했기 때문이다. 그러므로 밀에게 있어서 입법 및 통치는, 개인을 자유로우며 품위 있는 존재로 만들 수 있도록 사회를 유지 및 개혁을 해야 할 의무가 있었다. 밀은 여성의 권리에 대해서도 강변을 했다. 여성 역시 생물학적인 존재성과는 별도로 존엄성을 보유해야 할 존재로 보았기 때문이다. 밀의 논리가 차분하면서도 설득력을 가졌던 것은 그의 논리를 추동시킨 원동력이 사회에 대한 도덕적 의무감이었기 때문이다.

주요 저서로 「자유론」, 「정치경제학 원리」, 「대의정부론」 등이 있다.

(1) 존 스튜어트 밀의 두 얼굴

루소의 얼굴을 가진 밀은 자본주의가 잠재적이고 실제적으로 민주주의에 해가 된다고 말한다. 왜냐하면 자본주의는 봉건 시대의 불평등을 넘어선 새로운 형태의 불평등을 촉진하기 때문이다. 자본가의 부와 권력에 기반한 새로운 불평등은 봉건적인 귀족적 부와 권력의 불평등에 추가된다는 것이다. 지배계급이 하나가 아닌 둘(산업 부르주아와 귀족적 지주)로 구성되어 있기에 어떤 점에서는 자본주의 사회가 덜 불평등하다는 인상을 줄 수도 있다. 그런 점에서 지주귀족이 독점하던 부를 자본가 계급도 차지한다는 점에서 부의 불공평한 분배는 외견상 완화된 것처럼 보인다. 그러나 토지에 기초한 부는 공급에 있어 다소 고정되어 있는 반면에 자본은 무한한 축적을 가능하게 만들면서 부와 권력, 재산, 자본의 팽창을 증식시킨다. 당시의 자본주의 체제는 그렇게 얻어진 자원들이 소수에게만 축적되고 전유되는 방식을 통해 작동하였다. 겉보기에는 한정된 토지에 기반한 지주들의 봉건사회가 훨씬 더 불평등한 사회인 것처럼 보이지만, 다른 측면에서 본다면, 자본가들은 자본과 노동이 창출한 막대한 부(富)를 끝없이 독점한다는 점에서 자본주의는 불평등을 갈수록 심화시키는 사회로 평가될 수 있다. 자본가가 소유하는 부의 규모와 잠재력은 생산력으로부터 비롯되기에, 봉건적 토지가 산출하는 부와 비교할 수 없을 정도로 높은 것이기 때문이다.

루소적 얼굴을 가진 밀에 따르면 자본주의에서는 부의 편중에 따른 불평등이 항상 존재하며, 이는 민주주의에도 악영향을 미친다. 부와 권력의 편중이 커질수록, 인구의 다수를 차지하는 노동자들은 개인의 재능과 인성, 능력을 연마하고 발전시키면서 공동체의 시민적 삶에 참여하는 것이 더 힘들어지기 때문이다. 밀에게 있어 이러한 개개인의 덕성과 능력들은 민주주의에 필수적인 요소들이다. 그러므로 자본주의 사회의 불평등은 개인의 도덕적, 지적 발전에 나쁜 영향을 줄 뿐 아니라 민주주의를 발전시키고 향상시키는 것을 어렵게 한다.

반면에, 홉스적 얼굴을 가진 밀은 '민주주의가 잠재적으로나 실제적으로 자본주의에 해가 된다'고 말했다. 도시와 농촌에 있는 교육받지 못한 무지한 대중들은 성장을 유지하면서 사회를 조화롭게 조정할 수 있는 통치자 역할에 어울리지 않는다. 만약 선거권이 그들에게까지 확대된다면, 무지한 다수가 근시안적 자신들의 이득에 매몰되어 자신의 정치적 힘을 현명하지 못하게 사용할 수 있으며 당파적, 계급적 법안을 물리적으로 관철시킬지도 모른다. 이러한 계급 법안(Class Legislation)은 지주와 자본가의 이익에 대립적인 법안이며 대중들은 이것을 폭력적인 방법으로 성취할 수도 있다. 그리고 이러한 폭력적인 방법은 사회의 안전과 제도의 연속성에 큰 피해를 준다. 결국 사회는 혼란에 빠지게 될 것이다.

(2) 존 스튜어트 밀의 민주주의 개혁사상

그렇다면 밀이 원하는 민주주의는 무엇인가? 정치적인 측면에서 밀은 지나치게 개입주의적인 국가의 위험성에 대해 경고하면서 비대한 국가 관료의 지배와 통제를 극복하거나 견제하는 방안으로서 강력한 민주주의를 주창했다. 물론 그에게 현실적으로 최선의 정치체제는 지식, 기술, 경험이 부족한 다수 국민의 정부가 아니라 정기적으로 선출되는 대표자들을 통해 궁극적인 통제권을 행사하는 대의민주주의였다. 따라서 밀은 둘 사이의 절충안으로서 점진적인 민주주의 추진을 원했다. 즉, 당장 모든 대중에게 보통 선거권을 부여하는 것을 원하지 않았다. 그가 주장한 선거권을 부여할 수 없는 일부 사람들의 범주에는 읽지도 쓰지도 못하고 간단한 산술조차 하지 못하는 사람들, 채무변제를 못하는 파산자들, 빈민구제를 받는 사람들, 직접세를 내지 않는 사람들 등이 포함된다.

밀은 이상적으로 시민 모두가 동등한 투표권을 가져야 하는 것이 바람직하다고 주장했다. 하지만 현실적으로 지식과 교양과 이성의 발전이 모든 사람들에게 평등한 투표권을 보장하는 것은 아니라고 주장하기도 하였다. 때문에 밀이 원한 것은 차등투표제(plural voting)였다. 반 노동자는 한 표, 숙련된 노동자는 두 표, 상급관리자나 감독관은 세 표, 소유주는 네 표, 대학졸업생은 다섯 표를, 과학과 교육 분야 등을 포함하여 전문적 지식인들(존 스튜어트 밀과 같은)은 여섯 표를 가지는 것과 같이, 투표 권한에 차등을 두는 것이다. 그는 이러한 차등투표 제도를 일시적인 방편으로 제안한 것이 아니라 그 자체로 바람직한 제도라고 주장했다. 밀에 의하면, 무지한 사람은 지식인만큼 동등한 정치적 힘을 요구할 권리가 없다. 그는 또한 자본가들보다 지식인들이 더 많은 표를 가져야 한다고 생각했다. 즉, 밀이 주장한 것은 "교육받은 부르주아들"에 의한 통치이다. 이러한 교육받은 부르주아들은 비즈니스 전문가가 아니라 지적인 활동으로 살아가는 부르주아들이다. 그들이야말로 과거 귀족 가문의 자손들의 역할을 대신해서 정부를 운영해야 한다. 왜냐하면 그들은 단기적인 이익과 좁은 시야를 가진 자본가들보다 장기적인 전망을 가지고 사회 전체적인 요구를 파악하고 반영할 수 있는 뛰어난 통치능력의 소유자이기 때문이다. 궁극적으로 밀이 지향한 민주주의는 지식과 기술이 뛰어난 사람들이 다수 노동자 계급의 맹목적인 이익과 유산자 계급의 협소한 이익을 관리하고 통제하는, 통치 전문성이 보장되는 민주주의이다. 밀은 무지한 대중들이 정부 업무에 관여할수록 효용성이 떨어지고 사회 전체의 전반적인 이익이 감소될 위험성이 크다고 생각했다. 그러므로 국민의 통제권과 효용성의 두 이점을 고려하는 전문가 통치 집단의 대의민주주의가 가장 적절한 정치체제이며, 국민은 투표를 통해 정부에 대한 감시와 통제에 관여할 뿐이다.

질문

지식수준을 고려할 때, 지적 능력은 부르주아 지식인이 높았는지요? 아니면 귀족 지식인들이 높았습니까?

답

과거에는 귀족들이 주로 지식인 사회를 이루었습니다. 그러나 부르주아들의 부와 권력이 확장되면서, 점점 더 많은 부르주아 가문의 아들과 때로는 딸들이 옥스퍼드나 캠브리지에 가게 되었고 대학교육을 받게 되었습니다. 그래서 밀은, 훗날 케인즈가 교육받은 부르주아라고 부른 사람들의 역할과 발전을 고대하였습니다. 그리고 이들은 점차 오래된 귀족들과 경제적 부와 권력에서뿐만 아니라 정부에 영향력을 행사하는 데 있어서도 경쟁하였습니다.

나아가 밀은 양원제 설립을 주창했다. 그에 의하면 단순히 지역구 대표나 단순 다수제의 선거제도로는 현명한 민주주의를 실현할 수 없다. 또한 이런 선거제도하에서는 높은 지성과 덕성을 가진 인물보다는 지역에서 영향력이 있거나 돈이 많은 사람만이 당선될 수 있다. 밀은 이러한 대의제의 결점을 제도의 보완을 통해 해결하고자 하였다. 밀은 하원과 달리 상원의 덕스럽고 현명한 사람들의 역할을 강조했다. 과거처럼 상원이 단순히 세습귀족들로 채워져 폐쇄적인 계급 이익을 보호하는 기구로 작동해서는 안 되고, 오랜 공직 경험을 가지거나 저명한 학식을 가진 사람들로 이루어진 기구가 되어야 한다고 주장했다. 그가 바람직한 예시로 드는 것은 로마의 원로원이다. 이러한 상원은 맹목적인 계급적, 당파적 이익이나 수적 다수의 이익에만 부합하는 나쁜 정책을 견제하고, 국가 전체의 이익과 공공선을 추구하는 기관으로 작동할 수 있을 것이라는 점을 강조했다.

또한 밀은 의회에서 법안을 만드는 데 입법자(대표)들이 모든 것을 담당해서는 안 된다고 강조하며, 부르주아 지식인들로 구성된 전문가 집단이 법안의 내용연구를 하고 구체적인 법안을 제안해야 한다고 하였다. 입법자들은 입법의 취지나 목표, 아이디어 등을 중심으로 활동해야 하며, 국민의 대표들은 입법의 세부 사항을 관리하거나 통제하려고 해서는 안 된다는 것이었다. 오히려 소수의 훈련된 지식인 관료들이 공정한 방법으로 법률을 작성하고 관리, 제안하는 업무를 해야 하며 입법자들은 투표를 통해 적절한 법률안을 선택해야 한다고 하였다. 그의 이러한 절차는 사실 오늘날의 의회의 역할과 근본적으로 다르지 않다.

밀은 국가적 차원의 교육프로그램을 매우 강조했다. 맬서스(Thomas Malthus) 역시 노동자들에게 도덕적 절제에 대해서 교육하기를 원했고 어떤 사상가들은 부자들을 교육하는 것이 중요하다고 생각했던 반면에 밀은 인구 전체를 교육하기를 원했다. 교육을 통해서 노동자 계급이 부르주아가 되지는 않겠지만 그들은 교육을 통해서 덜 무지해지고 이성과 관용의 미덕을 더 배울 수 있게 되어 계급적, 당파적 법안을 관철하는 다수의 독재를 행하지 않을 확률이 높다.

질문

밀은 노동자들을 더 나은 시민으로 만들기 위해서 교육을 받아야 한다고 주장한 것입니까?

답

부분적으로는 맞습니다. 노동자들을 자본주의와 민주주의 질서와 규율에 충실하도록 만들기 위한 분명한 목적이었습니다. 교육을 통해 자본가에 고용된 노동자로서의 의무, 그리고 시민의 능력과 의무를 강조했습니다. 밀은 또한 어떻게 노동자들이 자본주의 규율을 습득해야 하는지에 대해 일군의 아이디어를 가지고 있었습니다.

---

(3) 존 스튜어트 밀의 자본주의 개혁사상

다음으로 밀이 원하는 자본주의는 무엇인가? 밀은 토지귀족과 지대에 대해 매우 비판적이었기 때문에 "지주들은 잠잘 때뿐만 아니라 깨어 있는 동안에도 일하지 않고 위험을 감수하지도 않으며 경제활동을 하지 않고도 점점 부자가 된다."고 말했다. 밀은 중요한 공적 목적을 위한 토지의 사회적 소유권을 지지했으며 지대에 대한 강력한 과세가 필요하다고 주장했다. 그는 토지 공급의 수직적 특수성을 강조했다. 토지 소유자가 받는 지대에 비례하여 세금을 부과해도(가,나,다,라) 토지의 양 즉, 지대는 여전히 동일하다(마,가,나,바)(그림 3-1). 그래서 사회 전체적으로 피해는 없다. 단지 지주들의 지나친 이익이 다소 감소할 뿐이다. 그런데 밀은 비슷한 방식으로 자본가들에게 세금을 부과하는 것에는 반대했다. 왜냐하면 그는 자본을 수직적이고 경직된 성격이 아니라 오히려 양적 탄력성을 가진 자본의 특수성을 강조했기 때문이다. 자본가의 이익은 특수성을 갖는다. 자본가들은 이익이 더 높아질수록 자본가는 더 많은 자본을 축적하는 동시에 더 많은 자본을 투자에 활용한다. 동시에 이는 다시 잠재적 투자를 높이면서 생산성을 높이게 된다. 생산성을 위축시킬 수 있는 세금 부과는 사회 전체의 경제발전에 해가 된다. 그러므로 소득세는 자본주의 개혁을 위한 제안에서 예외이다. 비록 그가 사회적 개혁자유주의를 창립한 것으로 평가받지만 그는 소득세에 반대했으며 임금이 올라가면 고용주들은 더 적은 수의 노동자를 고용할 것이고 실업을 증가시킬 것이기 때문에 최저임금도 옹호하지 않았다.

그림 3-1 밀의 지대에 대한 변론

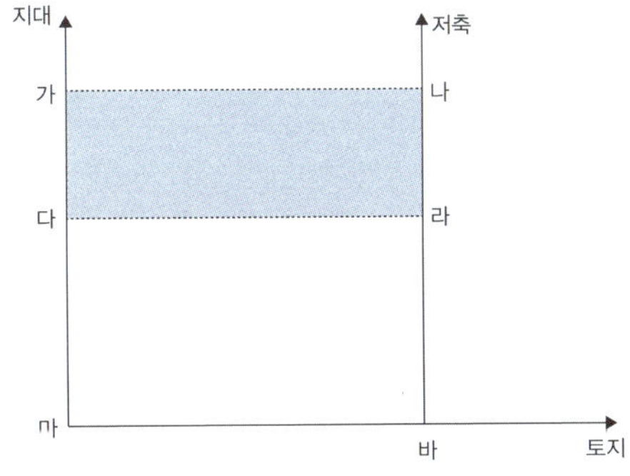

질문

밀의 자유주의는 오늘날의 보수주의와 비슷한가요?

답

아니요. 밀은 보수주의를 넘어섭니다. 비록 최저임금과 소득세에 관해 보수적인 측면이 있지만 그의 사회적 개혁자유주의는 분명히 고전적 자본주의를 수정하는 성격을 가지고 있습니다. 다만 애매한 사회개혁 자유주의자입니다.

질문

소득세를 지지하지 않는 밀의 논리는 무엇입니까?

답

소득세는 부자들의 저축의 기초이며 투자의 기초이고 경제 성장의 기초인 소득에 세금을 부과하는 것입니다. 만약 우리가 소득에 세금을 부과하게 되면, 이는 비례적인 세금부과가 되며 모험적인 기업가의 사업의지를 위축시키리라는 것입니다. 또한 공평한 과세 기준에서 볼 때에도 부유한 사람들에게 빈민에 비하여 너무 많은 세금 부담을 부과하는 것은 공평하지 못한 조치라는 것이고 이는 경제의 성장을 더디게 만들 것입니다.

자본주의를 개혁하기 위한 밀의 또 다른 제안은 자유방임주의에 대한 입장에 있다. 밀은 일반적으로 자유방임주의의 좋은 점을 이야기하며 논의를 전개한다. 예를 들어, 시장의 구체적이고 지엽적인 환경과 그에 따른 대응책을 정확하게 알고 있는 것은 규제나 지도의 주체인 국가와 정부가 아니라, 시장에 참여하는 개인들이다. 그들은 선택을 통해 책임을 쥢으로써 개인의 도덕적, 지적, 실천적 자질과 덕을 발전시켜 나간다. 때문에 사적 영역에 국가가 개입하는 것은 바람직하지 않다. 더군다나, 사람들이 국가의 지시에만 따를 경우 자율성의 미덕을 위축시켜 의존감이 커지면서 자유주의가 위태로워질 수 있다. 이러한 이유로 인해 밀은 자유방임주의를 옹호한다.

때문에 밀은 사회 전체의 방대한 정보를 수집하여 모든 자원과 노동을 분배하는 중앙권력 중심의 사회주의나 전제권력을 단호하게 비판했다. 이것은 규범적으로는 "자신의 운명에 대한 잠재적 선택권을 빼앗는 것"일 뿐만 아니라 공리주의적 관점에서 "자신의 선택과 활동에서 얻는 최대한의 유익한 결과를 향유하는 조건"을 부정하는 것이기 때문이다. 그러므로 개인의 자유와 권리 그리고 경제 일반에 대해 정부는 최소한으로만 관여를 해야 한다는 점에서 밀은 분명히 자유주의자였다.

그러나 밀은 자유방임주의에 대한 이런 원칙에서 예외적인 사항들로 사십여개에 이르는 많은 목록을 제시한다. 특히 그는 『정치경제학 원리(The Principles of Political Economy)』에서 자유방임 경제원칙에는 많은 예외가 필요하며 또 모든 노동자들은 생산수단의 소유와 통제가 제공하는 교육적 효과를 경험해야 한다고 주장했다. 이런 논리는 밀의 사상이 가진 특유의 절충주의적인 접근을 보여준다. 예컨대, 배의 항해를 돕는 등대를 유지하는 일은 자유방임적 시장의 이익에 맡겨서도 안 되고 맡길 수도 없다. 이 외에도 정부는 시장 원리에 맡길 수 없는 많은 공적 재화(예를 들어, 탐사나 지리적 발견을 위한 탐험)를 제공하기 위해 세금을 걷고 사용해야 한다. 밀은 노동조합의 경제적인 부작용도 지적했지만, 동시에 노동자에 우호적인 법률도 주창하였다. 대표적으로 노동자들이 자신들의 목소리를 전달할 수 있는 소통장치인 조합을 만들 수 있는 권리를 지지하였다. 이처럼 밀이 자본주의의 부작용을 완화하기 위해 제시한 조항과 법률들은 스미스, 리카도 혹은 다른 고전주의 사상가들이 제시한 예외조항보다 훨씬 더 많다. 또한 밀은 자본주의 경제가 양산하는 불평등의 일부를 개선하기 위한 다수의 중요한 수단들 또한 제시했다. 이러한 모든 수단들이 합쳐진다면, 자유방임 자본주의와는 상당 부분 다른 수정자본주의 혹은 사회 개혁적 자본주의 혹은 복지자본주의라고 불리는 어떤 다른 체제가 될 수 있다.

그러나 밀에게는 자본주의를 넘어서는 중요한 논의가 하나 남아 있다. 이 논의는 자본주의를 질적으로 전혀 다른 사회·경제적 조직원리로 변모시키기 위한 것이다. 그는 순수한 자본가 기업의 위계적 조직체계와 지배권력의 문제에 대해 노동자들의 협동조합들이 더욱 고귀한 해결책이 될 수 있다고 믿었다. 누군가는 자본주의 체제에서 기업 조직이 더 효율적이기 때문에 협동조합들은 결코 살아남을 수 없을 것이라고 비판할 수 있다. 협동조합은 일반 기업보다 더 낮은 이윤율에 만족할 수 있기 때문에 장점을 가질 수도 있지만 기업과의 경쟁에서 결국 도태될 것이다. 그러나 밀은 협동조합 기업이 일반 기업보다 심지어 더 효율적이고 생산적이 될 수 있다고 주장한다. 협동조합에서는 노동자들이 사업에 직접적인 지분을 가지고 있기 때문에 그렇지 않은 사람들보다 더욱 열심히 일할 것이라는 점 때문이다.

자본주의 기업 이윤의 가장 큰 원천은 노동자들에게 힘든 장시간 노동을 강제하는 것이다. 반면 밀은 협동조합의 장점으로 노동자들이 자발적으로 더 열심히 일할 수 있다는 점, 또한 자유롭게 선출된 조합대표자들의 민주적 결정이 작업을 더욱 효율적으로 만들 수 있다는 점을 주장하였다. 이러한 요소들은 위계적인 형태에서는 도출할 수 없는 노동자들의 도덕적, 지적, 실천적 발전과 재능과 잠재력의 육성을 촉진하고 실현할 수 있기 때문이다. 또한 노동자들이 이익을 관리하고 통제하므로 부자들의 사치스러운 소비보다는 검소한 기업가 정신으로 저축과 투자를 하여 자신과 사회 전체에 많은 이익을 가져다줄 것이라고 주장한다. 이에 기반하여 밀은 교육의 확대와 새로운 노동자 협동조합의 설립 가능성을 높이는 일이 다수 노동자가 교육에 있어 덜 불평등해지고, 부와 권력과 소득에 있어서의 불평등을 줄일 수 있으며, 장기적으로는 부의 불평등 완화를 가능하게 만들어 소득과 부를 추구하는 기회의 불평등도 감소될 것이라고 믿었다.

그러므로 밀이 구상한 자본주의 체제에서는 노동자들이 기업에 대한 통제권을 점진적으로 가져오게 될 것이다. 자본가들은 자발적인 의사체로서 강점을 가진 협동조합과의 경쟁에서 점차적으로 뒤처지게 되면서 자신들이 시장에서 도태되고 있다는 것을 발견하게 될 것이다. 그리고 시장에서 이익과 관련된 채권을 좇기보다는 그들의 기업을 자신의 연금과 교환하는 것이 현명하다고 깨닫게 될 것이다. 결국 산업 자본가 혹은 금융자본가들은 점차 사라지게 될 것이다. 궁극적으로는 생산과 유통, 판매, 소비를 이끌면서 경쟁하는 노동자 협동조합의 사회만이 남을 것이다. 하지만 이를 밀이 사회주의 경제체제를 옹호한 것으로 받아들여서는 곤란하다. 밀이 강조하는 것은 어디까지나 시장 경쟁 체제이기 때문이다. 밀은 시장 경쟁을 적대시하는 사회주의는 독점적인 국유기업만 양산하기에 발전이 없을 것이라고 생각했으며, 그가 주장하는 경제체제에서는 경쟁과 시장경제 그리고 사유재산의 유지가 핵심 관건이 된다.

질문

만약 이러한 엘리트 노동자들의 협동조합이 생겨나면 경쟁을 통해 기존에 구성된 엘리트 협동조합이 다른 협동조합들을 밀어내지 않을까요?

답

그럴 수도 있습니다. 그런데 인구의 절대 다수가 재산이 없는 고전적 자본주의 경제에서는 소수의 유산자와 다수의 무산자 계급의 극단적인 갈등상태를 벗어날 수 없습니다. 그런 자본주의에서는 노동자들이 협동조합을 설립할 수 있는 위치도 아니기 때문입니다. 물론 협동조합이 활성화된다면 협동조합간의 불평등이 커질 수 있고 따라서 어떤 노동자들은 기존의 협동조합을 탈퇴하고 더 부유한 협동조합에 가입할 것입니다. 시장의 경쟁에서 뒤처진 협동조합들은 사라지게 될 수 있습니다. 이렇게 되면 더 부유한 노동자 협동조합은 하나의 새로운 자본주의 계급을 형성하게 되고 자본주의의 고유한 불평 등이 다시 부활할 수도 있습니다.
그런데 밀은 이러한 일이 일어나지 않을 것이며 노동자 협동조합이 새로운 경제체제를 만드는 미래의 파도가 될 것이라고 전제하였습니다. 물론 그는 노동자 협동조합의 사회가 완전히 평등한 사회가 될 것이라고 생각하지 않았습니다. 그러나 자본주의 사회의 매우 큰 불평등이 감소할 것이며 결과적으로 민주주의가 그런 경제체제를 위협하지도 않게 될 것이라고 보았습니다. 투표권을 가진 노동자들은 또한 생산수단을 소유하고 통제할 수 있습니다. 그래서 민주주의라는 정치적 측면과 사유재산이라는 경제적 측면이 더 이상 서로에게 위협적이지 않게 됩니다.

그러나 밀의 이런 구상에 대해서도 여러 가지 측면에서의 비판이 존재한다. 첫째, 이상주의적이다. 현실 자본주의에서 자신의 재능과 잠재적 지적 능력을 연마하고 발전시킬 수 있는 실질적인 기회가 가능할까에 대한 의문을 제기한다. 불평등한 자본주의 사회에서 노동자들이 그런 능력을 발전시킬 수 있는 기회나 교육을 받기가 힘들다는 것이다. 따라서 그런 능력을 가진 노동자들의 협동조합 역시 활성화되기 힘들 것이다.

둘째, 노동자 협동조합들에 대한 밀의 논의를 제외한다면, 밀의 자본주의 개혁론은 자본주의에 대한 부분적인 수정에 한정되어 있다. 즉, 개혁적 성격이 약하다는 점이다. 그러나 이런 비판은 과도한 측면이 있다. 비록 밀의 개혁사상이 사회주의는 아니었을지라도, 자본주의와 민주주의 개혁이 수렴될 수 있는 하나의 방향성을 시사했다는 점은 여전히 중요하다. 사실 노동자 협동조합들은 존 스튜어트 밀의 시대 이래로 계속 확대되어 왔으며 많은 사회개혁 자유주의자들은 협동조합이 미래의 물결이 되기를 희망했다. 때문에 만약 노동자 협동조합을 설립하는 수준까지 자본주의를 수정한다면, 민주주의와 자본주의의 대립은 완화될 것이며 계급 간, 계층 간 갈등 역시 축소될 것이다. 이를 통해 자본주의의 가장 해악인 계급구조와 부와 권력의 심각한 불평등이 상당부분 해소될 수 있기 때문이다. 물론 자본주의의 핵심적 요소들, 사유재산권과 시장경쟁 경제는 여전히 남아 있다. 그럼에도 밀이 구상한 시장경제에서 노동자들은 협동조합을 통해 자본주의를 통제할 수 있기 때문에 민주주의와 자본주의는 공동의 방향성을 향해 수렴될 수 있을 것이다. 최소한 그것은 극단적인 불평등을 양산하고 정당화하는 고전적 자본주의 사회의 형태는 아닐 것이다.

질문

사회주의자 입장에서, 협동조합 모델도 부유한 협동조합이 대출을 통해 이자수익을 올린다면 착취는 존재한다고 볼 수 있을까요? 그리고 시대적으로 밀이 케인즈의 주장을 인지하지 못했기 때문에 실업과 거시 정책들의 문제를 예견하지 못한 건가요?

답

두 번째 질문과 관련하여, 밀은 거시적인 경기순환이 있다는 것을 인지하고 있었습니다. 그러나 그는 경기 악순환을 빠져나올 통화나 재정정책에 대한 아이디어는 발전시키지 않았습니다. 그래서 그는 불황에 대하여 19세기적 태도를 견지하고 있습니다. 우리 역시 20세기의 문제에 직면해서 20세기 해결 모델을 알아볼 수 있습니다.

첫 번째 질문과 관련하여, 밀은 노동자 협동조합들이 자본가 기업들보다 더 우월한 경쟁력을 가질 것이며, 따라서 자본가 기업들이 경쟁에 뛰어들기보다는 자신들의 연금을 위하여 기꺼이 그들의 기업을 노동자 협동조합에 팔 것이라고 생각했습니다. 자연스레 은행들은 점차적으로 사라질 것이라고 보았습니다. 왜냐하면 협동조합은 그들 스스로 재정적 지원을 할 수 있기 때문입니다. 그러므로 산업 자본가뿐만 아니라 금융 자본가들도 사라질 것입니다. 만약 이것이 현실이 아니라면, 만약 금융 자본가들이 계속하여 만연한다면, 마르크스는 분명히 금융 자본가들이 계속해서 노동자 협동조합을 착취할 수 있으며, 금융 자본에 기반한 불평등이 있을 것이라고 주장하였을 것입니다. 물론 다른 노동자 협동조합을 착취하는 노동자은행 협동조합도 배제할 수 없습니다.

존 스튜어트 밀의 논의가 담고 있는 함의는 민주주의가 자본주의를 제한할 수 있고 반대로 자본주의가 민주주의를 좌절시킬 수 있다는 것이다. 밀은 민주주의와 자본주의가 서로를 좌절시킬 수 없다는 벤담과 제임스 밀에 동의하지 않았다. 그러므로 밀은 자본주의와 민주주의가 모두 개혁되는 방향으로 나아가야 서로가 서로를 제약하지 않을 수 있다고 주장했다. 그가 궁극적으로 구상한 사회는 노동자 협동조합 중심의 사회, 혹은 최소한의 민주적이고 사회적인 개혁을 통한 자본주의 사회이다. 밀의 계승자들은 이런 사회철학을 발전시켜 민주적 과정을 통해 자본주의 사회를 개혁하는 기획을 만들고자 하였다.

밀의 계승자들은 밀보다 더욱 민주주의의 중요성을 강조하면서 민주주의가 더욱 확장된 사회모델을 원했다. 즉, 노동자들이 준비가 될 때까지 민주주의를 유보하지 말고 민주주의를 급진적으로 개혁하고 확장하면서 자본주의를 개선하는 기획을 추진했다. 이러한 입장을 가진 사람들은 때때로 사회적 개혁자유주의자들(social reform liberals)로 불렸다. 그들은 자유방임주의와 개인주의 그리고 사회주의 사이에 중재선을 놓으려고 노력했다. 또한 민주주의에 대한 자본주의의 위협을 해결하기 위하여 계급갈등은 나쁜 정치라 간주하면서 정당과 시민사회의 역할과 기능을 통해 유산자와 무산자 사이를 중재할 수 있다고 주장하였다.

밀의 등장 이후 다양한 관점이 새롭게 부상하였다. 특히 미국에서는 로시터(Clinton Rossiter)가 자유방임 보수주의(Laissez-Faire Conservatism)라고 부른 관점을 발전시켰다. 자유방임 보수주의는 고전적 자유주의로부터 많은 아이디어를 가져왔는데, 경쟁, 자기 이익, 경제적 인간의 개념과 자본 축적의 중요성 등을 배타적으로 강조했다. 그러나 자유방임 보수주의는 전통과 위계질서를 존중하는 보수적인 관점을 가지고 있기에, 고전적 자유주의와 고전적 보수주의 사이의 이상한 혼합물로 평가받기도 한다. 자유방임 보수주의는 버크적인 전통적 사회질서를 유지하고 보존하고자 원한다는 측면에서 보수주의적이지만 신흥계급의 시장경제를 지지하면서 위계적인 사회질서를 지지하는 모순적인 내용을 동시에 갖고 있다.

경제적으로는 시장자율성, 정치적으로는 작은 정부, 사회적으로는 전통적 도덕가치를 지지하는 특징을 가지고 있다. 대표적으로 1980년대 '레이거노믹스'로 알려진 레이건 정부의 감세 및 규제완화 정책과 전통적 가치를 결합한 노선이 있다. 하지만 규제완화와 감세로 양극화가 심화되었고 복지 축소로 사회 안전망이 약화되고 시장자율에 맡기면서 시장실패에 대한 대응이 늦어 금융위기, 환경파괴에 효과적으로 대처하지 못했다는 비판을 받는다.

벤담과 밀의 철학적 급진주의자들과 고전적 자유주의자들은 산업자본주의가 막 등장하고 보통선거권 민주주의가 단지 하나의 아이디어였을 시기에 활동했다. 이러한 맥락에서 산업자본주의의 우위를 주창한 사람들은 자유주의자들이었다. 그리고 자본주의를 민주적으로 수정해야 한다고 주장한 사람들은 급진주의자였다. 그럼에도 이들은 모두 당시로서는 개혁주의자에 속한다고 볼 수 있다.

18, 19세기의 자유주의(산업주의)와 급진주의(민주주의)의 선도적 이념 사이에서 19세기 후반에 등장한 자유방임주의 보수주의자들은 역사적으로 첫 번째 우파로 평가받는다. 실제로 자유방임주의 보수주의자들은 사회적 개혁자유주의자들이 정부의 다양한 제한적 규제와 통제를 지지하여 산업혁명을 좌절시키고 사회 개혁을 통하여 사회주의와 공산주의를 지지한다고 비난하면서 이들의 행태가 민주주의를 좌절시킨다고 주장하며, 자신만의 언어로 최소 민주주의를 지지했다. 흥미로운 것은 밀의 계승자들을 통해서 사회적 개혁자유주의가 민주주의의 주류가 된 시대에서, 어떻게 동시에 자유방임주의 보수주의가 19세기의 중요한 사회철학으로 등장해 실제적인 영향력을 행사할 수 있었는지, 로시터가 말한 것과 같이 "미국적 삶의 방식(the American Way of Life)"으로 대등한 영향력을 행사할 수 있었는가이다. 한편에서는 자유방임 보수주의자들이, 다른 한편에서 밀의 계승자들에 의한 개혁적 민주주의가 동시에 존재하고 있었다는 사실은 보다 더 고찰해야 할 문제라고 할 수 있다.

Ⅳ.

미국 건국의 아버지들과 그들의 생각

Ⅳ. 미국 건국의 아버지들과 그들의 생각

1 시대적 특성과 신대륙의 정치경제적 상황

독립 전 미국의 모습은 어땠을까? 비슷한 역사적 맥락을 공유하고 있지만, 식민지 모국인 영국과 미국은 대서양에 의해 분리되어 있을 뿐만 아니라 전혀 다른 정치경제적 그리고 사회적 특징을 가지고 있었다. 무엇보다도 종교의 자유라는 이상을 찾아 신대륙을 선택하였기에 영국과는 다르게 전통과 관습적으로 이어진 역사적 경로의 의존성 없이 새로운 사회를 구성했다는 근본적인 차이점이 존재한다. 우선적으로 영국과 미국의 상이한 특징에 초점을 맞추어 건국 과정에서 연방주의와 반연방주의 논쟁을 이끈 대표적 사상가이자 정치인인 제퍼슨(Thomas Jefferson)과 해밀턴(Alexander Hamilton)의 사상을 살펴보자.

두 국가 간의 첫 번째 중요한 차이점은 상이한 경제구조이다. 영국은 노동력은 풍부했지만 생산 활동을 하기 위한 토지는 매우 제한되어 있는 섬나라로서 토지의 희소가치를 놓고 계급 간, 세력 간 이해관계가 복잡하고 첨예했다. 정복자 윌리엄(William the Conqueror)의 침략으로 1066년 이후로 노르만(Norman)들이 대부분의 토지를 독점하였기에, 소규모 생산의 농민들을 위한 토지는 상대적으로 매우 적었다. 토지를 가진 귀족들은 리카도가 지주라 불렀던 계급이 되어 땅을 소작농들에게 임대해 주거나 혹은 노동자들을 고용해서 사업을 추진할 자본가들에게 사업부지로 임대해 줌으로써 막대한 지대(地代)를 차지하였다. 대부분의 토지를 소유한 귀족들은 지대를 바탕으로 부를 축적할 수 있었고, 이는 다른 계급들과의 경제적 불평등을 형성하고 귀족이 경제적 지배계급이 되는 구조를 굳건하게 만들었다. 세습적이고 구조적인 재산 불평등의 기반이 되는 봉건제 사회가 된 것이다.

반대로 미국 식민지에는 노동자 규모에 비해 엄청나게 넓은 땅이 있었다. 초기 식민지 정착지는 동남부로 편중된 13개 주였고 서쪽으로는 미국 토착민(Native American)들이 살고 있는 광활한 미개척지로 남아 있어, 토지 독점 및 임대 현상은 거의 없었으며 지대 역시 경제적인 비중이 거의 없었다. 광활한 토지에 기반하여 미국에서 농업은 생산 활동의 지배적인 양식이 되었다. 남부지방의 토지는 상대적으로 평지였기 때문에(관리자들은 많은 농업노동자들이 일하는 것을 수월하게 감시할 수 있었다), 대단위 농업 생산이 가능한 대규모 농장들이 많았으며 동북쪽과 서쪽에는 산악 지대가 많았고 그 지역의 농장들은 소규모였다. 식민지 미국에서 사회구조와 토지 이용은 이러한 지리적 특성에 기반하여 형성되었다. 물론 모두가 평등하게 토지를 소유한 것은 아니었으며, 더 많은 토지를 소유한 사람들도 존재했다. 예를 들어, 워싱턴(George Washington)이나 매디슨(James Madison)은 넓은 토지를 소유한 지주가문 출신이었다.

지정학적으로 남부는 대규모 농장들로 농장주(Southern Planter)들을 위해 일하는 노예 노동력에 의해서 운영되었다. 반면에 산악지대가 많은 북부는 상업과 제조업(New England Merchant)이 발달하게 되었다. 그 외 다른 지역은 작은 소규모 자작농이나 자영업자들이 주를 이루었다. 이들 식민지인들 사이에 영국 정부로부터 법적 권리를 인정받은 관료와 전문직(법률, 세무 등)으로 구성된 집단인 국왕충성파(Royalists: American Tories)가 위치하고 있었다.

이러한 지리적인 특성과 그 과정에서 파생된 경제적 특징에 기반하여 식민지 미국에서도 명확한 사회적 계층구조가 형성되었다. 가장 하위에 위치한 계층은 노예였다. 다음으로 낮은 계층은 고용계약을 한 하인(유럽에서 미국으로 건너온 가난한 노동자로서 몇 년 동안 노예에 버금가는 열악한 상황에 처한 하층민)이었다. 그다음은 노동자(동북쪽에 존재했던 소수의 제조업자들에게 자신의 노동력을 팔아 생계를 유지한 사람들)들이었다. 그리고 그 위에 소농인이나 소상공인들이 있고, 상층부에 동북부 지역의 자본가들(제조업자, 은행가, 상인이나 전문직)이 있었으며 최상위에는 부유한 남부의 대규모 농장주들이 있었다. 흥미로운 것은 이렇듯 수직적이고 불평등한 사회계급구조가 존재한다는 점이 아니라, 영국과 달리 다수의 인구가 노동자 계급이 아니라는 것이었다. 초기 식민지 미국 사회는 소규모 자작농이나 자영업자와 같은 하향적인 경제수준으로 평준화된 중산층(the lower middle class)이 절대다수를 차지하는, 낮은 중산층으로 구성된 사회였다. 대다수가 자산을 소유한 소박한 경제구조로 그들의 의견이 반영되는 자치적 공동체의 모습을 상상할 수 있다. 당시 식민지 미국의 사회구조는 다음과 같다(그림 4-1).

경제적 토대 및 생산관계에 기반한 사회구조의 특징은 정치에도 근본적인 중요한 영향을 미쳤다. 무엇보다도, 식민지의 정치는 영국보다 훨씬 더 민주적이었다. 독립혁명 이전에 일반적인 보통 선거권은 없었지만 식민지에서는 과반 이상의 사람들이 투표권을 가지고 있었다. 반면에 비슷한 시기에 영국에서는 소수의 사람들만이 투표권을 가지고 있었다. 또한

그림 4-1 식민지 사회/경제적 이익집단

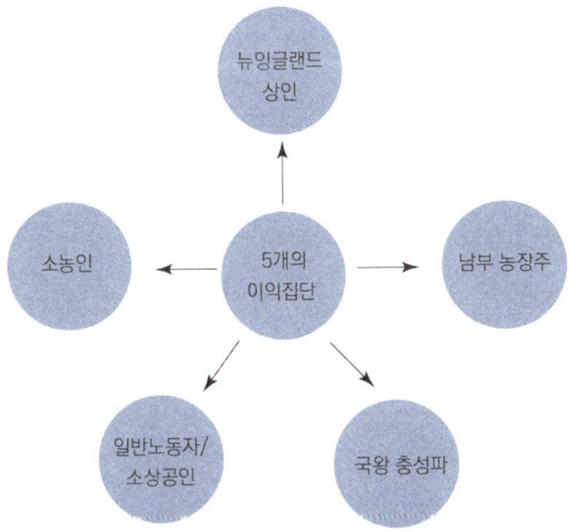

식민지에서도 재산이 있어야만 투표권을 얻을 수 있었지만 대다수가 재산을 소유한 평범한 중산층으로 재산의 기준자체가 의미가 없었거나 있었더라도 영국보다는 상대적으로 낮았다. 간단하게 정리하자면, 소규모 재산을 가진 사람들이 인구의 절대다수를 차지했기 때문에 인구의 대다수가 투표권을 가지고 있었다. 그러므로 정치발전과 민주주의 전망에 있어 영국과 미국은 질적인 차이가 있었으며 독립혁명 이전에 이미 미국은 영국과 비교하여 훨씬 더 민주적인 사회였다고 볼 수 있다.

또 다른 중요한 특징은 비록 식민지 총독이 영국왕에 의해서 임명되기는 하였지만 총독들의 급여와 여타의 특전들은 미국 시민들이 선출한 의회에서 제공하였다는 점이다. 따라서 영민한 총독(홉스는 절대권력자들의 영민함을 논하며 절대권력을 옹호했다)은 미국 의회의 선호와 동떨어진 정책에는 신중했으며 식민지 의회의 불만을 가장 두렵게 생각했다. 따라서 식민지의 정책결정과정은 미국 대중들의 이해관계에 반응한다는 점에서 훨씬 더 민주적이었다.

1763년 이전의 영국 정부는 미국의 내정에 적극적인 간섭을 하지 않았다. 이 시기를 "유익한 방임(salutary neglect)"이라 부른다. 문제가 될 만한 큰 규제도 없었고 조세도 높지 않았던 시기이다. 물론 영국 정부는 식민지 사람들에게 조세를 부과하고 징집도 추진하려 했다. 하지만 식민지 거주민이 이를 따르지 않았고, 영국 정부도 이를 강제적으로 집행하지 않았다. 그러나 아메리카 대륙을 놓고 프랑스와 식민지 전쟁을 벌이던 영국이 1763년에 인디언 전쟁에서 승리한 후 "파리조약"을 체결함으로써, 프랑스 식민지가 아메리카 대륙에서 소멸하였다. 7년간의 긴 전쟁으로 재정적 어려움에 처한 영국 정부(조지 3세와 그의 참모들)는 식민지를 통한 조세 확보와 병력 충원이 필요했다. 따라서 영국 정부는 이제 식민지인들의 고집을 꺾을 시기가 되었다고 판단했다. 즉, 식민지인들에게 적절한 조세를 부과하고, 식민지와 식민지 모국 사이의 상업자본주의 관계에 기반하여 식민지 경제와 사회를 규율하려고 한 것이다.

이 관계의 핵심은 영국은 제조업에 집중하고 식민지인 미국은 영국에 수출할 원자재와 식량 생산에 집중함으로써, 상호보완적 체계를 구축하는 것이었다. 이를 위해 항해조례(Navigation Act)에 따라 식민지의 모든 수출, 수입은 영국 정부의 관리와 통제를 따르도록 하였으며, 식민지에 주둔하는 영국 군인들을 지원하고 영국정부의 재정을 확보하기 위하여 다양한 세금을 일상용품까지 확대하면서 높였다(1773년 기호식품인 차에 세금을 부과한 Tea Act가 대표적인 사례로 독립전쟁의 발초가 된 보스턴 차 사건(Boston Tea Party)의 원인이었다). 이러한 증세에 대해 식민지 미국의 거주민들은 "대표 없이 과세 없다(no taxation without representation)"라는 구호로 응수하였다. 식민지 미국의 거주민들은 영국 의회에 자신들의 입장을 주장할 대표를 보내거나 혹은 자기들 스스로 세금을 책정하고 부과할 자주권을 원했다. 이러한 구호는 모국과 식민지 사이에 상업 자본주의의 규칙을 강요하는 영국에 대한 거부였으며 식민지의 주권을 인정하라는 요구였다. 그러나 영국은 이를 거부하고 식민지 내부 거래와 생산과 수출, 수입 등등 다방면의 사안에 규제를 강화하였고, 이에 따라 모국과 식민지 사이의 갈등이 증폭되어 마침내 조세 저항운동이 독립운동이라는 형태의 혁명전쟁으로 번지게 되었다.

2 제퍼슨(Jefferson): 평등주의와 반(反)연방주의

1776년 7월 4일 도마스 제피슨이 작성한 독립선언문(The Declaration of Independence)이 세상에 모습을 드러냈다(실질적으로는 7월 2일에 국회 통과). 제퍼슨은 급진적인 평등주의 사상에 기반한 민주주의자였다. 하지만 그가 주도한 독립선언문은 존 로크(John Locke)의 사고에 의존하였는데, 이는 아마도 영국의 정치 철학자를 활용해 독립혁명의 정당화하려는 의도였던 것으로 추측된다. 이를 위해 제퍼슨은 로크의 자유주의 정치철학 가운데 국가권력에 대한 제약을 부각시켰다.

로크에 의하면, 정부 권력은 다음과 같은 이유에 의해서 제한될 수 있다. ① 정부 권력은 시민들의 잔여 권한을 극대화시키도록 운영되어야 하며, ② 재산을 소유한 사람들이 통치자를 선출하는 대의제 정부에 기반을 두어야 하고, ③ 통치자들이 의회의 과반 이상의 지지 없이 세금을 부과할 수 없으며, ④ 만약 통치자가 독단적이거나 변덕스럽다면 축출될 수 있다. 로크의 관점에서 바라볼 때, 식민지 미국인들에게 있어 영국의 조지 3세(George William Fredrick: 1760~1820년)는 정부 권력을 남용한 통치자였다. 예를 들어, 미국 의회와의 논의 없이 영국 군인들을 병영이 아닌 식민지 미국인들의 집에서 거주하게 하였는데, 이는 명백히 미국인들의 조세 저항에 대한 보복성 조치였다.

독립선언문의 두 번째 문단은 로크의 『통치론』으로부터 인용한 내용이다. "우리들은 다음과 같은 것을 자명한 진리라고 생각한다." 이런 명제에는 경험주의가 필요하지 않다. 오직 이성과 합리성을 가진 사람들의 직관에 의해 확인되는 것이다. "즉, 모든 사람은 평등하게 태어났다." 자연 상태의 첫 번째 단계(소유적 경제)에서 만인은 평등하지만 현실은 다르다. 우리는 자연 상태의 두 번째 단계(자본가 경제)인 대립과 갈등에 있기 때문이다. "창조주는 몇 개의 양도할 수 없는 권리를 부여했다." 당신은 그것을 포기해서는 안 된다. 그러한 권리를 포기한다면 당신은 로크가 말한 자연 개념과 이에 따른 자연법을 위반하게 된다. 그리고 "이러한 권리들은 삶과 자유와 행복을 추구할 권리이다." 미국의 독립선언문은 평등한 개인의 권리에 대하여 명확하게 정의를 내리고 있다. 이렇듯 미국은 혈연 중심이 아니라 "삶과 자유 그리고 행복추구"라는 보편타당적 가치를 기반으로 건국되었기에 많은 독립국에 영감을 주었으며 미국을 기회의 땅이라 보는 시각이 존재하는 이유이다.

제퍼슨은 미국 사회의 절대다수를 차지하는 소규모 자작농이나 자영업자들 같은 낮은 중산층 계급 사람들이 독립선언문을 읽고 영향받기를 원했다. 그뿐 아니라 식민지 국민들이 군대에 입대해서 자신들의 자유와 행복을 위해 영국과 싸우기를 바랐다. 식민지들의 결속을 강화하고 싶었다. 그렇기 때문에 제퍼슨은 의도적으로 소수의 대농장 소유주들의 관심을 끌어들이려고 하지 않아 재산(Property)이라는 단어에 민감했다. 그런 이유에서 그는 로크의 자유주의 철학에 영향을 많이 받았지만, "삶(Life), 자유(Liberty) 그리고 재산(Property)"이라는 문구의 마지막 단어를 "삶(Life), 자유(Liberty) 그리고 행복 추구(Pursuit of Happiness)"로 바꿨다. 영국의 정치철학자 벤담은 제퍼슨 등 미국 혁명지도자들과 친분을 가지고 있었고 제퍼슨의 사고에 영향을 받아 '행복' 아이디어를 그의 주장의 핵심으로 수용했다. 그 결과, 벤담의 공리주의적 주장은 매우 급진적이고 평등주의적 함의를 가지게 되었다(그러나 벤담은 자신의 주장에 대한 급진적 해석을 두려워했고 결국 온건한 주장으로 마무리했다). 그럼에도 벤담의 '다수의 행복론' 주장은 평등의 정치적 요구와 결합하여 중요한 평등주의적인 자유주의를 구성하게 된다.

토마스 제퍼슨 Thomas Jefferson (1743~1826)

미국의 대표적인 '건국의 아버지'로서 미국 정치의 기틀을 닦은 정치가이자 철학자이다. 제퍼슨은 버지니아주(州)에서 태어났다. 윌리엄앤드메리대학교를 졸업하고 변호사가 되었지만, 이후 정계로 진출하여 버지니아 의회의 하원 의원으로 활약하였다. 제퍼슨은 버지니아 대표로 제1·2차 대륙회의에 참가하였으며, 미국의 독립선언문을 작성할 기초위원으로 선출되었다. 특히 제퍼슨은 공화주의와 시민의 역할을 대변한 정치가였다. 제퍼슨은 영국과 같이 귀족 중심의 통치를 거부했으며, 미국의 시민사회의 열정과 역량을 높이 평가하였다.

제퍼슨은 자유로운 시민이 미국을 스스로 통치함으로써, 공화주의를 실현할 수 있으리라고 생각했다. 이때의 자유로운 시민은 농민을 뜻한다. 즉, 제퍼슨은 농업에 기반을 둔 국가를 비전으로 삼았으며, 이러한 정치적 비전은 상공업을 중시한 알렉산더 해밀턴과 크게 비교되는 지점이다.

또한 제퍼슨은 자유를 절대적인 권리로 파악했다. 자유는 결코 양도될 수도, 양도받을 수도, 양도해서는 아니 되는 권리이며, 공화주의적 자치의 근간이 되는 핵심적 가치로 보았다. 의미심장하게도 제퍼슨은 법률과 규제조차도 자유를 침해할 가능성이 있는 통치기제로 인식하였다.

주요 저서로 「연방주의자 논설」 등이 있다.

독립선언문은 "삶과 자유와 행복추구들을 보장하기 위해서 정부는 통치를 받는 사람들의 동의에 유래하며 정부의 권력 역시 이에 기반하여 조직되어야 한다"고 주장한다. 이에 근거해 바라볼 때, 절대군주는 이미 개념적 정의에 있어 천부인권의 권리들과 양립할 수 없는 존재라 할 수 있다. 왜냐하면 절대군주는 피지배자들의 동의에 기초해서 통치하는 것이 아니기 때문이다. 따라서 독립전쟁 당시 영국왕 조지 3세는 영국에서는 헌법적 군주일 수 있지만 식민지에 있어서는 동의받지 않은 변덕스러운 절대군주로 간주된다.

상술하였듯이 독립선언문은 "어느 형태의 정부이든지 국민들의 동의에 기반한 권력의 정당한 목적을 유지하지 않을 경우에는 국민들은 언제든지 정부를 바꾸거나 없애 버릴 수 있는 권리를 가지고 있다"고 명시했다. 국민은 재산 소유자들이며 그들은 식민지 인구의 다수를 구성하고 있는 낮은 중산층이다. 그러므로 개인의 사유재산을 부정하고 정의롭지 않고 독재적이기에 통치정당성을 상실한 정부의 전복은 당연한 것이다. 그러므로 혁명권은 절대다수가 가진 천부인권의 표현이며, 그것은 소수의 부유한 사람들만의 권리가 아니다. 물론 영국에서도 유사 사례가 역사적으로 존재한다. 권력을 가진 소수의 귀족들이 존(John) 왕에게 불만을 가지고 있었고 그들은 존 왕에게 대헌장(Magna Carta)에 서명을 하도록 강요한 바 있다. 영국의 대헌장은 자유의 진보에 있어 매우 중요하고 위대한 헌장이라 할 수 있다. 하지만 대헌장이 민주주의의 가치를 완전히 실현하고 있는 문서라고 하기는 어렵다. 대헌장은 본질적으로 왕의 권력을 제약하고 귀족들의 권리를 보장하기 위한 것이기 때문이다.

이에 비해 제퍼슨의 독립선언문은 압도적인 다수를 차지하고 있는, 소규모 재산을 소유한 시민들의 혁명의 권리로서의 정부의 전복을 설파한다. "국민의 안전과 행복을 가장 효과적으로 가져올 수 있는 원칙과 기구를 가진 새로운 정부를 조직하는 것은 국민의 권리이다"라는 것이다. 제퍼슨은 "이러한 사람들(자립적인 농장소유자)은 정부를 수립하고 정부를 운영하며 정부에서 일을 하고, 지도자를 선출하는 투표를 하며 만약 정부가 과오를 저지른다면 정부를 교체시킬 능력을 가지고 있다고 볼 수 있습니다"고 하였다. 이런 미덕을 입증하는 유명한 사건이 셰이즈의 반란(Shay's Rebellion)이었다. 이 사건은 독립전쟁 후 전쟁비용을 충당하기 위하여 메사추세츠주 정부가 과도한 세금을 부과하려고 하였을 때 이에 저항해 농부들이 조직적으로 들고 일어난 반란이었다. 제퍼슨은 그러한 저항과 혁명이 있어야 미국 정치의 건강성도 지속될 수 있다고 주장한다. "자유의 나무는 때때로 애국자들의 순혈이나 독재자들의 피로 활력을 되찾아야만 합니다. 이런 희생이 자연적인 자양분이 됩니다"라고 주장했다. 물론 제퍼슨은 신중하게 다음과 같은 이야기를 덧붙인다. "우리는 매일 혁명을 일으키지는 않을 것이다. 그것은 무질서를 야기할 것이기 때문이다. 그러나 오랜 기간 동안 학대와 강탈이 지속된다면, 절대적 독재를 물리치는 것은 시민들의 권리이자 의무이다." 이러한 논리를 통해 혁명의 권리는 정당화되며 식민지 시민들에게 영국의 조지 3세는 전복의 대상으로 규정된다. 제퍼슨은 여기서 저항세력 내부의 역학관계에 대해서도 다음과 같이 통찰하고 있다. 식민지의 사회적·경제적 이익집단에 대하여 상술하였듯이, 당대의 현실 속에서 압도적인 다수가 혁명에 찬성한다는 것은 사실이 아니다. 대략 3분의 1 정도는 혁명에 반대하며(국왕 충성파), 다른 3분의 1은 혁명을 지지하고(혁명가), 그리고 나머지 3분의 1은 무관심하였다는 것이다.

제퍼슨은 분명히 로크의 영향을 크게 받았지만 재산을 강조하는 로크의 보수주의적인 결론은 따르지 않았다. 그는 기본적으로 로크의 전제에 의존하고 있었지만 정부에 대한 그의 결론은 국민의 일반 의사를 직접 대변하는 루소의 공화주의적 요소와 비슷하다. 그런데 안타깝게도 제퍼슨은 자신의 사상을 체계적으로 담은 책을 출판하지 않았다. 때문에 편지나 성명서, 연설문 등을 통해 그의 사상을 일관되게 재구성하는 작업이 필요하다. 하지만 이러한 단편적인 글들만으로도, 제퍼슨은 매우 급진적이며 평등주의적이고 민주적인 결론을 가지고 있다는 것을 알 수 있다.

질문

제퍼슨은 신이 인간에게 준 양도 불가능한 권리가 진정으로 시간과 공간을 초월한 것이라고 믿었나요? 아니면 그저 사람들이 듣고 싶어 하는 말을 효과적으로 정리한 것이었나요?

답

분명히 제퍼슨은 로크를 읽었고 제퍼슨의 말들은 로크에게서 인용한 것입니다. 제퍼슨은 자연은 우리를 평등하게 창조했다고 확신했던 것 같습니다. 자연적 평등에 대한 제퍼슨의 태도는 아담 스미스의 태도와 매우 비슷합니다. 그러나 에드먼드 버크와는 매우 다릅니다. 버크는 인간의 불평등에는 많은 후천적인 요인도 작용하지만 선천적으로 인간은 불평등하다고 믿었습니다. 그리고 이것이 그의 위계적인 신분질서를 정당화하는 근거가 되기도 했습니다. 이에 비해, 아담 스미스는 아기가 태어났을 때는 훗날 성인이 되어 짐꾼이 될 아이나 의사가 될 아이나 큰 차이가 없다고 말하였습니다. 실제적으로 당시 미국 사회를 관찰해 보면, 약간의 불평등을 발견할 수 있습니다. 그러나 인구 대다수는 자연적으로 동등하게 창조되었고 경험적으로도 거의 평등한 생활을 거치게 됩니다. 만약 그들이 설사 재산이나 능력에서 평등하지 않다고 해도 그들은 본질적으로 평등한 존재입니다. 왜냐하면 그들의 절대다수가 그들 자신의 삶과 소유물을 조정하고 운영하기 때문이며 사적으로 자유롭고 독립적으로 자신의 사업이나 일을 추진할 수 있기 때문입니다. 따라서 제퍼슨은 진심으로 만인은 평등하다는 그의 주장을 설파하였던 것입니다.

여기서 강조할 것은 작은 재산을 소유한 소규모 재산가들이 다수를 이루는 사회의 평등한 구성 원리에 대한 것이다. 제퍼슨은 다음과 같이 주장하면서 자신의 사상을 확장해 나간다. "작은 농장 소유주들은 우리가 살고 있는 지구의 소금과 같은 존재이며 신의 선택받은 자식들이다." 시민적 덕(virtue)은 경제적 독립성에 기반하며 만약 당신이 종속과 복종의 자리에 위치한다면, 시민적 덕을 배태할 수 없다. 제퍼슨은 작지만 독립적인 농장과 자영업자들이야말로 지구의 소금처럼 미국의 정치사회를 지탱하는 덕의 소유자들이라고 주창했다.

질문

제퍼슨에게 모든 사람들은 신의 선택을 받은 자식들입니까?

답

그것은 구약으로 거슬러 올라갑니다. 단순화해서 말하면, 제퍼슨에게 신이 인간을 평등하게 창조했다는 말은 환경의 영향을 강조한 것으로 이해할 수 있습니다. 사람들은 스스로 자신을 선택하는 것이 아닙니다. 유럽 사람들에 비해 미국인들은 신의 선택을 받은 사람들이고 자연의 선택을 받은 사람들입니다. 당시 미국에서 어떤 사람은 노동자가 되기를 원하지 않으면 일을 그만두고 작은 농장을 운영하여 새로운 삶을 시작할 수 있었습니다. 이것이 유럽 사람들과 비교해서 자연의 선택을 받은 것이라고 할 수 있습니다. 비록 모든 사람이 원칙적으로 평등한 존재로 창조될지라도 유럽 사람들은 신의 선택을 받은 사람들이 아닙니다. 제퍼슨에게 신의 선택을 받은 사람들은 바로 미국 시민들뿐이었습니다.

이와 관련하여 제퍼슨이 자세히 설명한 것은 선택받은 자들이 가진 자유와 정치적 미덕에 대한 것이다. 즉 당신이 경제적으로 독립된 토대를

가지게 된다면, 당신은 노동자가 되기를 거부하고 작은 농장을 운영하는 자작농이 될 수 있다. 이는 자신만의 재산을 가진 사람만이 선택할 수 있는 것이다. 이런 선택권은 상업자본주의나 산업자본주의에서는 존재할 수 없는 선택권이다. 그런 자본주의 사회에서 당신은 '어떤 자본가의 밑에서 일을 하느냐'에 대한 선택권밖에 주어지지 않으며, 자본주의 세계로부터 완전히 탈퇴하여 또 다른 경제체제(작은 규모의 독립적인 재산을 가진 개인들로 구성된 경제체제)의 구성원이 되는 길은 존재하지 않게 된다. 하지만 제퍼슨은 미국의 노동자들은 광대한 대륙을 개척할 수 있는 선택권을 가진다고 이야기한다. 그리고 이러한 선택권으로 인해 미국 시민들은 영국의 노동자들이 가질 수 없는 자유를 향유할 수 있는 상황 속에 있다. 이런 환경은 당대 미국이라는 식민지 거주민들의 경제적 후생과 독특한 사회 계급적 위상에 중대하고 강력한 요소이었다.

이러한 지적은 제조업 분야에서 일하는 노동자들에게 긍정적인 반향을 일으킬 수 있다. 왜냐하면 만약 노동자들이 공장 노동 이외의 삶을 살아가는 선택권을 가질 수 있다면 노동자들의 수가 감소할 것이고 이는 노동자들의 지위와 권리를 강화시키는 결과로 이어지기 때문이다. 산업자본주의에서 노동자의 이탈이 이민이나 인구의 증가에 의해서 즉각적으로 충당되지 않는다면, 노동의 공급은 감소하고 노동 수요는 상대적으로 올라갈 것이다. 이렇게 되면, 노동 시장에서 수요-공급 원리에 의해 임금이 올라가고 노동시간은 줄어들 게 된다. 이런 상황에서 자본가는 노동자에 대해 착취를 전제하는 지배 구조를 강제하지 못하게 되고, 노동자가 더욱 큰 힘을 가지게 되면서 노동 환경은 향상될 것이다. 산업자본가들은 노동자들이 공장에서 뛰쳐나와 독립적인 자기사업을 위해 미개척지 서부지역으로 이주하거나 이민하는 것을 강제적으로 막을 수 있는 효과적인 수단은 없다. 실제로 제퍼슨은 누구도 소유하지 않은 방대한 토지의 서부지역을 바라보며 "서부로 가라(Go to the West)"며 토지를 소유한 자산가(=소유자 중심 경제)가 되기를 독려하였다. 자연스럽게 자본가의 지배력은 약해지고 노동자에게 많은 양보를 할 수밖에 없게 된다. 제퍼슨은 노동자들이 그들의 생존을 위해 단순히 임금을 받는 것뿐만 아니라 존엄한 인간으로서 경제적 어려움 없이 살아가고 노년을 위한 저축을 할 수 있어야 한다고 강조했다. 이런 주장이 현대자본주의에서는 그다지 새로운 주장이 아닐지라도 퇴직 후의 생계나 노동자 보호 장치가 없던 18세기 자본주의 경제에서는 충분히 급진적인 사상이었다.

질문

제퍼슨이 예상한 만큼 노동이주가 쉽지 않았던 이유는 경제적으로 자립이 가능한 환경이 좋은 지역으로 이동하는 데 소요되는 기회비용이 너무 크기 때문이었나요?

답

그렇습니다. 이동에는 비용을 치러야 합니다. 문제는 이런 비용이 그런 선택을 좌절하거나 포기할 정도로 높은가입니다. 제퍼슨은 영국에서는 이러한 기회비용이 아주 높았다고 보았습니다. 산업자본주의가 발달한 영국에서는 영세한 신생 기업이나 사업주가 거대 기업들과 경쟁에서 승리하기는 힘들었을 것이라고 생각했기 때문입니다. 만약 당신이 작은 농장주 혹은 자작농이 되기를 원한다고 할지라도, 이미 모든 토지는 기존 지주들에게 독점되어 있는 상황일 것입니다. 미국에서도 공장 노동을 그만두고 자신만의 사업을 하기에는 생산수단이나 도구 등을 구입해야 하는 기회비용이 있었습니다. 때문에 자립적인 경제를 선택하는 것은 쉽지 않았습니다. 그러나 제퍼슨은 이러한 기회비용이 자신만의 독립적인 사업 선택을 봉쇄하거나 불가능하게 만들 정도로 크다고 생각하지 않았고, 그는 미국의 50% 이상의 사람들이 실제로 독립적인 영세사업자나 농부였다는 것을 증거로 보여주었습니다.

그런데 시대적 상황 속에서 고려해야 할 요소가 있다. 예컨대, 부유한 제국이었던 영국을 떠나 미국으로 온 사람들은 하루아침에 거대자본가나 대지주 혹은 평범한 노동자가 되기를 원한 것이 아니었다는 점이다. 즉 이들은 소규모 자산가가 되고 싶었기 때문에 대륙으로 건너온 것이고, 이것이 미국에 많은 중산층이 존재하는 이유이기도 하다. 더구나 미국 토착민(Native American)들이 분산적으로 살고 있는 서부는 많은 사람들이 소규모 자산가가 되거나 작은 땅을 가지고 새로운 삶을 시작하는 데 그리 어렵지 않았다. 제퍼슨뿐만 아니라 미국의 역사학자 터너(Frederick Jackson Turner)는 미국의 개척정신과 발전에 대한 유명한 글 "프론티어 테제(Frontier Thesis)"에서 다음과 같은 구호의 필연성을 설명하였다. "젊은이들이여! 서쪽으로 가라." 물론 터너에게 서부는 캔자스나 오클라호마 정도를 의미했고 18세기에 서부는 매사추세츠의 서쪽 정도를 지칭했지 캘리포니아 정도만큼 먼 거리는 아니었다. 터너의 테제가 주는 함의는 미국의 성격을 이해하는 데 좋은 자료가 되고 있다. 미국의 민주주의는 어떠한 이론가의 산물이 아니라 누구나 개척지에 정착하는 과정에 내재화되는 평등주의, 실용주의, 자유주의 산물인 것이다. 이러한 관점에서 개척지의 경험은 봉건제의 영향을 받는 영국의 경건한 사고방식과 대조되는 미국식 자유의 방식으로 확립되면서 역기능적 관습을 무너뜨렸다. 개척지에는 임대료를 부과하는 지주도 존재하지 않았고 개척자들의 느슨한 조직만이 존재했다. 그 경험의 강임함 속에서 규율과 자율성이 만들어지면서 사회적 자본이 형성되었다. 이것이 바로 미국의 개척정신의 기반이 되고 있다.

그러나 자립경제를 향한 이주 시간이 지나면서 초기와는 다른 문제 요소들이 하나씩 발견되기 시작하였다. 이주의 기회비용 상승만이 아니라, 다른 요소들이 문제였다. 여기에는 두 가지 주된 이유가 있었다. 첫째,

19세기에 인구가 점점 더 증가하게 되어 제조업뿐만 아니라 여타의 영역에서 경쟁이 치열해지게 되었다. 둘째는 외부로부터의 이민자들의 유입이 증가하면서 그들의 역할이 중요해졌다. 19세기 말부터 20세기 초까지만 하더라도 미국 사회에서 노동자들은 소수였으며 독립적인 작은 사업주나 농부들이 다수였다. 즉, 노동인구의 대다수는 농업종사자였다. 그러나 이주민의 숫자가 증가함에 따라 노동자도 증가하는 미국 사회의 계층 구조가 변화하기 시작한 것이다.

이처럼 실증적인 현실에 기반한 제퍼슨의 논리는 그의 정치사상뿐만 아니라 한계에도 심오한 영향을 미쳤다. 제퍼슨은 소규모 자작농들은 자립경제에 기초한 시민적 미덕을 가지고 있기 때문에 자신의 안위를 스스로 처리할 수 있는 능력을 가지고 있다고 신뢰했다. 그러나 제퍼슨의 민주주의는 재산을 가지지 못하고 노동력을 팔아야 하는 노동자 대중에게까지 확장되지는 못했다. 달리 말해, 그는 보통 선거권의 지지자가 아니었다. 다만, 인구의 대다수를 차지하고 있는 작은 규모의 자기 재산을 가진 사람들에게는 선거권을 부여해야 한다고 주장했다. 물론 시대적 한계를 고려할 때 제퍼슨은 민주주의자였고 평등주의자라는 평가도 가능하다.

제퍼슨은 군주제를 비판하였다. "우리가 그동안 경험한 과정으로부터 얻은 결론은 인간은 주인 없이 자기 자신을 통치할 수 있을 만큼 신뢰할 수 있는 존재"라면서 미국 시민들의 민주적 통치능력을 신뢰했다. 민주적 대중의 국민주권(Popular Sovereignty)은 제퍼슨 사상의 핵심이었다. 실제로 미국의 혁명세대는 거의 모든 정부 관리들을 직접 선출했을 뿐만 아니라, 투표권을 당시의 유럽인들이 도저히 상상할 수 없을 정도만큼 광범위하게 부여했다. 그러나 혁명기 미국 민주주의의 형성과 발전에 있어 투표권의 확대보다도 훨씬 더 중요했던 것은 평범한 국민들이 통치과정에 직접 참여했다는 "시민정부(Citizen Government)"라는 개념의 실행이었다. 물론 훗날에는 대의자들에게 실질적인 통치권이 위임되었다.

자유주의자로 평가받는 제퍼슨은 중앙집권적 연방정부보다는 주 정부에 많은 권한이 부여된 정부 형태를 지지하는 반연방주의자(Anti Federalist)의 대표 주자였다. 그는 주 단위에 전통적인 자작농 및 농업 중심적인 경제 구조를 지지하기 때문에 지나치게 큰 중앙정부는 불필요하다고 생각했다. 오히려 당시에 산업자본주의 발전을 지지하는 해밀턴(Alexander Hamilton) 같은 연방주의자(Federalist)들의 중앙집권적인 정책은 미국의 정치경제구조의 급속한 변화를 가져오고 중농주의적인 정치경제 질서를 위협할 것으로 우려했다. 때문에 제퍼슨은 인구의 대다수를 차지하는 자작농으로 구성된 중산층 계급의 이익에 부합하고 이들을 육성할 수 있는 강력한 주 정부를 지지했다. 이에 비해 산업자본주의를 전국적인 차원에서 육성하려고 했던 해밀턴 같은 연방주의자들은 새로운 정치경제구조를 개편할 수 있는 중상주의를 표방한 강한 중앙정부를 지지하는 경향이 강했다.

강력한 중앙정부가 미국의 발전을 가져온다는 연방주의자들의 주장에 맞서 제퍼슨과 같은 반(反)연방주의자는 분산된 주 정부의 고유한 권한과 공동체 운영의 경쟁력을 강조했다. 특히, 제퍼슨은 뉴욕주의 북쪽에서 독립적인 정치공동체를 이루던 알곤킨 인디언(Algonquin Indians Confederation) 연합을 예로 들어 설명한다. 이 인디언연합은 남녀가 평등한 보통선거권과 비밀선거권을 행사하면서 빈번한 선거와 통치자의 순환을 통해 정부를 슬기롭게 운영하고 세금문제를 해결하였으며 다른 인디언 부족으로부터 독립하여 자신들의 공동체를 800년 동안이나 지속적으로 훌륭하게 운영하였다. 그러므로 이런 독립적인 지역공동체가 비록 항상 탁월하게 공적 업무를 수행하지는 못하더라도 무능한 정부 형태는 아니라고 할 수 있다. 이런 논거로 제퍼슨 등은 1777년에 대륙의회(Continental Congress)가 작성한 주의 권한을 보장하는 미국 최초의 성문헌법이라 할 수 있는 연합헌장(Article of Confederation)을 지지했다. 연합헌장은 강력한 연대에 기반한 연방정부를 두려워했기에 정부의 실질적인 권한은 독립적인 주 정부가 가진다는 것을 핵심 원리로 삼고 있었다.

한편, 제퍼슨은 민주주의와 관련하여 또 다른 중요한 주장을 제시한다. 현실 속에서 소농장주와 시골사람들은 좋은 교육을 받지 못한 경우가 많다. 그러나 어떤 사람이 교육받지 못하고 무지하다고 해서 그것에 근거하여 계급구분을 하는 것은 온당하지 않다. 오히려 정부의 역할은 그런 사람들을 교육하고 지적 능력을 가지도록 지도하는 것이다. 그렇게 되면 사람들은 훨씬 사려 깊고 신중하며 덕스러운 시민이 될 수 있을 것이다. 분명히 제퍼슨은 계몽주의자였으며 시민의 덕을 핵심으로 제시했다는 점에서 공화주의자였다고 볼 수 있다.

그럼에도 제퍼슨이 현대적 의미의 민주주의자라고 평가하기에는 시대적 한계가 존재한다. 비록 재산을 가진 시민(자작농 등)의 정치적 미덕과 통치능력을 신뢰했지만 제퍼슨은 평등과 보통선거권의 향유에 있어 일단 재산이 없는 시민들은 제외했다. 더구나 그는 실제로 많은 유권자들이 미국을 통치할 수 있는 자격과 능력을 가지고 있는지에 대해서는 회의적이었다. 특히 국민의 다수를 차지하는 농민들이 연방 수준에서 정부를 운영하기는 힘들 것이며 그들이 워싱턴에서 정치를 할 것으로 생각하지는 않았다. 중앙정치에서도 일반 시민들이 통치할 수 있다는 대중민주주의를 주창한 것은, 19세기에 들어 앤드류 잭슨(Andrew Jackson) 대통령과 같은 제퍼슨의 후계자들이었다.

사실 제퍼슨은 농부들이 타고난 지도자는 될 수 없다고 생각했으며 자본가들 역시도 고귀한 정치가가 될 수 없다고 생각했다. 그의 눈에 자본가들은 자본주의를 촉진시키지만 돈을 맹목적으로 쫓는 자들이며 자신들의 금전적 이익을 위해 왜곡된 방법으로 정부를 이용하며 얼마든지 부패할 수 있는 세력이었다. 무한한 이윤을 추구하기 위해 정부를 이용하는 것은 제퍼슨에게 악마와도 같은 행동이었다. 왜냐하면 그런 자본가들은 건전한 소규모 재산에 근간한 자립경제를 망가뜨릴 것이기 때문이었다. 이 점이 반연방주의자 제퍼슨이 대통령 선거에서 경쟁했던 알렉산더 해밀턴 및 연방주의자들과 대립했던 지점이었기에 1800년에 제퍼슨이 대통령 선거에서 당선되었을 때, 제퍼슨은 이 승리를 1800년의 혁명이라고 환호한 것이다.

제퍼슨은 소규모 자작농이나 자본가가 아니라 대농장주들이야말로 정치적 리더십을 타고났다고 생각했다. 자본가들은 생산을 위해, 마르크스의 표현을 빌리자면, 반드시 임금노예(wage slaves)가 필요했고 그 과정에서 노동자들을 착취하고 시민적 덕을 억압한다. 그러나 제퍼슨에게 노예노동에 기반하고 있는 대농장주들은 소규모 자작농들을 착취할 필요가 없었고 더구나 고귀한 기품을 가지고 있었기에 농민들을 지도할 집단이 될 수 있었다. 하지만 산업자본주의가 발전하면서 점차 더 많은 영세업자나 농부들이 임금노동자로 내몰리고 있었다. 물론 자유주의적 관점에서 대농장주들이 노예를 부린다는 사실은 제퍼슨을 불편하게 했다(대농장주였던 제퍼슨은 훗날 사망할 때 그의 노예들을 해방시켰다). 하지만, 그럼에도 불구하고 대농장주들이 타고난 리더십을 발휘하고 고귀함을 유지하기 위해 노예제도는 필수 불가결한 요소라고 생각하기도 했다.

한편, 제퍼슨의 후계자인 잭슨 대통령은 제퍼슨의 민주적 사고를 더욱 강력하게 추진했다. 미국 7대 대통령(1829~1837년)을 지낸 앤드류 잭슨은 당시에 지배적인 정치엘리트들이 주로 버지니아와 매사추세츠의 부유한 가문 출신이었던 상황에서 서민층을 상징하는 서부지역 출신이며 군 출신의 비엘리트였다. 그는 1824년 선거에서 유권자, 선거인단 투표에서 최다득표를 했지만 대통령 선거인단에서 과반수를 획득하지 못하여 연방하원 비밀투표에 부쳐져 아담스에게 패배하였다. 그는 이에 반발하면서 민중주의 노선을 추진하여 투표권의 재산기준을 완화하여 1824년 36만 5천 유권자가 1828년 100만으로 확대되었다. 1829년 3월 4일에 워싱턴에서 열린 잭슨 대통령의 취임식에는 서부 개척자를 포함하여 일반 농민·흑인까지 수만 명의 군중이 몰려들었다. 이런 대중적인 지지에 기반하여 잭슨은 실질적인 보통선거권을 주장했고 정치현실에서 실질적으로 영향력을 행사하기 힘들었던 소규모 자작농의 적극적인 정치참여를 주창했으며 엽관제를 실질적으로 확대하여 지지세력을 확고히 하였다. 이런 현상들은 '잭슨 데모크라시(Jacksonian Democracy)'로 불리는 미국적인 대중민주주의의 모태가 되었다. 때문에 미국 상류층들은 잭슨 대통령 취임에 대해 "고결한 시대가 지나갔다"고 부정적인 반응을 드러내기도 했다.

3 해밀턴(Hamilton): 연방주의와 산업자본주의

해밀턴은 자신의 저서인 『제조업에 관한 보고서(Report on Manufactures)』를 집필할 정도로 상공업 자본가들의 옹호자였다. 해밀턴은 미국이 광활한 땅을 갖고 있지만 농업보다도 제조업이 훨씬 더 생산적일 수 있다고 주장하였다. 왜냐하면 제조업은 소규모 농업 생산보다 훨씬 효율적인 대규모 생산을 가능하게 만들기 때문이다. 노동자들이 공장이라는 건물 안에 밀집하여 효율적이고 조직적으로 일을 하게 되면 생산성도 높아진다. 더구나 산업혁명 이후 제조업 분야에서 자동화 기계의 활용이 확산됨에 따라, 과거 인간의 힘으로는 할 수 없었던 생산이 가능해졌다. 이는 기술의 발전에 따라 생산능률이 더욱 향상되리라는 것을 의미한다. 이러한 사실들은 제조업이 농업보다 훨씬 더 생산적이라는 해밀턴의 주장을 뒷받침한다.

알렉산더 해밀턴 Alexander Hamilton (1755~1804)

미국의 법률가이자 정치인이다. 카리브 해의 네비스 섬에서 스코틀랜드인 아버지와 위그노의 핏줄을 이어받은 어머니에게 태어났다. 해밀턴은 미국 건국의 아버지(Founding Fathers) 중 한 명으로 꼽히며, 1787년 미국 헌법의 제정에 공헌했다. 초대 워싱턴 정부 시절 재무부 장관으로 재직했다.

해밀턴은 존 제이(John Jay)와 제임스 매디슨(James Madison) 등과 함께 연방주의를 제창하며, 토머스 제퍼슨을 비롯한 반(反)연방주의자와 대립하였다. 예컨대 해밀턴은 독립전쟁 당시 발생한 모든 부채를 각 주(州)가 공평하게 분할 지불하자는 주장을 한 반면, 제퍼슨은 각 주의 부채를 각각 책임 지불하자고 주장하였다.

제퍼슨과는 연방은행 설립 당시에도 큰 마찰을 빚었다. 제퍼슨은 은행 설립에 반대했으나 해밀턴은 수정헌법을 근거로 설립을 주장하였다. 당시 제퍼슨은 해밀턴을 '왕당주의'라고 강도 높게 비판했다. 해밀턴은 평생의 맞수였던 제퍼슨에게 정치적으로 밀려서, 결국 대통령직을 제퍼슨에게 내주었으며 의회 내에서도 영향력을 잃게 된다. 제퍼슨과 의견이 달랐던 것은 비단 정치뿐만이 아니었다. 해밀턴은 경제에 있어서 상업과 공업을 중시하고, 이를 국가의 경제적 근간으로 이해한 반면 제퍼슨은 농업을 국가의 핵심적인 산업으로 보았다. 해밀턴은 자신의 통찰을 이내 체계화시켜서 '유치산업론'을 주창한다. 유치산업론이란, 정부가 적극적으로 자생력이 부족한 자국의 유치산업(infant industry)을 보호 및 육성시키는 정책을 펼쳐야 한다는 이론이다. 유치산업론은 이후 발전주의 학파에게 사상적 영감을 제공하기도 하였다.

주요 저서로 「연방주의자 논설」 등이 있다.

해밀턴은 이러한 근대적 제조업의 생산성과 자본의 축적을 통해 성장을 달성하기 위해서는 많은 노동자가 필요하다고 주장했다. 자유로운 임금노동자가 더 많이 생겨나야 했기에 해밀턴은 신분적으로 속박되어 있는 노예제를 반대했다. 노동자의 자유로운 이동은 시장경제의 원리에 필수적인 요소인데, 이에 비해 노예를 사고파는 행위는 거주이동을 강제하면서 공장 노동자의 수급을 제약했기 때문이다. 노동자를 신속하게 고용하고 해고하는 자본가의 자율성과 독립은 산업자본주의의 전제조건이었으며 이는 시장과 소비자의 요구에 따라 생산량을 유연하게 조정하는 것을 의미했다. 그러므로 해밀턴은 생산성이 떨어지는 농업은 위축될 것으로 전망했으며 더구나 경쟁이 치열한 농업시장에서 뒤쳐진 농부들이 급속도로 도시로 이주하여 공장 노동자가 될 것으로 확신했다.

증가하는 인구와 도시로의 이주, 이민 등 노동력의 증가는 도시를 번창하게 만들고 농촌을 축소시킬 것이다. 노동력이 도시 공장으로 집중될수록 산업은 더욱 생산적이고 효율적으로 될 것이며 자본가들은 더 많은 이윤과 자본을 축적하여 산업을 확장시키면서 자본주의 경제를 발전시킬 것이다. 이러한 해밀턴의 구상에 따르면, 그 당시 미국의 다수를 차지하는 소규모 자영업자와 농부들의 역할은 극적으로 축소될 것이고 현재는 소수인 노동자들이 점진적으로 미국 인구의 대다수를 차지하게 될 것이다. 제조업 및 상업에 기반한 이러한 자본주의 경제는 제퍼슨이 주창한 농업경제와는 근본적으로 다른 것이며 미국 경제의 계급 구조 역시 급진적으로 변화하게 만들었다.

이러한 종류의 경제는 반연방주의자인 제퍼슨의 농업경제 세력과 연방주의자인 해밀턴의 자본주의경제 세력의 대립을 가져왔으며 결국 1861~1865년에 발생한 남북전쟁(Civil War)을 통해 폭발했다. 남북전쟁은 새로운 사회의 주도권에 대한 구지배층과 신지배층의 대립과 갈등의 결과이기도 했다. 새로운 지배층은 산업자본가 진영으로, 이들은 소규모 자작농들뿐만 아니라 노예들까지 임금노동자가 되어 자본가의 지휘를 받기를 원했다. 구지배층으로서 노예소유주들은 전통적인 농업경제 및 농장주들의 이익을 고수했고 사회변화에 보수적이었다. 이에 비해 제조업 발달에 따른 산업자본주의는 사회의 변화를 추진하면서 은행가, 상인들, 그리고 제조업자들의 영향력을 강화시키고 있었다. 제퍼슨과 해밀턴의 대립은 정치경제적 주도권뿐만 아니라 국가 발전 방안을 둘러싼 두 지배계급 사이의 대립이기도 했으며, 결과적으로는 전쟁을 통해서 해결될 수밖에 없는 지경에 이르렀다.

자본주의 발전에 따른 새로운 계급구조와 근대적 리더십에 적합한 정치체제는 무엇인가? 비록 일부 보수주의자가 영국왕 조지 3세처럼 초대 대통령인 조지 워싱턴이 그러한 역할을 수행하길 원했지만 미국에서 군주제는 이미 폐기된 것이나 마찬가지였다. 연방주의자 문서(Federalist Paper)의 저자들인 해밀턴(Alexander Hamilton), 제이(John Jay), 매디슨(James Madison) 등이 반연방주의자 제퍼슨(Thomas Jefferson)보다 덜 민주적인 공화국을 지지한 것은 아니었다. 즉, 연방주의자들이 재산을 가진 사람들만의 투표권을 지지했다거나 귀족적인 의회정부의 통치만을 지지한 것은 아니었다.

그럼에도 연방주의자들은 무산자인 대중의 잠재적 힘을 두려워했으며 노동자에 대한 공포는 정부의 권한에 대한 두려움을 압도했다. 로크는 반대로 정부의 비대한 권한이 남용되는 것을 경고했으며 제한적인 작은정부론을 지지했다. 이런 로크에 비해 오히려 해밀턴은 자본주의 산업발전을 강력하게 추진할 수 있는 대단히 강력하고 중앙집권적인 연방정부를 지지했다. 해밀턴은 미국이 영국과 비교해서 상대적으로 낮은 자본주의 경제에 머물러 있다는 것을 인식하고 영국경제를 따라잡기 위해 소위 자유방임주의(laissez faire)보다 시장개입에 더욱 적극적인 국가의 역할을 주창했다. 해밀턴은 "우리는 생산자 개인이나 소규모 농장주들을 시장에 홀로 방치해서는 안 되며 후발 산업자본주의 국가로서 이들을 규합하고 경제를 조직화하고 시장을 지도하고 규제해야 한다. 이런 역할은 여러 개로 분할된 주 정부가 수행하기에는 미약하고 역부족이다"라고 주장하였다. 그러므로 "우리는 미국 영토 전반에 대한 강력한 권한을 가진 중앙정부를 필요로 한다"는 것이 해밀턴의 주장이었다.

때문에 연방주의자들은 앞서 언급한 독립된 주의 권한을 강조하는 연합헌장 및 정부의 통합능력이 초래할 미래에 대해 비관적으로 바라보았으며 보다 강력한 연방헌법으로 개정하기를 원했다. 해밀턴에게 근본적인 문제는 주정부의 너무 많은 권한과 연방정부의 너무 작은 권한이었다. 주정부들은 시민들의 사적, 공적 영역을 통제할 권력(coercion)을 가지고 있는데 비해 연방정부는 그런 막강한 주정부를 통제할 수 있는 실효적인 권한이 미약했으며 단지 연방의 발전(promotion)을 위한다는 전제하에서 주정부의 권한에 부분적으로 개입할 수 있었다. 연방정부는 전쟁을 수행할 수 있는 권한은 가지고 있지만 전쟁을 위해 시민들에게 세금을 부과할 권한은 없었다. 그래서 연방주의자의 목표는 주정부에 편중된 정부의 권한을 국가의 집합적 이익을 위해 연방정부에게 귀속시키는 것이었다.

해밀턴이 주정부를 없애자고 제안한 것은 아니지만 그는 연방정부가 헌법 개정을 통해 대륙 전체에 대한 통치권을 강화할 수 있는 실질적인 권한을 대폭 강화해야 한다고 일관되게 강조했다. 이런 요구는 제퍼슨이 헌법 작성에 참여하면서 구상한 정부형태와는 매우 다른 형태의 정부였다. 그런데 역사는 참으로 우연적이었다. 새로운 정부를 구성해야 한다는 논의가 1780년대 초부터 시작되었으며, 마침내 1787년 5월에 필라델피아에서 제헌의회(Constitutional Convention)가 소집되었다. 미국 헌법 개정이 논의되는 이 시기에, 제퍼슨은 프랑스 대사로 해외에 있었고 이는 미국

본토에 있었던 해밀턴에게 유리하게 작용했다. 더구나 제퍼슨과 비슷한 입장을 가진 많은 급진적 평등주의자들, 민주주의자들은 부유하고 재산 많은 신흥지배층이 주도하는 제헌의회가 공정하지 않다며 헌법 제정에 참여하기를 거부했다. "자유가 아니면 죽음을 달라!"는 문장으로 유명한 패트릭 헨리(Patrick Henry)는 제헌의회가 독단적으로 운영되고 있기에 협의회에 참석하지 않겠다고 선언했다. 그래서 연방주의자들은 수월하게 제헌의회를 지배하게 되어 주의 권한이 강화된 연합헌장(The Articles of Confederation)을 수정할 수 있었고, 결과적으로 1787년 새롭게 제정된 미국 헌법(Constitution)을 기반으로 매우 강력한 연방정부가 구성될 수 있었다.

해밀턴이 원했던 것처럼, 이 정부는 무엇보다도 노동자 무산대중으로부터 자본가 및 유산자계급을 안전하게 보호할 것으로 기대되었다. 이런 입장은 유명한 정치가 및 저명인사들도 공통적으로 갖고 있었던 것이었다. 벤자민 프랭클린(Benjamin Franklin)은 "재산을 가지지 못한 사람들에게 투표권을 주는 것은 부적절한 조치이다."고 주장했으며 아담 스미스(Adam Smith) 역시 "우리는 가난한 사람들이 정부에 참여하게 해서는 안 된다. 만약 그들이 정부에 들어온다면 그들은 부유한 사람들의 재산을 몰수하고 부자들 역시 가난하게 만들 것이다." 심지어 스미스는 다음과 같이 지적하기도 했다. "다수의 독재는 한 명이나 소수의 독재보다 훨씬 심각하고 위험하다." 국민이 난폭하고 변덕스럽다고 비판한 해밀턴은 더욱 직접적이고 강력하게 최상층 계급 중심의 정부 구성을 주창했다. 그는 "우리는 유권자들의 직접 투표로 미합중국의 대통령을 선출하게 만들어서는 안 된다. 대신에 일반인들은 부유하고 교양 있는 일련의 대의자(선거인단)들에게 투표하고 이들이 직접 대통령을 선출해야 한다."고 주장했다.

미국의 헌법은 견제와 균형(Check and Balance) 원리에 기초한 권력 분립(Separation of Powers)으로 유명하다. 물론 이런 정부 구성의 아이디어를 부분적으로 로크에서 기인하지만 건국의 아버지들은 프랑스의 정치 철학자인 몽테스키외(Montesquieu)의 사상으로부터 더 큰 영향을 받았다. 몽테스키외는 로크의 영향을 받아 절대군주제를 격렬하게 비판하면서 국가의 기원, 법의 본성을 설명했다. 특히 그는 실증적인 비교연구를 통해 영국의 정치 분석을 통해 입헌군주제를 지지했으며, 개인의 자유는 국가권력이 사법·입법·행정의 3권으로 나뉘어 서로 규제·견제함으로써 비로소 확보된다고 주창하였다. 이러한 분석과 주장을 통해 몽테스키외는 19세기 자유주의 정치사상의 발전에 지대한 공헌을 한 것으로 평가받는다. 그가 현실적인 정부 구성 원리로 주창한 삼권 분립의 아이디어를 근간으로 하여 미국 헌법의 아버지들은 연방정부의 권한을 행정부, 입법부 그리고 사법부로 분리하여 견제와 균형 그리고 권력의 공유(Sharing Powers)를 강화했다. 연방의회 역시 상원과 하원으로 구분하여 균형점을 찾도록 하였다. 하원은 인구에 기반해 직접선거로 선출되지만 상원은 초기에는 주의회에서 두 명씩 상원으로 추천하였다가 1912년 상원도 직접선거로 선출되는 방식으로 변경되었다. 대통령은 의회가 채택한 정책에 대해 거부권(Veto Power)을 통해 입법부를 견제할 수 있다. 하지만 거부권은 의회의 2/3에 의해 거부되면 정책으로서의 효력을 갖게 된다. 헌법 수정은 상하원 각각 2/3 이상 찬성이거나 주의회 2/3 이상의 찬성이 있어야 한다. 지금까지 수정안이 27조까지 채택되었지만 주의회 2/3 찬성에 의한 제헌회의를 소집하고 수정에 대한 논의는 한 번도 사용된 선례가 없다. 이런 등속의 제도들은 개인의 자유를 침해할 있는 정부의 역할을 제한하는 거부점 기능을 한다. 미국 헌법의 이러한 요소들 때문에 미국 헌법을 주도한 해밀턴의 '강한 중앙정부' 원칙에 일관성이 없는 것 아니냐는 문제가 제기되기도 한다. 왜냐하면 연방주의자들은 분명히 중앙집권적인 정책주진력을 갖춘 강력한 연방정부를 원하면서도 한편에서는 중앙권력을 제한하는 다양하고 효과적인 장치를 허용하는 헌법을 제정했기 때문이다.

그러나 당시 미국 헌법의 목표는 연방정부를 제한하기보다는 오히려 국민의 선택을 받은 입법부 즉 연방의회의 권한을 제약하는 쪽에 초점이 맞춰져 있었다. 해밀턴에게 연방의회는 가난하고 시골 출신이며 난폭하고 변덕스러운 국민에 의해 선출된 중앙 권력이기에 이들이 연방정부를 통제해서는 안 된다고 보았다. "일반대중에 의하여 매번 바뀌는 민주적인 의회가 과연 지속적으로 공공의 선을 안정적으로 추구할 수 있겠는가? 오직 영속적인 기구만이 무분별하고 경솔한 민주주의를 억제할 수 있다." 해밀턴에게 영속적인 기구는 의회가 아니라 정부였고 사법부였으며 사법부는 의회를 통제할 수 있어야 했다. 때문에 사법부는 독립적인 정부기구로 세워졌으며 사법심사권(Judicial Review)을 통해 입법부의 법률들의 헌법적 적합성을 평가하여 제한할 수 있게 하였다. 앞에서 설명한 것과 같이 행정부는 거부권을 통해서 입법부를 제한할 수 있다. 또한 임명직인 연방 대법원 판사는 정치적으로 자유롭게 자신의 소신을 지킬 수 있도록 종신직으로 하였다. 선출직인 입법부와 대통령은 다수의 이익으로부터 자유로울 수 없기 때문에 소수의 이익을 대변할 수 있는 사법부를 독립적인 제도적 장치로 만들고자 한 것이다. 그렇다면 그 당시 "소수의 이익"에서 소수는 누구일까? 여기서 주장하는 소수는 산업발전을 담당할 자산가들일 것이다. 또한 주 정부 역시 잔여 권력(Residual Power)을 가진 정치권력으로서 연방의회의 권력을 제한할 수 있다. 그러므로 해밀턴에게 상류층의 지배를 통해 국익을 실현하는 연방정부에 대한 일상적인 권력 제한은 중요하지 않다. 오히려 해밀턴은 낮은 수준의 중산층 계급의 이익을 위해서 정부가 정책을 추진하는 것을 원하지 않았다. 해밀턴에게 정부는 오직 부유하고 고결한 자본가들과 중상층 집단의 이익을 위해서 일을 해야 했다.

정부의 구성과 권한에 대한 이런 시각 차이에는 산업혁명 이후 영국 같은 선발자본주의 국가(early start)와 대결하려는 후발 국가(late start)로서 미국이 다른 나라를 따라잡기 위한 입장이 상당수 반영된 것으로 보인다. 미국의 산업이 친(親)자본적인 정부의 지원과 도움을 받지 못한다면 이미 산업이 발달한 영국과의 경쟁에서 패배할 수밖에 없을 것이다. 미국은 낮은 중산층 계급의 농업사회로 남을 것이며 해밀턴의 꿈은 실현될 수 없을 것이다. 그러므로 미국은 산업자본가의 보호와 육성을 위해 자본가와 상류층의 이익을 추구하는 강력한 정부가 필요하였다. 그래서 해밀턴은 강한 연방정부와 강한 행정부를 구성하고자 했으며 입법부와 비교해서 소수인 부유한 자본가들의 이익을 보호해 줄 것으로 기대한 사법부의 독립을 주창했다. 강하고 큰 정부에 대한 해밀턴의 이와 같은 주장은 이념적으로 보면 사유재산 보호에 국한되는 자유방임적 정부를 주장하는 전통적인 보수주의자들에게는 어색하게 느껴질 것이다.

반면에 자유주의자로 평가받는 제퍼슨은 상대적으로 작고 약한 중앙정부를 제안하면서도 (그가 의식하지 못할지라도) 급진적, 민주적 아이디어를 실현하려고 하였다. 이에 따라 차선책으로 그를 중심으로 하는 반연방주의자들이 주장한 수정안 10개조 '권리장전(Bill of Rights)'이 1791년에 수정헌법으로 채택된다. 추가적으로 제퍼슨의 정부 구성은 넓게 퍼져 있는 대다수의 중산층 계급의 이익에 부합하고 이들을 육성할 수 있는 강력한 지방 정부와 중산층의 이해를 대변할 수 있는 강력한 입법부를 확립하는 것이었다. 입법부야말로 다수의 농민과 대중의 의사를 충실하게 반영할 것이었다. 이에 비해 보수주의자 해밀턴은 부유한 자본가계급을 지지하면서 시장에 적극 개입하는 강한 국가를 지지했다.

질문

제퍼슨처럼 반연방주의자들이 권리장전을 강조하는 것은 그만큼 가치가 있는 주장인가요?

답

연방주의자들은 이미 헌법에 개인의 권리를 보호하기 위하여 정부의 권한을 제한하는 조문들이 포함되어 있기 때문에 권리장전이 필요없다고 하였습니다. 뿐만 아니라 권리장전으로 보호받을 개인의 권리를 명시한다면 헌법에서 보호할 수 있는 포괄적인 권리를 포기하게 되어 명시된 권리만 보호받게 될 위험성도 존재한다고 주장하였습니다. 하지만 반연방주의자들은 주와 시민들을 강력한 중앙정부로부터 보호해야 한다고 주장하면서, 연방주의자들의 반대는 민주적으로 선출된 의회를 통한 시민들의 권력을 제한하려는 시도이지 실제로 정부의 권력을 제한하는 데는 관심이 없다고 비난하였습니다. 왜냐하면 연방주의자들은 시민의 민주적 권리의 보호보다는 자본주의의 사유재산 권리를 보호하는 데 더 큰 관심을 갖고 있었습니다. 이러한 이유로 반연방주의자들은 권리장전을 원했고 권리장전은 정부를 약하게 하지 않을 것이며 만약 헌법과 권리장전이 중첩된다면 미덕의 이름으로 약간의 불필요한 중복은 나쁜 것이 아니라고 주장하였습니다.

해밀턴이 구상한 정부의 기능은 무엇일까? 강한 중앙정부를 포함하는 미국 헌법은 근본적으로 홉스의 리바이어던에서 전제되었던 사회계약론과 인간 본성을 기반으로 하고 있다. 그에게 정부의 존재 이유는 다루기 힘든 인간의 본성을 제어하는 것이며 나아가 경제성장을 위하여 무지하고 가난한 대중들로부터 자본가와 사업가를 보호하고 육성하는 것이다. 이런 목적으로 해밀턴은 다음과 같은 것을 제안했다.

① 우리는 자본주의 순환경제의 필수인 화폐의 원활한 공급과 유통 그리고 국가 전체의 경제를 위한 신용을 규율할 중앙은행을 필요로 한다.

자본주의는 역동적이고 독립적이기 때문에 이와 부합할 국가 전체적인 통화정책을 추진할 정부가 필요하다.

② 우리는 광활한 서부를 개발할 필요가 있다. 우리는 산업화를 촉진하기 위하여 사회간접자본인 우체국, 운하, 도로, 유료 고속도로, 그리고 정부의 다른 공공사업과 같은 통신과 이동수단을 필요로 한다.

이 부분은 부연설명이 필요하다. 어떤 이들은 이런 기반시설이 민간사업에 의해서 건설될 수 있다고 주장할 것이다. 그러나 해밀턴은 이러한 기반시설은 사적 이익이 창출될 수 있는 공간이 아니기 때문에 자본가들의 투자를 기대하기 어려운 공적인 성격이 강하다고 주장하였다. 이러한 사회 간접자본을 위한 전체적인 계획에 기반해서 자본을 투자하면 산업이 발달할 수 있다고 믿었다. 그러므로 이러한 막대한 공공사업을 위한 공적투자의 통합된 제도를 운용하고 추진할 중앙정부가 필요하다.

그러므로 정부의 역할은 이제 법과 질서의 보호뿐만이 아니라 저발전 경제에서 신속한 경제적 발전을 추진하는 방법과 수단들까지 전략적으로 운용하는 것이다. 자본가와 사업가들은 이런 국가적인 경제발전을 주도하기 위해 선택된 계급이며 이런 계급을 위한 정책들을 수립하고 추진할 수 있는 정부가 선출되어야 한다.

③ 정부는 미국에 중요한 산업으로서 유치산업(infant industry)을 영국의 발달된 산업으로부터 보호, 육성하기 위해 관세(보호무역주의)를 적극 운용해야 한다.

이렇듯, 미국 연방정부 및 연방헌법이 구성되던 당시에 미국은 산업화를 위하여 강력하고 적극적이며 거대한 정부를 제안하는 보수주의자(원칙적으로 보수주의자들은 작은 정부를 선호, 오히려 자유주의자들이 큰 정부로 개인의 권리보장을 주장)들과 비교적 자유방임주의적이며 기존의 봉건적 요소인 지방분권적인 작은 정부를 제안하는 자유주의적 급진주의자들(이 부분은 보수주의에 더 가까움)이 기묘한 형태로 대립하고 있었다. 다르게 표현한다면, 지방분권화를 통하여 개인의 권리를 극대화하려는 세력과 성장을 위해 연방정부가 주 또는 지역공동체의 '법인체적' 권리의 자율성을 주장하는 세력 간의 갈등의 역사로 볼 수 있다. 물론 이러한 양상은 19세기에 미국의 자본주의가 완전한 산업 자본주의로 발전되면서 오래 지속되지는 않았지만 당시에는 두 가지 주장이 대립하면서 미국 발전 방향을 추동하고 있었다. 이와 같이 대립하는 두 주장은 어색한 보수주의적 성향을 공통분모로 갖는다는 잠정적 결론을 내릴 수 있다.

4 칼훈(John Caldwell Calhoun): 자본주의의 역설

미국의 정치경제학 사상에서 또 다른 주요 사상가의 한 명은 7대 부통령을 지낸 존 콜드웰 칼훈(John Caldwell Calhoun)이다. 칼훈은 1782년 미국 헌법이 만들어지는 시기에 태어나 그가 걱정했던 남북전쟁이 일어나기 11년 전인 1850년에 사망했다. 그는 고전적으로 보수주의 성향이 강했던 남부 주인 사우스캐롤라이나 출신의 상원의원이었으며 부통령과 국무장관 등을 역임했다. 그는 노예제도를 지지했으며 백인 우월주의자이기도 했다. 그러나 이런 이유 때문에 칼훈의 사상을 살펴보려는 것은 아니다. 물론 노예제를 지지하는 칼훈의 논리는 나중에 살펴보겠지만 매우 흥미롭고 심지어 전혀 이질적인 마르크스의 자본주의 비판과 놀라울 정도의 유사점을 갖는다. 물론 그 결론은 전혀 상반된 것이지만 말이다.

칼훈 John Caldwell Calhoun (1782~1850)

미국의 정치가로 연방하원의원, 육군장관, 부통령, 국무장관 등을 역임했다. 미국 사우스캐롤라이나주에서 태어나 예일대학교를 졸업하여 변호사가 된 칼훈은 1808년 사우스캐롤라이나주 입법부에 선출되었다. 그리고 1811년 미국 하원의 의원으로 국가 정치에 입문했다. 그리고 이어 육군장관과 부통령을 역임했다. 칼훈이 이와 같이 중앙 정치에서 주목받게 된 것은 1812년 미국이 영국과의 전쟁을 치르며 국민주의적인 애국적 정서를 바탕으로 그가 추진했던 공공정책에서 기인한다. 칼훈은 전후에도 적극적으로 미국의 국가건설에 관여하며 국민주의적 영웅으로 떠올랐다. 칼훈은 국민주의적 정책추진의 관점에서 본다면 철저한 연방강화주의, 연방 헌법 차원에서 본다면 철저한 연방주권주의를 주장했다. 이는 연방의회에서 제기된 보호관세 문제에서 드러난다. 이러한 관세법에 대해 남부와 사우스 캐롤라이나주는 적극적으로 찬동했다. 이처럼 그는 재위기간 동안 제한정부, 주의 연방법 효력 실시 거부, 그리고 노예문제 등에 대해 주장했다. 그는 연방독립과 주의 분리를 주장하며, 남부의 전형으로부터의 영향으로 노예제에 대해서도 지지 및 옹호했다. 칼훈은 삼두 정치의 대가로 명명되었으며, 하원의원(1810~1817)과 상원의원(1832~1843)을 모두 지내기도 했다.

예일대학교에는 1804년 자교를 졸업한 그의 이름을 따 명명한 '칼훈 칼리지'라는 레지던스 칼리지가 있었으나, 칼훈이 노예제도를 지지했던 부분에 대해 강렬한 반대시위가 일어나며 예일대는 2017년 2월 결국 미국의 컴퓨터 과학자이자 미군 해군제독인 그레이스 머레이 호퍼(Grace Murray Hopper)로 칼리지의 이름을 변경하기도 했다.

주요 저서로 「미국 헌법 및 정부론」, 「정치론」 등이 있다. 특히 「정치론」은 미국과 독일에 큰 영향을 끼쳤으며, 합의석 나수결제 이론(concurrent majority)은 오늘날에도 많은 함의를 주고 있다.

칼훈은 미국 정치사에서 지배계급의 분할과 적대, 동맹 등에 대해 이야기한 정치 전략가의 면모를 가지고 있다. 그는 정치적인 권력관계로서 경제적 토대에 기반하여 소수와 다수의 연합 및 권력관계 변화를 역동적으로 분석했다. 그리고 칼훈에게 이런 문제들은 자본주의와 자유주의, 민주주의의 모순과 관련된 정치적 쟁점이었다.

지배계급, 즉 사유재산 혹은 공장이나 토지 같은 생산수단의 소유계급은 다양한 당파로 나뉜다. 특히 이들의 권력은 노동자나 농민 등 수적인 다수와 타협을 하거나 조직적인 연대에 많은 영향을 받을 수밖에 없다. 비록 지배계급에 속한 분파라고 할지라도 다수의 지지를 받지 못하는 한 소수로 남게 된다. 다수파와 소수파의 관계와 힘의 논리는 역전되기 어려운 경우가 많다. 하지만 우리는 어떤 영역에서는 다수파가 될 수 있지만 또 다른 영역에서는 소수파가 될 수 있듯이, 다수파가 절대적이고 항구적으로 존재할 수 있는 것은 아니다. 그런데 정치에서는 선거에서 승리할 가능성이 높은 다수파가 존재한다는 것이며 소수의 의지는 항상 좌절되며 이는 결국 파괴적인 갈등을 야기하게 된다는 것이다. 그 결과 칼훈의 논리는 훗날 소수파의 권리와 발언권을 보장하는 다수결주의에 영향을 미쳤으며, 소수도 다수파가 될 수 있거나 의사결정 과정에 영향을 미칠 수 있어야 한다는 현대적 논리의 단초 또한 발견된다.

칼훈의 정치경제 사상은 실증적이고 사실적인 역사적 관찰에 기반했다. 영국, 프랑스, 미국의 사례를 살펴볼 때 산업화된 자본주의의 등장과 발전은 신흥 계급에 의한 다른 지배계급의 폭력적인 교체를 통해 이루어졌다. 구 지배세력의 재산과 권한을 몰수하고 그들의 재산을 재분배하는 과정에서 고통의 역사가 내재되어 있다는 것이다. 이러한 전환의 역사는 평화롭게 진행되는 것이 아니라 과격한 방식으로 진행되는 것이 일반적이었으며, 그 대표적인 사례가 바로 프랑스였다. 프랑스 혁명 기간 동안 앙시앵

레짐(구체제)의 루이 16세와 왕실 그리고 귀족의 재산은 혁명정부에 의해 압수되었고 이들은 단두대에서 처형당하거나 외국으로 망명 혹은 추방당했다. 이들의 재산은 소농과 낮은 중산계급에게 재분배되었다. 프랑스 혁명에 비교해 볼 때, 영국에서는 상대적으로 이런 과정이 온건하게 진행되었다. 상술한 영국 자본주의의 질적인 발전을 가져온 1845년의 곡물법 폐지는 대규모 지대 감소를 야기해 대지주들의 점진적인 몰락으로 이어졌다. 일련의 제도개혁은 자본가들의 이윤을 대폭 증가시켰고 노동자들의 임금도 적지만 인상되는 효과를 가져와 부의 실질적인 재분배 효과를 가져왔다. 이와 함께 영국 선거법 개정(Reform Act)은 곡물법 폐지에 참여한 중산계급에게 투표권을 부여했고 이를 통해 부의 분배 구조를 크게 변화시켰기에 산업자본주의로의 이행은 정치경제 구조와 사회 제도를 점진적으로 변화시키면서 진행되었다.

미국의 산업자본주의 확산 과정은 남북전쟁(1861~1865)을 통해 이루어졌다. 북부 출신의 링컨(Abrahm Lincoln)은 대통령으로 선출된 후 노예제도가 국가의 지속적인 발전에 방해가 된다고 생각했다. 북부는 높은 수준의 산업화와 경제력을 갖추었기 때문에 대규모의 노동력을 필요로 했고 노예제는 장애물이었다. 이에 비해 남부는 대농장주들의 농업과 작물 재배가 대세였기 때문에 이런 농업노동을 안정적으로 수행할 수 있는 노예제도를 완고하게 옹호했다. 남북전쟁은 북부에 대한 남부군의 공격으로 시작되었지만 남부의 지배세력은 미약했다. 전쟁에서 패한 남부 대농장주들의 재산은 혁명 정부에 의해 압수되었고 남부의 경제적인 주요 지역을 북부군이 접수하게 되면서 남부는 더욱 빈곤해졌다. 링컨의 암살 이후 급진적 공화당원들은 의회를 장악하였고 미국 전체의 정치경제 구조를 근본적으로 변화시키고 부와 권력의 재분배를 목표로 재건(Reconstruction)을 추진하였다. 연방 군대는 남부에 12년 동안 주둔하면서 저항 세력의 준동을 봉쇄했고 노예해방을 전역에서 관철시키면서 미국의 시민권을 확장 시켰다.

칼훈은 이런 남북전쟁의 전개를 예상하고 막아내려 했던 것일까? 그는 추후에 도래할 내전에 대비해서 농장주들의 정치적 전략을 설파하는 데 주력했다. 그는 독특한 논리로 다수의 농민과 노동자가 남부의 편에 서야 한다고 주장했다.

제퍼슨의 농업 중심의 경제와 낮은 중산층 중심의 원리가 지배하던 19세기 미국의 맥락에서 시민이 되기 위해서는 반드시 재산 소유자가 되어야 한다. 하지만 당시의 맥락과 달리 제조업 발달을 추구했던 해밀턴 지지자들은 노예들이 해방되어 공장에서 일할 수 있는 임금 노동자가 되기를 원했다. 이에 비해 제퍼슨 지지자들은 노예들이 해방될지라도 작은 재산(농지)을 소유한 농업종사자들이 되기를 원했다. 남북전쟁 후 급진적인 공화당원들은 남부의 많은 노예들이 해방되어 작은 농장의 소유자가 되어 시민권을 행사하도록 하였고 그들에게 투표권이 주어졌을 뿐만 아니라 연방 군대에 입대하여 동등한 시민적 자유를 행사하도록 하였다. 남부에는 대규모의 노예들이 있었기에 그들은 시민이 될 수 있었고 노예였던 시민을 주 의회의 의원으로 선출하기도 했다. 새로운 연방의회의 입법자들은 과거 노예들을 교육받은 시민들로 만들어서 소작농이 아니라 독립적인 자작농이 될 수 있도록 지식과 기술을 포함한 대대적인 교육프로그램을 시도했다. 나아가, 이러한 재건을 위해 과거 노예 주인들로 하여금 세금을 부담하도록 조세법을 통과시켜, 노예뿐만 아니라 전쟁으로 현금도 없어진 노예주들은 무거운 재산세와 여타의 세금을 내기 위해 그들의 토지를 팔 수밖에 없었다. 이러한 상황은 남북전쟁 직후에 출세의 기회를 위해 북부에서 남부로 내려온 뜨내기 정치인들(carpetbagger)과 남부의 중산층으로서 혼란기를 이용하여 부를 증식하려 했던 남부 사람들(scalawags)에게 돌아갔다. 이들이 바로 이 시기에 급성장한 대표적인 신흥세력이었다. 이런 기회와 제도를 이용해 급진적 공화당원들은 남부의 재산분배 및 계급구조의 급속한 변화를 유도하며 지배세력으로 등장한다.

칼훈이 예상했던 두려워한 계급분할 및 권력변화가 시작된 것이다. 그는 이러한 시도로부터 전통적인 지배층의 대변자로서 다수를 지키기 위한 제도 혹은 경제체제를 모색했다. 칼훈의 기본적인 문제의식은 다음과 같다. 왜 궁극적으로 노예제 폐지를 지지하는 사람들이 다수였고 노예 주인들과 그들의 동맹들은 소수였는가? 그리고 전통적인 지배층이었지만 소수가 되어가고 있는 노예소유주, 대농장주를 어떻게 다수파로 만들 것인가?

칼훈은 먼저 미국의 재산구조를 분석하였다. ① 동북부의 자본주의 지역과 ② 남부의 노예소유 지역이 존재했다. 숫자로 볼 때 동북쪽에 있는 자본가들이 남부의 노예소유주들보다 더 많았다. ③ 그리고 북부와 남부에 걸쳐 있지만 특히 미국 서부에 있는 소박한 재산 소유자의 경제영역이 있었다.

다음으로 칼훈은 남부의 정치경제적 특징을 분석하였다. 남부에는 제조업이나 여타의 산업이 없었다. 때문에 영국 제조업과 경쟁하기 위해 북부의 주도로 입법화된 관세와 보호무역 장치들로부터 이익을 취할 수 없었다. 보호무역주의는 남부에게는 대단히 불리한 체제였다. 왜냐하면 관세는 그들이 소비해야 할 제조업 상품의 가격을 올려서 더 높은 가격을 지불해야 한다는 것을 의미했기 때문이다. 남부는 비싼 가격의 미국의 공산품을 구입하기보다는 비교우위에 입각해 그들의 농산품을 유럽에 수출하여 유럽의 낮은 가격의 공산품을 수입하기를 원했다. 이에 비해 북동부의 자본가들은 그들의 공산품을 미국 서부에 판매하고 서부 지역의 농산물과 원자재를 구매하는, 서부 지역과 활발한 사업 교류를 진행했으며 이는 서부에 비즈니스 기회를 제공한다는 것을 의미했다. 더구나 자본가들은 낮은 소득의 중산층 계층과 서부의 소농장주들 그리고 사업가들을 소비 집단으로 간주하여 보호하였다. 후발 개척자들인 이들은 노예제도에서 불공정하게 막대한 이익을 얻고 있는 남부의 농장주들과 정치적으로 대립하고 있었고, 결과적으로는 산업자본가 세력들이 서부를 포함하여 더 많은 주의 지지를 얻고 있었다. 미국의 중앙권력은 인구와 주에 비례해서 구성되었고 새로 생긴 주들(대부분 서부)은 노예제도를 채택하지 않거나 폐지할 것으로 예상되었다. 이런 현상은 하원뿐만 아니라 상원에서도 북부와 서부의 이익을 옹호하는 세력들을 다수파로 만들 것으로 보였다. 이는 결국 노예제도 및 이에 기반한 노예기반 경제의 궁극적 폐지를 초래할 것이고 최종적으로 노예소유주들의 토지의 몰수와 재분배로 이어질 것이었다. 칼훈의 정치경제적 입장에서 더욱 치명적인 것은 이런 상황에 직면하여 북동부 자본가와 서부 주민들 사이에 동맹이 형성될 가능성이 높다는 점이었다.

동시에 자본가들은 점점 증가하고 있는 노동자들의 지지를 얻기 위해 다음과 같은 내용들로 그들을 설득하였다. 자본가들은 노동자들에게 직업을 제공하기에 그들의 편이며, 남부에 노예인구가 있는 한 임금노동의 가치는 하락할 것이고 자본주의는 작은 농장소유자에게도 다양한 자영업자가 될 수 있는 기회의 경제제도라는 것을 설파했다. 자영업자가 될 수 있다는 기회의 존재가 노동자들에게 더 좋은 노동 조건과 노동기회를 제공할 수 있다는 점이다. 이런 모든 조건이 자작농과 노동자들에게 우호적인 조건을 제공할 수 있기에 그들이 북부와 서부의 동맹에 가담하도록 설득할 수 있었다.

농장주 중심의 남부의 고립과 다수의 북서부의 동맹에 직면하여 칼훈은 노예소유주들이 그들의 소수의 위치를 다수로 만들기 위하여 단결해서 소(小)자본가들과 소농장주, 자영업자들, 노동자들로 하여금 남부의 동맹세력이 되도록 만들거나 혹은 그들을 분열하게 만들어야 한다고 주장했다. 이를 위해 먼저 대농장주 및 노예소유주들은 남부에 있는 작은 소농이나 자영업자들과 긴밀한 관계를 통해 그들도 작은 노예소유주로서 자신들의 사업에 유리하게 노예제를 활용하도록하면서 대농장주들의 동맹군을 구성할 것을 주장했다. 실제로 남부 연맹의 군인들은 대부분이 낮은 중산계급 출신이었고 장교들은 귀족들(대농장주)이 맡았다.

다음으로 칼훈은 자본가의 지지세력의 공동이익을 붕괴시킬 수 있는 이념적, 정치경제적 논리를 개발해 확산시키려 했다. 노예주들이 남부의 소농장주와 자영업자들과 동맹을 맺었음에도 여전히 소수인데 반해, 북부와 서부의 노동자들 및 소농장주, 자영업자들과 동맹관계인 자본가의 지지 세력은 다수였기 때문이다. 이러한 논리는 놀랍게도 마르크스주의의 논리와 유사한 측면이 있었다. 그래서 어떤 사람들은 칼훈을 노예소유주계급의 마르크스라고 부를 정도였으며 이는 모순적이기는 하지만 매우 적합한 비유였다고 할 수 있다. 칼훈은 훗날 마르크스가 자본주의 비판에 사용한 분석과 매우 유사한 구성과 논리를 가진 비판적인 분석을 발전시켰기 때문이었다.

당시에 자본주의와 자유주의의 명성과 인기를 높인 주된 정치적 근거는 평등하게 자유롭게 정치에 참여하는 민주주의였다. 그런데 칼훈은 루소를 언급하면서 인간 존재의 가장 근원인 공동체의 중요성과 자본주의의 결함을 부각시켰다. 칼훈은 자유주의적 자본주의에서 공동체의 중요성이 결여된 이유는 공동체가 자본주의에 의해서 유지, 촉진되지 못하고 파괴되기 때문이라고 주장했다. 그는 자본주의가 거대한 공장들과 대도시를 건설해서 작은 농촌마을과 소농장주, 자영업자들의 기반을 파괴한다고 인식한 것이다. 대도시와 공장노동은 비인격적이고 가족과 우정의 유대감은 파괴되고 기계적인 관계만을 강요한다. 자본주의는 철저하게 개인의 사익과 화폐만을 쫓게 만들어서 냉정한 개인주의만을 확산시키고 그 결과 전통적인 미국인들의 연대와 통합의 기반을 붕괴시킨다. 이를 통해 칼훈은 공동체와 유대감이 파괴된다면 사회적 갈등과 투쟁이 심해져서 미국은 내전에 휩싸일 것이라 주장했다. 결국 자본주의는 미국의 기반을 잠식하고 전쟁을 유발하게 되리라는 것이 그의 논리이다.

칼훈은 노예제에 대한 방어 논리도 제시했다. 어떤 사람은 노예제가 공동체를 촉진하지 못한다고 주장할 것이다. 그러나 칼훈은 노예경제가 자본주의 경제보다 더 위대한 공동체를 촉진한다고 주장했다. 비록 노예경제가 자유롭지 못한 노예를 가진 것은 사실이지만, 자본주의 경제 역시 노동자라는 임금노예를 가지고 있다. 따라서 표면적인 자유를 제시하는 임금노예제보다 공동체를 구성하는 노예제가 개인의 생활을 보장한다는 측면에서 보다 나은 제도라고 할 수 있다. 왜냐하면 노예들은 경제가 좋지 않을 때도 집과 살아갈 수 있는 음식, 그들이 아플 때 치료받을 수 있는 약 등을 제공받기 때문이다. 주인들의 보살핌을 받는 노예들은 노동자들처럼 무책임하게 해고되거나 실업자가 되어 굶어죽지 않는다. 물론 산업자본가들은 이런 배려도 노예소유주들의 개인적 이익에 따른 것이라고 비난할지도 모른다. 그러나 칼훈에 따르면 이런 비난이 오히려 노예제의 장점을 반증하는 것이다. 왜냐하면 자본가들에게 노동자의 건강, 안전, 수명을 보호하는 것은 자신의 이익도 아닐뿐더러 관심 사항도 아니라는 것이다. 더구나 도시의 산업 분야로 계속해서 노동력이 유입된다면, 자본가들은 노동자를 언제든 대체할 수 있는 도구로 바라보고 더욱 극단적인 방식의 착취도 마다하지 않을 것이다. 자본가들은 노동자들을 보살피기는커녕 사실상 죽음으로 내몰고 있는 것이다. 반면에 노예제에서 주인들은 노예들의 건강과 안녕을 보살피는 긍정적인 유인책을 가지고 있으며 노예들의 건강과 수명 관리에 투자를 통해 얻어지는 명백한 이익을 가지고 있다.

노예제의 이런 장점에는 주인의 이익 이상의 인간적인 가치가 담겨있다. 노예소유주들은 노예들과 항상적인 접촉을 통해 평생의 긴밀한 관계를 유지하기 때문에 노예들은 사실상 가족의 일부이다. 자본주의가 비록 민주주의를 지향한다고는 하지만 노예제는 자본가와 노동자 관계에서는 불가능한 친밀한 공동체를 유지할 수 있다. 더구나 자본주의는 자신이 주창하는 자유를 보장하지 못한다. 현실 속에서 노동자는 자신의 노동력을 자본가에게 팔아야만 하며 자본가의 권위에 종속당하고 어떤 의미에서는 자본가가 노동자의 생사권을 통제할 수 있다. 노예들에 대한 주인들의 통제보다 자본가의 통제가 더 비인간적이고 무책임할 수 있다. 그러므로 노동자가 노예보다 자유롭다고 이야기할 수 없다. 무엇보다도 자본가들은 맹목적인 이익 추구를 내면화한 사람들인 반면 노예주들은 선의를 가지고 공동체의 중요성을 내면화한 사람들이다. 칼훈은 이런 논리들을 자본가들을 설득하는 데 활용하지 않았다. 그것은 시간낭비였을 것이다. 칼훈이 설득 대상으로 삼은 집단은 낮은 중산계급과 노동자들이었다. 칼훈은 그들에게 남부의 노예제가 실제로 악한 것이 아니며 오히려 임금노동제보다 더 인간적이고 선한 공동체 구성을 위한 제도라고 설득했다.

질문

칼훈의 논리에는 큰 허점이 있습니다. 노동자들은 회사를 그만두거나 새롭게 고용되어 주인(자본가)을 선택할 수 있는 반면에, 노예들은 주인을 선택할 수 없다는 점입니다. 어떻게 생각하시나요?

답

그 대답은 칼훈과 마르크스가 유사하게 준비하고 있습니다. 노동자가 새로운 고용주를 선택하더라도 쇠사슬 같은 억압과 착취를 받을 수밖에 없다는 것입니다. 또한 먹고 살기 위해서는 일을 해야만 합니다. 그래서 노동자가 가진 선택의 자유는 실질적인 의미가 없습니다. 그러므로 노예나 노동이나 통제적 권위에 종속되는 것은 공통적이며 오히려 노예의 생존(의, 식, 주)을 책임져 주는 더 좋은 권력과 부를 가진 사람은 노예주라고 항변합니다.

V.

현대 정치경제학의 세 가지 흐름들: 자본주의와 민주주의의 균형과 공존

V. 현대 정치경제학의 세 가지 흐름들: 자본주의와 민주주의의 균형과 공존

1 시장 중심을 주장하다

현재 대부분의 국가는 시장경제 중심의 자본주의와 민주주의라는 경제제도와 정치제도를 병행하고 있다. 대한민국 역시 두 제도를 정책 결정의 중요한 기반으로 설정하고 있다. 이는 자본주의 시장경제를 통해 효율적인 교환과 생산을 기할 수 있고, 민주주의를 통해 평등하고 자유롭게 정치참여를 보장하여 사회적 긴장을 낮추고 사회적 요구에 순응하는 분배를 수행할 수 있기 때문이다. 그런데 우리가 지금까지 살펴본 것처럼, 자본주의 시장경제의 효율성과 민주주의 자유의 원리는 상호 보완적이지만 권리보장을 위한 평등 원리는 상황에 따라 충돌하기도 한다. 자본주의 시장경제는 물질적 영역에서 가장 중요한 제도이지만 교환에 기반하기에 사적 영역으로 치부되어 개인의 자유가 강조된다고 볼 수 있다. 반면에 민주주의는 공적 영역으로서 집단적 의사결정의 원리로서 다수의 권리를 행사할 수 있는 중요한 제도이다. 이 두 가지 제도를 어떻게 조화시킬 것인가 하는 문제가 우리나라뿐만 아니라 서구를 포함한 세계 모든 나라의 과제이며 인류 역사의 진보와도 직결되는 문제라 할 것이다.

먼저 현대 정치경제에 막강한 영향력을 미치고 있는 신자유주의 혹은 우파 자유주의는 민주주의보다는 시장에 근원적이고 우선적인 중요성을 부여하는 흐름이다. 즉, 신자유주의는 정치에 대한 시장의 우선성을 강조하며 시장에 근본적인 중요성을 부여한다. 이들에게 시장제도는 자유주의 사회의 '구성적인' 핵심 원리로서 이에 비해 민주주의적 권리는 부차적, 파생적 지위로 간주되는 경향이 있다. 민주주의는 최소주의로 한정되어 사유재산권을 보장하고 자유로운 시장 활동과 규칙적인 공정한 선거 경쟁을 보장하는 절차가 된다.

신자유주의는 자본주의 시장경제에 대한 전폭적인 지지에 기초하고 있다. 신자유주의는 자본주의 형성기에 사유재산권을 신성시하고 신흥부르주아 계급의 특권을 옹호했던 고전적 자유주의의 현대적 부활이라고 볼 수 있다. 신자유주의에서 시장은 경제적 효율성을 극대화시켜 줄 뿐만 아니라 개인의 자유를 보장해주는 가장 중요한 수단이다. 그리고 신자유주의에 있어 경제적 자유주의는 민주주의가 성공할 수 있도록 해 주는 관건이 된다. 경제적 시장은 개인적 자유의 실현을 위한 필수조건이며 사유재산권은 민주주의를 위한 필수불가결한 요소이다. 왜냐하면 민주주의는 개인의 자유와 권리를 전제하고 있기 때문이다. 때문에 개인적 자유의 근원이 되는 자본주의 시장 원리를 수정하거나 통제하려는 모든 시도는 시장관계가 촉진하는 개인의 자유를 억압하는 것으로 간주된다. 이에 민주적 평등을 명분으로 자본주의를 통제하려는 시도는 자유민주주의를 위협하는 결과를 초래할 수 있다. 특히, 중앙권력의 막강한 권한과 사회 전체의 수요와 공급을 계획하고 통제하려는 사회주의는 개인의 자유와 민주주의를 말살한다.

이와 같은 신자유주의의 대표적인 학자는 하이예크(Friedrich Hayek)이다. 그의 1944년 저서 『노예의 길(The Road of Serfdom)』에서 자본주의와 사회주의 사이의 중도적 개념을 거부하며, 혼합경제를 위험한 신화라고 비판했다. 그는 정부의 개입은 자유시장경제의 유연하고 효율적인 기능을 왜곡시키게 되고, 정부는 이러한 왜곡을 바로잡기 위하여 더 많은 개입을 하게 되는 악순환의 고리를 양산한다고 확신했다. 그래서 이러한 정부 개입의 악순환은 결국 사회를 사회주의 국가로 만들어갈 것이라고 비판했다. 하이예크는 자유로운 개인들 간의 상호작용으로 결합되어 독립적 원리에 의해 작동하는 시장이 계획경제와는 비교할 수 없을 정도로 좋은 결과를 가져온다고 주장한다.

하이예크의 시장에 대한 믿음은 계몽주의자들의 이성에 대한 믿음을 상당 수준 유보하는 논리에 기반하고 있다. 인간은 무지하기 때문에 어느 누구도 세상에 대해서 완벽하게 알 수는 없으며 인간 사회의 일부분에 대해서만 파악할 수 있다. 그렇기에 어느 누구도 사회 전체에 대한 계획을 세우거나 조정해 나갈 수 없다고 주장하고 있다. 그는 합리성이라는 자체 안에서 이성이 우리의 선택을 조정한다는 점에서 합리성조차도 비판하는 완벽한 자유를 주장하였다. 시장은 사회전체에 확산되어 있는 정보를 전달하고 동원하며 경제적으로 활용하게 만드는 신비로운 발견을 수행한다고 주장한다. 사회와 경제 등을 순환하는 지식은 어떤 단일한 계획기관에 의해 일일이 수집되어 정책에 반영될 수 있는 부류의 지식이 아니다. 그와 같은 종류의 지식은 시장의 '보이지 않는 손'에 의한 가격결정방식이 아니라면 도저히 반영 해낼 수 없는 지식이다. 그러므로 사회주의 체제의 보편적인 빈곤화 현상은 사회의 모든 곳에 확산되어 있는 비(非)명제적 지식을 수집할 수도 계산해낼 수도 없는 계획경제의 무능력에 기인하는 것이다.

하이예크는 이와 같은 이유로 가능한 한 모든 영역에서 정부의 간섭과 역할을 최소화하려고 하였다. 하이예크는 "민주주의는 사적인 영역의 자유를 보호하기 위한 집단적 절차로서 권력의 독점과 남용을 견제하는 역할을 해야 하기 때문에 사유재산권과 시장의 자유를 제한하는 민주적 다수결의 결정은 정당성을 상실한다"고 주장하였다.

프리드리히 하이예크 Friedrich August von Hayek (1899~1992)

오스트리아 출신의 경제학자이며 시장경제의 옹호론자이자 통화주의 아버지로 일컬어진다. 1974년 자유주의의 이론적 기초를 확립한 공로로서 노벨 경제학상을 수상했다. 1930년대에 영국으로 건너간 하이예크는 경제가 침체한 원인과 극복방안에 대해 존 메이너드 케인즈(John Maynard Keynes)와 논쟁을 펼치게 되는데, 케인즈가 주장하는 정부개입에 대한 인위적 조절에 대해, 하이예크는 시장 가격결정기능의 자유로운 조절로서 논박했다. 이후 하이예크는 미국으로 건너가 사회학, 심리학 등으로 활동 분야를 확장하며 자유주의 사상가로 등극하게 되고 프리드먼과 함께 통화주의 경제학을 발전하는 데에 공헌하기도 했다.

하이예크가 젊은 시절을 보냈던 1920~1940년대에는 대공황으로 인해 자본주의의 모순에 대한 지적이 이뤄지며 사회주의 체제가 성립하고 독일과 같은 국가에선 파시즘 체제가 등장하던 시기였다. 전쟁 후에는 대부분 자본주의 국가들에서도 케인즈 경제학에 기반하여 국가의 경제 개입을 보편적 개념으로 수용하였으나, 하이예크는 사회주의 경제와 국가 경제개입을 비판하고 자유시장 및 자본주의 경제를 옹호하고자 했다.

이처럼 그는 사회주의 계산논쟁 및 케인즈와의 논쟁 등 경제학설사에서 주요하게 꼽히는 논쟁들에 활발하게 참여했을 뿐 아니라 경제학의 여러 분야와 인식론적 심리학 저술에 이르기까지 다양한 사상체계를 이룩했으며, 그 기저엔 개인의 인지적 한계에 대한 통찰을 담았다.

주요 저서로 「노예의 길」, 「자유헌정론」, 「법 입법, 그리고 자유」 3부작, 최후의 저서로 「치명적 자만」 등이 있다.

정부의 주요 목표는 시장경제에 간섭하여 시민들이 소비할 어떤 특정한 재화와 서비스를 산출하는 것이 아니라, 재화와 서비스의 생산을 규제하는 장치들이 잘 작동하는가를 살피는 것이다. 정부가 자본주의 폐해를 교정하겠다고 시장에 개입하는 순간 일단 억압을 피할 수 없고, 관료적 비효율성을 빚어낼 가능성이 크다. 따라서 하이예크는 "사회정의란 국가나 정치의 몫이 아니라 시장에 위임해야 하는 것이다"라고 주장한다. 복지 역시 긍정적인 측면도 있지만 종래에 파국을 맞이하게 될 것으로 본다. 복지제도는 가난한 자보다 부유한 자에게 더 많은 혜택을 주고, 거대한 관료주의적 비효율성과 억압성을 조장하며, 수혜자들에게 수동적인 복지 의존성만을 만들어낸다는 것이었다.

간단하게 그의 주장을 살펴보자면, 복지제도가 모두에게 동일한 혜택을 제공하려고 한다면 장소·정보력 등이 우세한 부유층에 유리하며, 복지를 위한 정부의 억압적 개입은 시장의 자생질서를 무너뜨리는 비효율을 조장하며, 경우에 따라서는 부유층과 대기업에 유리한 규제를 만들 가능성이 커진다. 그렇다면 '선의의 개입'이라는 복지제도는 더 많은 통제와 관료화를 낳아 개인의 자유와 선택권이 줄어들게 된다. 결과적으로 경제적 자율성이 사라지면서 사회적 불평등이 공고화될 수 있다는 주장이다.

통화주의자인 프리드먼(Milton Friedman) 역시 그의 저서 『자본주의와 자유(Capitalim and Freedom)』에서 자본주의의 최대의 위협은 근대 민주주의 국가가 금리, 임금, 은행 등에 의해 사적 영역에서 해결할 수 있는 복지에 정부의 역할을 확대하는 것이라고 주장하였다. 시장이라는 사적 영역에 정부의 개입은 자유정부와 시장체제를 통합된 괴물로 만들어 결국 자유와 생산성을 갖지 못하게 하여 정치적, 경제적 자유를 위협하게 된다고 보았다. 그에게 있어 시장이란 사람들의 요구와 이를 반영한 기업의 공급이 균형을 이루는 민주적 표현의 장이다. 하지만 계획경제의 정치체제는 사람들이 시장에서 요구할 수 있는 선호의 종류를 제한하기 때문에 개인의 자유를 제한한다는 것이 그의 주장이었다.

프리드먼은 대공황에 대해서도 다음과 같은 견해를 갖고 있었다. 대공황은 경제활동이 위축되고 있음에도 중앙은행이 통화 공급망을 축소한 정부 정책 때문에 발생한 것이므로, 정부실패이지 시장실패에 의하여 발생한 것이 아니라는 주장이다. 그러면서 프리드먼은 주가 폭락이 아니라 중앙 은행의 통화량 억제 정책으로 통화량이 1/3로 감소한 것이 대공황의 직접적인 원인이라고 지적했다. 이러한 지적은 차후 다루게 될 개입주의 노선의 케인즈 경제학과의 차이로, 시장이 실패했기 때문에 정부가 개입해야 한다는 주장과 반대된다. 프리드먼의 주장처럼 미국의 경제성장은 1970년대를 기점으로 침체를 맞게 되고, 실업률 증가와 인플레이션이 동시적으로 일어나는 스태그플레이션이 나타나게 된다. 그의 일관된 주장은 경제교환의 근간은 통화이므로 인플레이션은 재정정책보다는 통화정책을 통해 개신해 나가야 힌다는 것이디. 즉, 인플레이션은 화폐적 현상이므로 중앙은행이 예측 가능한 속도로 통화량을 증가시키는 것이 이상적이라고 주장하였다.

프리드먼은 경쟁적 자본주의는 경제적 자유의 근간이며 정치적 자유를 위한 필요조건이라 주장하였다. 즉 여론에 따른 정치적 합의에 기반하여 정부가 시장 논리를 무시한 채 정책 집행을 목적으로 시장에 개입하게 되면 경제적 자유가 손상될 수밖에 없고, 궁극적으로 정치적 자유까지도 위협하게 된다. 또한, 그는 교육제도에 대하여서도 시장개념을 도입할 것을 제안했다. 정부가 일정 금액의 '교육바우처'를 지급하고 학부모나 학생은 본인들의 선택에 따라 공립 또는 사립에 등록하는 제도로, 이를 통해 학교 간 경쟁이 생기고 교육의 질이 개선될 거라 예측하였다.

1946년 시카고학파 출신인 스티글러(George Stigler)와 공동집필한 논문인

"지붕인가 천장인가? 현재의 주택문제(Roofs or Ceiling? The Current Housing Problem)"에서 프리드먼은 캘리포니아의 주택 임대료 규제가 주택 가격을 인상시킬 것이며 궁극적으로 무주택자들의 피해를 더욱 가중시킬 것이라고 지적했다. 정책적 개입을 통해 인위적으로 주택가격을 낮추면 잠재적 건설사는 인센티브가 없어지기 때문에 주택건설을 포기하게 되어 공급난으로 이어지고, 이로 인해 주택가격이 오히려 상승할 수밖에 없다는 논리이다.

정치적 목적으로 경제에 개입하는 문제점을 스티글러는 "규제와 경제이론(The Theory of Economic Regulation)"에서 '포획이론(Regulatory Theory)'으로 설명하였다. 피규제 대상들이 규제를 풀기 위해 정부나 공무원들을 포획한다는 지적이다. 19세기 프랑스 양초업자들은 양초 사용이 늘어나면 다른 여타 사업인 소기름, 생선기름등 연관 산업이 발전한다며 태양을 가릴 커텐을 집집마다 달게 규제해 달라는 건의를 했다. 어이없는 발상이라 볼 수 있지만, 규제기관이 외부의 영향력을 차단할 시스템을 만들지 못하고, 심지어 자정 노력조차 없다면 결국 소비자가 아니라 생산자의 입장에서 규제가 만들어질 수 있음을 지적하고 있다.

노동 시장에서는 정보가 중요하다. 구직자들은 높은 임금이 기대된다면 실업 기간이 길어지더라도 탐색을 통한 구직행위를 계속하는 것처럼, 사람들은 정보를 얻기 위하여 추가 비용이 들더라도, 이를 초과하는 이익을 얻을 수 있다면 정보탐색을 멈추지 않는다. 하지만 규제가 많으면 탐색행위는 중단된다. 실례로 1981년 미국 레이건 정부의 탈규제화 정책의 영향으로 항공사, 트럭운수회사의 설립이 가능해지면서 해당 분야에 경쟁이 촉발되었다. 수요자들이 가격비교를 할 수 있게 된 것이다. 결과적으로 소비자 즉 수요자는 저렴한 비행기표와 저렴한 운송사의 등장으로 다양한 선택지를 갖게 되었다. 만일 해당 시장이 규제를 통해 하나의 회사를 중심으로 독점 운영되었다면 소비자는 선택권을 가질 수 없었을 것이고, 이에 따른 정보 탐색 행위도 하지 않았을 것이다. 이러한 사례는 프리드먼과 스티글러의 관점에서 시장이 움직이는 최고의 가치가 효율성이며, 효율성의 달성은 탈규제를 통해서 가능함을 의미한다.

다시 하이예크로 돌아가보자. 국가의 역할은 자유시장경제의 핵심인 시장을 보호하는 것을 중심으로 작동해야 하며, 치안과 질서 유지 등 최소한의 필수적인 의무만 수행하면 된다. 자유시장경제가 내포하고 있는 불평등과 또 그로부터 발생하는 다른 불평등들은 인간이 악한 감정으로 의도적으로 만든 것이 아니라 자연적인 결과물일 뿐이다. 불평등은 오히려 소수의 경제적 엘리트들의 실험정신을 자극함으로써 장기적으로는 자유로운 사회의 모든 구성원들이 그 혜택을 누릴 수 있게 만들어 준다. 더구나 시장은 이윤의 추구라는 단일한 원리에 의해 관철되기에, 피부색, 신분 등과 같은 요소들을 전혀 고려의 대상으로 삼지 않는바, 정치적 편파성과 사회적 편견을 배제한다. 그것은 이기주의를 장려하는 것이 아니라 반대로 자유사회의 도덕적 건전성을 보장해 준다. 요컨대, 시장은 개인들에게 자율성과 자기결정의 자유와 책임을 보장하면서 인간성을 표현하고 실현할 수 있도록 해 주기 때문에 도덕적인 차원에서 정당화되는 것이다. 이런 관점에서 자본주의 시장경제는 민주주의를 위한 필수적인 도덕적 토대로서 정당화되었다.

20세기에 고전적 자유주의를 현대 자본주의에 부합하게 체계적으로 현대화한 자유지상주의자 노직(Robert Nozick)은 『무정부, 국가 그리고 유토피아(Anarchy, State, and Utopia)』에서 고전적 자유주의의 오래된 관념인 자연 상태 개념을 끌어온다. 노직은 홉스와 로크처럼 개인은 자연 상태에서 권리를 갖지만, 대신 어디에서도 권리를 보호받지 못한다고 보았다. 그리고 국가의 출발은 바로 이러한 개인의 권리를 보호받기 위한 계약에서 출발한다고 생각하였다. 따라서 그에 의하면 국가는 단지 개인을 보호하는 기능만 수행할 뿐이며, 이러한 최소국가(Minimal State)가 합법적이거나 정당한 이유는 그것으로 인하여 어느 누구의 권리도 침해되지 않기 때문이라고 하였다. 만일 국가나 정부가 사람들을 보호하는 일 이상의 과업을 수행한다면, 누군가의 권리는 반드시 침해당할 것이므로 부당할 수밖에 없다고 생각하였다. 예컨대, 다른 사람에게 혜택을 주기 위해 어떤 사람에게 돈을 걷어 세금을 사용하는 정책은 일종의 '강요된 노동'과 마찬가지이다. 즉, 100달러를 벌어 20달러를 세금으로 내는 사람은 만일 그 20달러가 자신을 보호하는 데 사용된다면 아마도 아무런 불평을 하지 않을 것이다. 그러나 만일 10달러가 자신이 아닌 다른 사람들의 보건의료, 교육, 실업수당과 같은 혜택을 제공하는 데 들어간다면 그 노동자는 자신이 일하는 시간의 10%를 타인을 위해 노동하도록 효율적으로 강제되는 것이다. 노직은 이것을 강요된 노동과 마찬가지라고 말하며 개인의 권리 침해에 해당한다고 보았다.

또한 노직은 소유권 인정의 조건을 제시하였다. 첫째, 정의의 원리에 맞도록 합법적으로 취득한 재화에 대해서만 소유권을 인정하는 취득의 원칙이 존재해야 한다. 둘째, 취득의 원칙으로 획득한 재화가 자유롭게 기망 없이 교환을 통해 이전(양도)되는 것을 정당한 소유권으로 인정하는 이전의 원칙이 존재해야 한다. 셋째, 부당한 소유가 발생하면 국가가 개입하는 교정의 원칙이 존재해야 한다. 이러한 세 가지 원칙을 통해 노직은 개인의 소유권을 보장받기 위한 정당성의 조건을 제시하고 있다.

고전적 자유주의자들과 마찬가지로 노직 역시 정부는 넓게는 폭력과 착취로부터의 보호, 좁게는 시장의 무제한적인 경쟁을 보장하기 위한 자유시장경제의 공정한 규칙을 관리하는 수준에 머물러야 한다고 주장한다. 정부가 이와 같은 역할만을 공정하게 수행할 때, 시장은 자본주의 경제의 중추신경계로 작동하면서 재화와 서비스의 수요 공급을 조정하는 보이지 않는 손의 역할을 수행하여 균형적인 사회를 이룰 수 있다. 노직이 소유권의 인정을 위한 조건을 제시한 것은 이 때문이다. 소유권의 인정을 위한 정당성은 시장의 보이지 않는 손이 가동하기 위한 우선 조건으로, 개인과 사회 전체에 최상의 이익 산출과 자원의 할당을 자연적으로 달성하게 만든다. 때문에 노직은 국가의 중앙집권적인 계획과 인위적인 개입을 역사적으로 실패한 사례로 판단하며, 사회주의의 변형된 형태로서 복지국가는 실업, 인플레이션, 경제후퇴 등의 실패로 귀결될 운명이라 말한다. 따라서 법과 공공질서를 포함한 모든 서비스는 자유주의적 시장방임과 가격 원리, 이윤추구, 기업가 정신에 의한 생산 촉진 등의 사적 경제원리에 의한 시장을 통하여 제공되어야 함을 주장한다.

자유방임 보수주의자로 볼 수 있는 영국총리 대처(Margaret Thatcher)와 미국 40대 대통령 레이건(Ronald Reagan), 41대 대통령 부시(George H. W. Bush) 정부의 소득세와 법인세에 대한 대대적 삭감 프로그램은 신자유주의의 원리에 부합하는 정책으로, 복지와 재분배 정책의 강화는 개인의 도덕적 책무와 자존감을 약화시키면서 자본주의 시장경제를 체계적으로 왜곡하게 만든다는 시각을 내재하고 있다. 이런 자본주의 시장 경제 속에서 정치 혹은 민주주의의 역할은 희소한 자원을 둘러싼 개인 간 자유 경쟁을 보장하고 보호하는 역할에 한정되는 경향이 있다. 정부는 개인 간의 이익추구를 위한 행동을 막아선 안 되며, 다른 사람의 권리를 침해하지 않는 한에서 개인이 원하는 것을 무엇이든 생각하고 말하고 행할 수 있는 권리를 보장해야 한다. 개인의 이러한 권리는 오직 국가가 최소국가의 형태로 운영되고 전통적 가치가 강조될 때 누릴 수 있다.

1972년 미국 대통령선거에서 자유주의당(Libertarian Party) 대통령 후보로 나왔던 호스퍼스(John Hospers) 역시 이런 신자유주의적 정치경제학의 노선의 실천자였다. 그는 자신의 저서 『자유지상주의(Libertarianism)』에서 개인은 자기 자신의 몸과 노동에 대한 절대적인 권리를 소유하고 있으며 자기 소유에 대한 권리가 생명에 대한 권리임을 강조한다. 그는 사유재산에 대한 침해를 생명에 대한 침해와 동일시하면서 다수를 위한다는 명분으로 정부가 유산자들의 재산을 침해할 가능성을 항상 경계해야 한다고 강조한다. "조심하고 또 조심하라. 정부는 그 어떤 집단보다도 개인의 권리를 침해한 무장한 위험한 존재이다." 이렇듯 자기 소유의 권리는 '매우 강력하고 폭넓은' 다른 권리들의 토대가 되면서 자신의 몸에 지닌 모든 자연적 자산들(재능과 노동 능력 등)에 대한 권리의 근거가 된다. 이처럼 사유재산권은 생명과 자유에 대한 권리만큼 절대적인 기본적인 권리이다. 비록 정치적 승리는 거두지 못했지만, 그의 주장과 정치적 행보는 미국 내 자유지상주의 운동에 영감을 주었다.

20세기 초반부터 사회주의 계획경제의 몰락을 예견했던 오스트리아 경제학자 루트비히 폰 미제스(Ludwig von Mises)의 제자 자유지상주의자 로스바드(Murry Rothbard) 역시 개인들이 자발적으로 참여(개인의 행동은 비의식적 경우를 제외하곤 목적을 수반한다)하는 자유시장의 질서, 조화, 효율성을 긍정하면서 이에 대비되는 국가의 강제행위가 초래하는 무질서, 갈등, 비효율성을 부각시킨다. "국가는 반사회적 도구로서 자발적인 교환관계와 개인의 창의성, 노동분업을 왜곡시켜 재앙을 초래할 것"이라면서 무정부적 자본주의(Anarcho-Capitalism 또는 Free Market Anarchism)를 주창하면서 어느 누구도 개인의 생명, 자유 그리고 재산에 대한 침해를 정당화할 수 없다는 비침해 원칙(Non-Aggression Princilpe)을 고수했다.

뷰캐넌(James Buchanan)으로 대표되는 공공선택학파 또는 공공선택이론은 민주주의의 과반수제 등의 공공선택 방식에 비용이 수반된다는 점에서 비효율성이 존재한다고 주장한다. 사업가가 이기적이라면, 정치인이나 관료들도 역시 "정치적 사업가(Political Entrepreneur)라고 부르지 못할 이유가 없다."라며 시장 원리와 정치 원리는 근본적으로 차이가 없다고 보았다. 시장에서의 합리적 선택 원리를 정치 영역에까지 확장 적용하고 있는 셈이다. 즉, 비용과 이익을 저울질하는 계산의 원리가 집단적 의사결정 규칙을 정하는 헌정적 구조에도 동일하게 적용될 수 있으며 공공재의 창출과 제공 역시 시장의 원리에 종속된다는 것이다. 이런 문제는 민주주의 국가들이 이미 처해 있는 문제이기도 하다. 확고한 목적, 자금력 그리고 조직을 가지고 있는 이익집단들은 정부에 압력을 행사하여 국가차원의 경제정책에 영향을 미치고, 그에 따른 결과로 일반 소비자들은 이득은 커녕 국가적 효율성과 소득의 하락으로 인한 피해를 입게 된다. 이해관계로 뭉친 특수 이익 집단들이 세력화되지 않은 일반대중보다 더 큰 목소리를 낼 수 있다. 그렇기 때문에 정치영역도 시장에서처럼 누군가의 의도에 따라 행동하는 이기적 동기를 가진 개인들의 상호작용으로 보라는 뜻으로 이해할 수 있다. 결과적으로 정치적 의사결정은 일반 대중 전체의 이익보다는 특정 집단의 이익을 반영하게 되어 규제의 남용, 재정팽창, 국가채무 증가, 비효율적 복지를 양산하게 된다.

민주주의는 시장과 사유재산권을 보조하는 수단적, 도구적, 부수적 영역일 뿐이지 재산권을 제한하거나 시장의 불평등을 교정하고 소득 분배 규칙 등을 정하는 민주주의는 결과적으로 자본주의 정치경제의 파국을 초래할 것이라고 경고한다.

결과적으로 이러한 시장 우선적인 정치경제학의 흐름들은 민주적 정치과정에 참여할 수 있는 자격이나 능력에 대한 논의가 약하며 정치적 권리의 중요성 역시 그 비중이 대단히 낮다. 특히, 다양한 스펙트럼에도 불구하고 신자유주의 계열의 학자들에게 민주주의는 대의제나 투표에 참여할 권리만을 의미하는바, 그 어떤 논리에 의해서든 불평등을 완화하거나 평등의 공공선이나 사회복지를 위해 재산권을 결코 제약해서는 안 된다는 것이 강조된다. 빈부격차 등 자본주의 시장의 폐해는 불가피한 것이므로 이를 시정하기 위한 국가의 어떤 노력도 시장을 왜곡하고 인간의 의존성을 강화할 뿐이라는 것이다. 이들에게 자본주의 시장은 필연성의 과학이며 시장은 동기부여의 장이며, 이성적 한계를 가진 인간과 집단들이 따라야 하는 독립적이고 스스로 조정하고 발전할 수 있는 실체로 간주된다.

2 균형 중심을 주장하다

시장과 민주주의의 균형을 추구하는 현대적 자유주의 혹은 복지주의적 자유주의는 자본주의가 발달하면서 불만이 고조된 노동자들의 요구가 분출되고 이들을 자본주의 체제로 포용해야 할 필요성이 제기됨에 따라 태동하였다고 볼 수 있다. 당시 산업자본주의 발전의 이면에서는 다수의 빈곤과 노동자 소외 등 부정적인 폐해가 광범위하게 확산되고 있었다. 저임금, 장시간 노동, 열악한 근로·주거환경, 기술적 실업, 노동 분업의 비인간적 영향, 그리고 인구 과밀 현상 등과 같은 문제가 심각해짐에 따라 사회적 문제로 떠오르기 시작했다. 이에 따라 고전적 자유주의에 비해 훨씬 더 융통성과 탄력성을 가진, 사유재산과 민주주의를 동시에 보존하면서 성장과 생산뿐만 아니라 사회적 정의를 추구하는 국가 모델의 필요성이 부상하게 되었다.

공리주의적 전통에 기반한 현대적 자유주의의 초기 흐름은 대표적으로 존 스튜어트 밀의 연구로부터 영향을 받은 그린(Thomas Green), 홉하우스(Leonard Hobhouse), 홉슨(John Hobson) 등을 꼽을 수 있다. 이들은 기존의 고전적 자유주의자들보다 더 광범위하고 적극적인 자유를 옹호하였다. 이들에게 자유란 인격적 발전, 개인의 능력과 시민적 덕성의 함양과 긴밀하게 연결되어 있다. 자유란 자아실현을 추진하고 자신의 도덕적인 인간성과 잠재력을 완성시켜 나가는 능력의 관점에서 사고되었으며 이런 견해는 시민적 능력 향상을 목표로 하는 복지자유주의의 토대를 제공하였다. 이들에게 복지는 개인적 존재를 망치는 사회악으로서 국가 개입이 아니라 개인의 삶과 행복을 안전하게 인도함으로써 궁극적으로는 자유를 확대시킬 수 있는 긍정적인 국가의 지원으로 간주되었다. 이런 사고는 이후 마셜(Alfred Marshall)과 케인즈(John Maynard Keynes)뿐만 아니라 롤스(John Rawls)와 하버마스(Jurgen Habermas) 등에 영향을 미쳐 새로운 자유주의의 전통을 만들게 된다.

이런 현대적 자유주의의 초기 사상가들 중에서 홉슨의 역할은 지대했다. 홉슨의 정치경제학은 협동과 평등이라는 윤리적 이상에 기초한 사회의 강점과 실현 가능성을 강조하면서 산업자본주의가 야기한 삶의 질 문제를 부각시켰다. 홉슨은 현대 자본주의에서 다수의 빈곤은 시장 원리의 구조적인 문제에 있다고 분석하면서, 자본주의 구조에 따른 필연적이며 주기적인 경기 침체가 대규모 실업을 낳는다고 통찰했다. 순수한 시장 원리에는 공급과 수요 불균형의 가능성이 존재하며, 이것은 상품의 과잉을 초래하여 경기 침체를 가져올 수 있으며, 문제의 근본적인 원인은 시장경제의 잘못된 분배 체계에 있다고 주장했다. 그는 '자유경쟁에 의한 조화로운 분배'라는 고전경제학의 교의를 거부하면서 시장은 항상 불완전 경쟁 혹은 독점적 경쟁에 의해서 지배된다고 보았다. 홉슨에 따르면, 시장경제에서 분배는 결국 경제적 강자의 힘에 의해 결정되며 그로 인해 불완전한 경쟁을 통한 불공평한 분배가 구조적으로 확대 재생산된다는 것이다. 또한 부유층의 과잉저축은 수요를 약화시켜 경기침체가 발생한다고 지적하며 부의 재분배와 복지 확대 등을 요구했다. 이는 시장의 원리가 효율성의 측면을 바라볼 때 소모적인 측면이 존재함을 의미하며, 최대의 결과를 얻을 수 있도록 자원과 소득을 가장 효율적으로 배분하는 데 실패할 수 있음을, 필연적으로 과잉생산에 따른 경제 침체와 실업의 위험성을 내포하고 있음을 의미한다. 즉, 시장경제의 본질적인 의도와 달리 엄청난 자원의 낭비가 초래될 가능성이 존재한다는 것이다. 따라서 홉슨의 사회 정의적 시각에서 바라볼 때, 시장경제는 경제적 효율의 견지에서는 비합리적이며 부도덕한 측면을 지닌 것으로 이해된다. 그렇기 때문에 보다 도덕적이고 사회적 책임을 강조하는 경제정의를 주장했다. 그런 점에서 정부의 개입을 어느 정도 인정했다고 볼 수 있다.

홉슨과 더불어 현대적 자유주의의 개념적 토대를 형성한 현대 복지국가 이론의 선구자 토마스 그린(Thomas Green)은 자유를 소극적 자유(negative freedom)와 적극적 자유(positive freedom)라는 두 가지 개념으로 나누었고 자유를 단순히 '구속과 강제의 부재'라고 정의하는 소극적인 자유에서 더 나아가 적극적 자유가 필요함을 주장하였다. 진정한 자유는 적극적인 힘 혹은 자신이 원하는 무엇인가를 할 수 있는 능력 혹은 할 만한 가치가 있는 무엇인가를 즐기는 것이다. 이러한 개념은 탐욕스런 정부로부터 개인을 보호한다는 의미에서의 보호적 민주주의라는 개념에서 개인의 능력과 재능의 함양과 육성이라는 발전적 민주주의로의 전환을 의미한다. 개인의 발달은 상호작용을 통해 이루어지며 서로의 자유를 촉진하기 위해서는 공동체가 필요하다. 그린은 공공선에 동등하게 기여하기 위해서 모든 사람들은 어떠한 형태의 권력으로부터라도 해방되어야 한다고 말한다. 하지만 점점 더 심화되는 빈곤, 질병, 편견, 무지 등이 자유와 기회를 가로막고 있어 개인들의 발전 기회를 제공하지 못하고 있다. 이처럼 개인의 능력을 제한하는 장애물이 시장경제에서 발생되고 있으므로, 그러한 장애요인을 제거해야만 개인의 자유로운 성장과 발전이 가능하다는 것이다.

그렇기 때문에 국가는 단순한 야경국가에서 공동체의 수호자로 교육, 보건, 복지, 노동조건 향상 등을 위하여 개입해야 한다.

하지만 그린의 주장을 모든 사람이 동일한 이익을 가져야 한다는 결과적 평등으로 이해해선 안 된다. 시장경쟁의 부정적 요인과 장애물을 극복하기 위한 기회의 평등이 그의 주장의 핵심이다. 이는 그린의 주장이 프랑스 혁명의 가치와 유사한 것으로, 자유, 평등, 박애를 통한 민주주의를 하나의 가치로 보고 있음을 의미한다. 그린은 인간을 이익추구자보다는 도덕적 존재로 상정하여 자유는 이익실현만을 위한 도구가 아니라 공동체 안에서의 도덕적 자아실현과 연계되어야 하는 가치라고 보았다. 그런 의미에서 그린은 유산자의 무제한적인 사유재산 권리는 제한되어야 한다고 주장하였다. 재산권은 자연적 권리가 아니라 사회적 선에 기여하는 것인데, 그러지 못한다면 정당성이 없기에 제한될 필요가 있다는 것이다. 그뿐 아니라, 그린은 자기 자신을 노예나 노예와 같은 고용인으로 파는 계약은 자유와 평등을 비롯한 공동체의 근본적인 가치와 모순되는 비헌법적인 것이므로 존재해서는 안 된다고 보았다. 그렇다면 어떠한 노동계약도 유효하지 않다는 것인가? 그렇지는 않다. 인간은 상품이 아니기 때문에 사회에서 규정한 근본적인 목적에 부합하지 않는 방식으로 개인을 매매하는 것과 고용하는 것은 허락 되어선 안 된다는 것이다. 이러한 원칙은 루소와 마르크스가 자본주의를 비판하는 데 사용한 논리와 유사성을 지니고 있다. 가끔 우리를 아프게 하는 고용인들에 대한 재벌가의 갑질이 여기에 해당되지 않을까 싶다.

홉하우스(Leonard Hobhouse)는 자본주의의 경제적 부정의와 비합리성에 대한 비판적 이해뿐만 아니라 인간과 사회에 대한 새로운 통찰이 필요하다고 역설했다. 그는 개인의 자유가 실질적으로 실현되기 위해서는 국가의 역할이 필요하다는 입장이다. 그는 자유를 단순히 간섭받지 않는 것이 아니라 자유롭게 살기 위한 사회적 조건(노동조건, 교육, 건강, 생계)을 갖추는 것이 전제되어야 한다는 것이다. 홉하우스는 진정한 자유를 누리기 위해서는 자유라는 개념 자체에 평등을 포함해야만 한다고 주장하면서 시장에서의 경쟁은 이미 정치적, 경제적으로 대등하지 않고 축적된 격차로 인해 형성된 힘의 관계 속에서 진행되기에 공정성 자체가 성립하지 않는다고 비판했다. 계약의 자유는 당사자 간에 실질적인 평등이 유지될 때 가능하다. 하지만 현실에서는 힘의 논리에 따라 강자가 약자에게 계약을 강제하기에, 계약은 자유를 침해하는 위장된 억압의 도구에 불과하다고 비판했다. 결국 고전적 자유주의로부터 내려오는 자유주의의 계약 개념은 실질적으로는 자유를 보장하지 못하는 것이다. 그러므로 홉하우스에게 "평등 없는 자유는 추한 성과에 붙인 고상한 이름"이나 다름이 없었다. 그런 의미에서 국가의 적극적 개입을 지지하였다.

홉하우스의 사상 즉, 사회적 조건개념은 마셜과 케인스에게 이어져 현대적 자유주의의 사상적 흐름을 만들어내는 정치경제학적 토대가 되었다. 마셜과 케인스는 당시까지 유행하고 있던 고전적 자유주의 경제의 기본 가정들을 비판하면서 본격적인 현대적 자유주의의 시대를 열었다. 한편 마셜과 케인스가 경제학적인 측면에서 현대적 자유주의의 새로운 장을 개척하였다면, 존 롤스는 정치 철학적인 측면에서의 이론적 토대를 수립했다.

알프레드 마셜 Alfred Marshall (1842~1924)

영국의 신고전학파(케임브리지 학파)의 창시자이자 경제학자다. 런던의 버몬지의 가난한 가정에서 태어났던 마셜은 목사를 만들려는 아버지의 뜻과는 달리 옥스포드 대학에서 케임브리지 대학으로 옮기며 수학과 물리학을 전공했으나, 졸업 후에는 윤리학으로 전공을 변경했다. 1870년 독일에서 헤겔(Georg Wilhelm Friedrich Hegel)의 역사철학과 역사학파 및 사회주의를 공부하며 경제학 연구에 몰두했다. 그는 영국 경제학계를 이끄는 선구자로서 학계와 함께 정책결정에 기여했다.

마셜은 경제생물학적인 허버트 스펜서(Hebert Spencer)류의 사회유기체설을 기본적인 사회관으로서, 주관가치설을 비판하고 단기적인 부분균형과 장기적인 국민소득 분배까지 적용되는 일반적 상호의존 관계에 대한 이론을 제시하기도 했다. 마셜은 경제학을 인간복지를 위한 학문으로서 이해하며 리카도(David Ricardo)와 밀(John Stuart Mill)의 고전파적 전통에 입각한 연구를 진행했다. 마셜은 본인의 저서에서 생활 수준의 향상을 지표로 하는 사회의 유기적 성장을 논하기도 하고, 균형이론 분야에서 외부경제 및 내부경제, 탄력성 등 다채로운 경제적인 개념들을 제시하며, 고전파 경제학을 근대화하여 신고전학파의 기초를 닦았다.

마셜의 제자 중 케인즈(John Maynard Keynes)는 탁월한 경제학자로서 새로운 경제학을 제시하기도 했다. 이러한 영향력에 빗대어 20세기 초반의 20여 년을 '마셜의 시대'로 칭하기도 한다.

주요 저서로 「경제학 원리」, 「산업과 무역」, 그리고 「화폐 신용 및 상업」 등이 있으며, 그중 「경제학 원리」는 영국 각 대학에서 반 세기 넘게 경제학 교과서로 사용되었다.

근대 미시경제학의 창시자 마셜(Alfred Marshall)은 당시 영국 사회의 빈곤 문제를 개탄하며 경제학이 사람들의 경제적 복지를 통해 삶의 질 향상에 도움을 주어야 한다고 주장하였다. 소비자가 시장에서 만 원으로 물건을 구매할 의사가 있었는데 7천 원에 구매하였다면 소비자가 누리는 경제적 복지와 그 기쁨은 소비자 잉여인 3천 원과 만족으로 볼 수 있다. 이렇듯 비인간적 시장거래에서도 복지후생을 증진할 수 있기에 국가의 정책적 개입은 필요하다. 그의 이론은 후에 복지 경제학의 근간이 되었다. 그는 다음과 같이, "경제학은 인간의 복지를 위한 도구이지, 그 자체가 목적이 아니다"라고 표현하였다. 실제로 마셜은 영국 왕립빈민법위원회 위원으로 임명되었을 때 위원회에서 공교육의 확대와 부의 적당한 재분배를 주장하였다. 이러한 정책이 사회 전체의 생산성과 행복도를 높이리라는 것이다. 부자들도 공공복지에 관심을 갖고 그들의 재력을 가난한 사람들을 위해 활용한다면 빈곤은 해결될 수 있다는 주장이다.

마셜의 제자인 케인즈(Keynes)는 스승의 희망을 현실적으로 구체화하였다. 그는 고용, 이자, 화폐의 일반이론(The General Theory Employment, Interests, and Money)에서 유효수요이론을 설명하였다. 소비와 투자로 이루어지는 유효수요의 크기에 따라 경제 활동의 수준이 정해진다는 지적이다. 더불어 경제는 순환하므로 처음 지출이 순환하면서 경제 전체에 미치는 효과는 그 몇 배로 불어난다는 승수이론도 함께 주장하였다. 또한 자유방임 자본주의는 경제적 무정부 상태를 초래하여 대량 실업과 심각한 소득 양극화를 초래한다며, 결국 빈곤의 악순환(vicious cycle)이 지속될 수 있음을 경고했다. 케인즈는 고전적 자유주의자들은 경제 불황이 단기적인 조정의 과정을 통해 자동적으로 균형점을 찾아 조정되기 때문에 정부의 개입은 오히려 자유 시장경제 질서를 해체한다는 주장에 대하여 결국 "장기적인 측면에서 우리는 죽는다"라는 한 문장으로 비판하였다. 그뿐 아니라 케인즈는 인간의 야성적 충동(Animal Sprits)이 시장의 균형점을 찾기 어렵게 만든다고 정의했다. 애커로프(George Akerlof)와 쉴러(Robert Shiller)는 소비자와 판매자가 인지하고 있는 정보의 비대칭성(Information Asymmetry)과 갑작스런 경기변동과 다른 주식 소유자들의 동향에 따라 주식을 팔거나 사는 사고의 전염이 일어나는 이상과열(Abnormal Overheat) 또는 비이성적 과열(Irrational Exuberance)을 통해 시장 작동의 원인이 경제적·합리적 영역이 아닌 사회심리적인 측면에도 존재함을 설명했다.

그렇다면 케인즈의 해결책은 무엇인가? 기본적으로 그는 불황의 원인을 투자의 부족으로 본다. 따라서 정부가 지출을 확대하는 재정정책을 통해 총수요를 조절할 필요가 있다고 주장한다. 그 이유는 기업의 투자에 있어서의 주된 고려 요인은 단순히 상품가격이 아니라, 수요에 대한 기대에 있으므로, 정부 지출의 확대는 시민의 소득을 증가시켜 상품 구매력을 높이게 될 것이기 때문이다. 정부의 개입을 주장하는 그의 접근은 정부의 소득재분배정책에 대한 지지를 의미한다. 즉, 추가적인 소득의 유무는 저소득층 가구에서의 소비량에 민감하게 작용하므로 사회 총량의 측면에서 바라볼 때 정부가 고소득층에게 고율의 세금을 걷어 저소득층에 대한 재분배를 시행하는 것이 경제 전체의 활성화에 더욱 긍정적으로 작용한다는 것이다. 케인즈는 이러한 경제적 평등의 증가가 완전고용과 경제성장에 핵심적인 요소라고 주장하였다.

그의 이론의 실질적 적용 사례는 다음과 같다. 1930년대 대공항 시 미국의 뉴딜정책, 2차대전 후 유럽 각국의 재건 사업, 보편적 복지를 채택했던 1970년 이전의 서유럽국가, 2008년 글로벌 금융위기 대응, 2020년 코로나19 경제위기 대응 등에 채택되었다. 어떻게 적용되었는지 살펴보자면, 유효수요 창출은 뉴딜정책과 코로나 위기 대응, 정부 개입은 전후 재건 및 복지정책, 공공투자 확대는 인프라개발 및 실업해결 그리고 금융위기 시에는 저금리와 재정지출 정책으로 볼 수 있다.

롤스(John Rawls) 이후 균형적 자유주의는 정치적 참여의 권리는 재산권과 경제적 자유만큼이나 중요한 것이라고 강조하였다. 또한 시장의 불평등한 분배가 민주주의를 왜곡하고 위협하는 현상을 비판하면서 정치공동체에 대한 시민들의 참여가 활성화되어야 한다고 주장했다. 이를 위해 균형적 자유주의자들은 국가의 개입주의적 분배 정책을 지지했다. 롤스는 자유로운 시장경쟁에 의해 사회의 기본가치들이 분배되는 철저한 업적주의적 사회관을 거부한다. 이러한 업적주의적 사회는 운에 따른 부당한 불평등을 전혀 고려하지 않는다는 문제점 때문이었다.

롤스는 자유롭고 평등한 존재로 간주되는 개인들이 사회 협력을 위한 공정한 규칙을 합의해 낼 수 있는 조건들을 모델화하여 '정의의 원리'로 명명하였다. 제1원리로 모든 사람은 동등한 기본적 자유를 누려야 한다는 자유의 원칙을, 제2원리로 사회적 불평등은 두 가지 전제조건에서만 인정될 수 있다는 차등의 원칙(사회적 약자에게 더 많은 복지를 제공)과 기회 균등의 원칙(모든 사람은 똑같은 기회를 가져야 함)을 제시하였다. 롤스의 정의론은 개인들이 자신들의 재능 및 사회적 배경, 가치관 등에 대해 알지 못하고 개인과 사회에 대한 정보가 없는 무지의 장막(the Veil of Ignorance)에 싸여 있는 상황에서 모두가 똑같은 존재로 설정되었을 때 공정한 정의의 원칙이 합의되었는가에서 시작한다. 단순하게 정리하자면, 사회 제도를 만든다고 할 때 부자는 감세를 선호할 것이며 빈자는 증세를 선호할 것이기 때문에 합의가 이루어지지 않는다는 것이다. 그렇기에 공정한 정의의 원칙을 도출하기 위해서는 무지의 베일이 필요하다. 무지의 베일이란 사회 구성원이 자신이 속한 사회적 위치나 입장을 전혀 알 수 없는 상태를 말한다. 무지의 베일 하에서 개인은 자신이 불공정한 상황에 처하지 않기 위해 모두가 이로울 수 있는 최선의 사회적 합의를 도출하고자 노력한다.

롤스는 이런 정의의 원칙들을 부의 분배 및 사회질서를 조직화하고 운영하는 원리의 기반으로 삼고자 하였다. 즉, 공정성의 핵심은 행운 또는 우연을 배제한 중립화라고 볼 수 있다. 현실적으로 무지의 베일은 존재할 수 없다. 그렇기 때문에 경제적·사회적 조건에 의해 이미 만들어진 구조와 의식적 결정을 조정할 때 공정한 사회를 만들 수 있다는 것이다.

롤스는 『정의론(A Theory of Justice)』에서 "모든 사람은 다른 사람의 유사한 자유와 양립할 수 있는 가장 광범위한 자유에 대해 동등한 권리를 갖는다."는 제1원리를 제시하면서 정치적 권리 역시 구성원들에게 균등하게 배분되어야 할 중요한 권리로 강조했다. 제2원리의 차등의 원칙은 공정한 경쟁 기회의 업적주의를 인정하면서도 최소 수혜자에게도 최소한의 이익이 돌아가도록 해야 한다고 주장한다. 즉, 정책 등을 통해 부자에서 가난한 사람에게로의 부의 이전이 필요하며, 충분히 정당화될 수 있다고 강조한 것이다. 물론 롤스가 획일적인 평등을 주장한 것은 아니다. 오직 공정한 절치에 의한 적법한 불평등만이 정당화될 수 있다. 최소 수혜자에게 이익을 주더라도 후원자에게 필요 이상의 고통이 야기된다면 사회전체 효용이 증가하더라도 정의는 아니라는 것이다.

롤스는 독립적인 시장경제의 원리와 권리(사유재산권 및 시장적 거래의 자유 등)만큼, 사회적 지위에 접근할 기회가 평등하게 부여되는 기회균등을 위한 정치적 권리와 이를 향유할 수 있는 최소한의 경제적 조건을 강조한다. 롤스의 제2원리 기회 균등의 원칙이 갖는 중요성은 복지자유주의를 좀 더 평등주의의 방향으로 나아가게 한다는 데 있다. 부와 자원의 평등한 분배는 롤스의 출발점이며, 불평등한 분배는 오직 그것이 사회 내 최하층에게 최대의 이득이 될 때만 정당화된다. 하지만 사회 계층의 최상위를 차지하고 있는 사람들의 부와 권력이 최하층에 있는 사람에게 간접적으로 이익이 되지 않는다면, 롤스의 이론은 그러한 부와 권력이 더 평등한 방식에 가깝게 재분배될 것을 요청한다. 경제적 불평등은 불가피하지만 복지의 확대와 균등한 기회제공을 통해서 정의로워질 수 있다고 지적한다. 부의 불평등이 존재한다면, 사람들은 평등한 기회를 향유하기 어렵기 때문이다. 롤스의 주장을 복지국가형 자유주의로 볼 수 있는 근거이다.

존 롤스 John Rawls (1921~2002)

'정의(Justice)'를 집중적으로 연구했던 미국의 철학자이자 윤리학자다. 미국 볼티모어에서 출생한 롤스는 프린스턴대학과 대학원에 진학하여 '윤리의 지(知)의 제반 근거에 관한 연구'에 대한 연구로 박사 학위를 받았다. 1952년 풀브라이트(Fulbright) 재단의 지원으로 영국 옥스퍼드 대학에서 수학하며, 자유주의 정치사상가 벌린(Isaiah Berlin)과 법학이론가 하트(H.L.A. Hart)로부터 영향을 받았다. 이후 코넬대학과 MIT 대학을 거쳐 하버드대학교 철학과 교수로 약 40년을 재직했다. 롤스는 재직 중 「정의론」과 「정치적 자유주의」 등 명저를 펴내며 세계적으로 주목을 받았다. 정의론은 2차 대전 종료 후 윤리학에서 가장 중요한 저작으로서 평가됐고, 현재는 정치 철학의 주요 교재 중 한 권으로 널리 인정받고 있다. 롤스는 '가장 합리적인 원리는 모든 사람들이 공정한 지위에서 수용하고 동의하는 것이다'라는 주장에서 출발하여, 사회 정의에 대한 자유주의적 입장을 제시하고자 했다. 롤스는 1950년대 정의론에 대해 기본적인 사유를 담고 있는 「공정으로서의 정의」를 발표했는데, 당시는 윤리학과 같이 경험되지 않는 학문영역의 지위는 논리 실증주의에 의해 의심받고 있었다. 롤스는 자신의 정의론을 제시하며 공리주의의 실질적 내용 및 방법론적 함축을 비판했고, 공리주의에 대한 대안으로 개인의 권리 보장을 위한 정의론의 기초로 사회계약이론을 발전시켜 공평한 사회의 합리적 의사결정의 필요성을 주장하며 본인의 정의론을 제시했다.

롤스는 이와 같은 학문적 공헌을 중심으로 자유주의적 정치 철학 전통에서 주요한 사상가 중 한 명으로 꼽힌다. 그는 '교육받은 미국인의 전체 세대가 민주주의에 대한 믿음을 되살리는 데에 도움을 준' 공로로 내셔널 휴머니스트 메달과 샤크 상(Schock Prize)을 수상하기도 했다. 우리나라에서 롤스의 정의론은 국내에는 하버드대학교 교수인 마이클 샌델(Michael J. Sandel)이 저술한 「정의란 무엇인가」라는 책과 함께 알려졌다.

주요 저서로 「정의론」, 「정치적 자유주의」, 「만민법」, 「도덕철학사 강의」 등이 있다.

롤스는 신자유주의에서 그 중요성이 배제되었던 공동체의 존재 이유와 역할 또한 강조한다. 그는 자유를 추구하는 공정한 경쟁 환경의 제공자로서 공동체는 개인의 행복과 정체성 형성에 근본적인 토대로 작용하며, 공동체를 배경으로 시민들이 서로를 동등한 존재로 대우함으로써 사회적 유대와 공유된 정체성, 공동의 관계가 가능해진다고 주장했다. 또한 자유주의 원리와 시장 제도의 융성을 위해서는 자기 이익 추구뿐만 아니라 일반적 덕성, 노동윤리 같은 경제적 덕성, 관용과 개방 정신, 정치적 덕성 등의 함양이 중요하다고 강조한다.

독일의 철학자이자 사회이론가인 하버마스 역시 『사실성과 타당성(Between Facts and Norms)』에서 '자유주의-부르주아적 패러다임'과 '사회-복지적 패러다임'을 구분하여 시장과 민주주의 사이의 균형을 추구했다. 하버마스는 전자의 패러다임이 경제적 영역과 시장 중심주의에 지나치게 치우쳐져 있다고 비판하며 공적 영역의 중요성과 시민의 역할을 부정한다고 비판한다. 반면 복지 패러다임은 비효율적인 관료주의적 복지국가로 전락할 위험성을 내포하며, 국가에 대한 개인들의 의존성을 심화시켜 공적·사적 영역의 구분에 혼란을 가져온다고 비판한다.

하버마스는 이에 대한 대안으로 절차적 패러다임을 제시하는데, 여기서 민주주의와 경제적 권리는 내적 차원에서 패러다임을 구성하는 핵심적 두 기둥으로 연계된다. 절차적 패러다임은 재산권과 계약의 자유 등 사적인 자율성을 보장하는 권리들과 공동체의 의사결정에 참여할 정치적 권리를 동등하게 강조한다. 이는 권리의 법적 형식과 개인의 의견이 모아져 만들어진 담론 이론의 결합으로 설명될 수 있는바, 경제영역을 관장하는 법 규범 및 제도들과 민주적으로 시민이 참여하며 의견이 개진되는 비제도적 담론의 영역과 상호 구성적이다. 결과적으로 하버마스는 사적인 자율성을 보장하는 권리들과 공동체의 의사결정에 참여할 권리를 동등하게 강조하면서 시민들은 법질서의 주체로서 정치적인 공적 담론에 참여함으로써 제반 권리문제를 의논할 수 있어야 한다고 말한다. 하버마스는 "공동의 의사를 형성하는 과정에 참여할 수 있는 평등한 기회에 대한 기본권"을 강조했다. 평등하고 자유로운 개인들은 공동의사를 형성하는 과정에 참여함으로써 법 주체로서 그들의 정치적 자율성을 행사하며 그 과정에서 정당한 법을 만들고 효력을 발생시킨다고 주장하였다. 즉, 규범이 정당성을 갖기 위해서는 모든 이해당사자들이 자유롭게 논의한 결과여야 한다는 주장이다. 하버마스는 재산권과 계약의 자유를 중요한 내용으로 하는 사적인 자유와 정치과정에의 참여를 핵심 내용으로 하는 정치적 자유 모두 동시적인 기원을 갖기 때문에 서로의 전제조건을 형성하는 위치에 있음을 강조했다. 사적인 자유와 공적인 자유가 충돌할 경우 그것은 공동생활의 불가피한 현상으로 받아들여야 할 뿐 원칙적으로 어떤 권리가 다른 권리에 대해 절대적인 우선성을 지닌 것으로 생각할 수 없다는 것이다. 이처럼 하버마스에게 사적이고 경제적인 자유와 공적이고 정치적인 자유는 상호 보완적 관계에 있는 것으로 볼 수 있다.

미국의 반전 지도자이자 공동체주의자인 왈저(Michael Walzer) 또한 『정치와 열정(Politics and Passion: Toward a More Egalitarian Liberalism)』과 『영역들 간의 정의(Spheres of Justice)』에서 민주사회적인 '복합평등(complex equality)(한 영역에서의 우월성이 다른 영역에까지 영향력을 미치지 못하게 해야 한다는 개념)' 개념을 통해 정치적 권리의 중요성을 강조하면서 시장과 민주주의의 균형을 강조한다. 왈저는 정의로운 분배의 대상이 될 재화의 사회적 의미를 각 사회마다 전통과 역사적 맥락 속에서 해석하고 적용하는 특화적인(particularistic) 방법을 주창한다. 이 지점은 개인의 속한 특수성을 고려하지 않는 보편적 정의, 원초적 입장의 비현실성, 사회적 가치의 추상화라는 측면에서 롤스와는 다른 지점이다. 사회적 재화마다 고유한 분배원칙이 있어야 하기 때문에 정의를 단일한 기준에 따라 평가할 수 없다는 것이다.

따라서 왈저는 경제와 정치, 교육, 문화 등 각 영역에 고유한 재화의 사회적 의미를 밝히고 그 영역에서만 적용될 수 있는 분배 기준과 방식을 확인하여 그에 따라 각 영역에 고유한 방식으로 재화를 분배할 때 정의가 확보될 수 있다는 것이다. 이러한 네가지 영역에서 존재하는 복합적인 평등의 공식에 따른 재화의 분배 원리는 시장과 정치 등 각 영역의 고유성을 강조하고 있다. 만약 자본과 돈의 논리 및 이로 인한 불평등이 시장영역을 넘어서 다른 영역의 재화 불평등을 야기한다면 이러한 경제적 권리는 제약되거나 교정되어야 한다고 주장한다. 예를 들어, 돈이 많은 사람이 의료와 교육의 재화를 독점하는 것은 돈이 자신의 고유 영역인 경제의 영역을 벗어나는 것이므로 옳지 못한 것이다. 따라서 정의를 실현하기 위해서는 돈이 자신의 고유 영역인 경제의 영역을 벗어나서 다른 영역에까지 그 지배권을 확장하지 못하도록 해야 한다. 그렇다고 해도 왈저는 국가의 적극적인 개입을 통한 분배는 요구하지 않는다. 분배에 적극적으로 관여하는 정치권력은 자본과 결탁하는 전제정치로 귀결될 수 있기 때문이다. 왈저는 시장경제를 부인하지 않지만 자본의 독점행위를 경계하고 있다. 이처럼 분배에 대한 그의 논의는 각 문화와 역사 그리고 전통 속에서 형성된 맥락에 기반한 사회 구성원들의 견해를 존중해야 한다는 입장으로 이는 민주적인 함축성을 다분히 띠고 있다. 즉 시민들이 여러 가치의 영역에서 자기를 주장하고 자신의 고유한 가치를 방어해 내는 방식의 공동체 운동을 주장하고 있다.

결론적으로, 자본주의와 민주주의의 균형을 찾는 정치경제학의 흐름은 자유로운 시장경제활동과 사유재산을 보장하면서 정치적 권리를 보호하기 위한 정부의 개입을 지지한다고 볼 수 있다. 사회정의적 시각에서 볼 때 시장경제는 효율성이 강조되어 비도덕적이며 비이성적이기에 조정이 필요하다는 것이다. 시장경쟁은 이미 축적된 격차로 구조화되어 특정 계층의 이익이 강화되어 공정성이 유지되기 어렵기 때문에 정치적 권리를 확보하기 위하여 기반한 절차적 법률에 정부의 개입을 요구한다고 볼 수 있다. 균형 중심 접근을 주장하는 학자들의 주장을 다음과 같다. 자본주의가 추구하는 경제적 효율성으로 발생하는 불평등은 민주주의가 사회적 안정과 평등을 추구하기 위하여 시장에 개입하게 되기 때문에 본질적인 긴장 관계를 내재하고 있다. 하지만, 이러한 불편한 관계는 역설적으로 두 체재를 지속 가능하게 만든다고 볼 수 있다. 자본주의의 비효율성과 불평등은 민주적 요구를 통해 개선되고, 민주주의의 비효율성이나 대중주의적 요구는 자본주의의 경제적 현실을 직시하면서 제한받을 수밖에 없다. 두 체재의 공존은 지속적으로 발생하는 문제에 대해 민주적 절차를 통해 자본주의 시장경제를 조정하고, 자본주의가 제공하는 경제적 번영 위에서 민주주의가 발전하는 균형점을 찾아 나가는 것이다.

3 국가 중심을 주장하다

마지막으로 시장에 대한 민주주의의 우선성을 지지하는 흐름이 있다. 좌파 자유주의로 분류할 수 있는 이들은 민주주의 없이는 자유주의는 온전하게 실현 불가능하다고 주장하면서 시장에 대한 민주주의의 강력한 통제를 지향한다. 이들에게는 공동체의 전반적인 의사결정에 대한 시민의 광범위하고 적극적인 참여가 근본적으로 중요하다. 이러한 민주적 권리는 경제적 권리의 원천이자 기반으로 작용한다. 오늘날 대의민주주의제의 한계와 결함을 보완함으로써 자유주의적 정치관행에 수정을 가하고자 하는 일단의 참여민주주의자들 역시 경제적 권리보다는 정치적 권리를 강조한다.

정치적 권리를 강조하는 학자 중에 굴드(Carol Gould)라는 대표적인 인물이 있다. 그녀는 자유의 개념을 적극적으로 재해석하여 참여의 원리를 평등의 관점에서 단순히 정치적 영역을 넘어 사회, 경제적 영역에까지 확장하였다. 굴드의 재해석에 따르면, 자유는 '자유로운 선택'뿐만 아니라 '자기 발전의 활동'까지도 포함한다. 자기 발전으로서의 자유개념은 그 조건으로서의 사회협력을 필요로 하고 나아가 물질적 조건에 대한 공평한 접근을 포함해야 한다. 아울러 자기 발전의 조건들에는 평등한 권리의 주체로서 공동의 활동에 관련된 결정 과정에 참여할 수 있는 권리가 포함된다. 굴드는 다양한 권리들을 열거하면서 재산권은 독립적인 권리가 아니라 적극적인 자유의 개념에서 도출되는 수단적 권리라고 강조한다. 인간의 모든 집단생활의 방면에 참여하고 공동의 결정을 내릴 수 있는 참여의 권리는 경제적 영역에도 동일하게 적용될 수 있다. 그런 점에서 그녀는 시장경제와 그것을 뒷받침하는 일련의 권리를 중요하게 고려하더라도 이것들이 참여민주주의적 결정에 의해 규제될 수 있다고 보았다. 따라서 그녀의 자유 개념은 민주적 참여를 핵심으로 삼으면서 단순히 사적인 영역의 자유를 넘어서 사회적, 정치적 질서의 재편을 위한 규범적 토대로 작용하게 된다. 즉, 정책결정 권력의 평등한 분배는 민주주의의 심화와 확장을 의미하는바, 이는 시장 경쟁보다 훨씬 더 중요한 가치이다. 광범위하고 적극적인 시민적 참여를 보장하는 민주주의는 다른 사적인 권리의 원리이자 그런 권리를 제약할 수도 있는 절차적 근거이다.

마사 누스바움(Martha C. Nussbaum)은 김영란법을 만든 김영란 전 대법관이 『시적 정의(Poetic Justice)』를 통해 판사가 "무엇으로 판결을 하지"에 대한 영감을 받았다고 강연에서 밝히며 국내에서 주목받게 된 자유주의자이다. 누스바움은 강한 민주주의를 견지하며 근본적인 수준에서 자본주의 경제 패러다임의 전환을 주장한다. 그녀 역시 시민으로서 삶을 영위하는 데 필수적인 것들이 우선적으로 충족되어야 한다는 아리스토텔레스의 정치철학이 갖는 재분배적 요소를 계승하고자 한다. 일단 누스바움은 중립적인 국가의 역할을 비판하면서 약자 혹은 소수자를 특별히 고려하지 않는 것은 부정의(injustice)의 조건을 형성하고 영속화한다고 비판한다. 현실의 불평등한 조건 속에서 사회적으로 주변화된 사람들을 동일하게 취급하는 것이 오히려 부정의를 발생시킨다는 것이다. 그러므로 인간의 가능성을 촉진하기 위한 차별적 대우는 정당화될 수 있다. 따라서 누스바움은 사회적으로 낙오된 계층이나 개인적으로 문화적으로 소외된 집단 혹은 이방인들이 공공 영역에서 주류집단과 동일한 조건에서 자신의 목소리를 내도록 해야 한다는 주장에 전적으로 동의한다. 그리고 이것은 사회적으로 소외된 계층이나 배제된 개인과 집단에게 자신들의 운명과 환경을 바꿀 수 있는 실질적인 정치적 힘을 부여한다는 것을 의미한다. 특히, 누스바움은 단순하게 삶의 향상이라는 기존의 복지경제학을 비판하면서 다양한 삶의 영역에서 사람들이 실제로 할 수 있고(capability to do) 어떤 존재가 될 수 있는 능력(capability to be)을 함양하는 것의 중요성을 강조하면서 방안으로 역량접근법(Capabilities Approach: 성명, 건강, 안전, 감정, 이성, 소속감, 자아표현 놀이, 타 종과의 관계, 정치적·사회적 참여)을 제안했다. 이 접근은 복지제도, 국제개발협력 그리고 인권논의 등에 가이드라인으로 활용되기도 한다. 그러한 관점에서 볼 때 그녀는 경제적 지표만으로 삶의 질을 수치화하는 시장주의가 개개인의 잠재능력을 제약할 수 있다는 점을 경고하면서 실질적 역량개발에 국가의 적극적 개입을 요구한다.

마사 누스바움 Martha C. Nussbaum (1947~)

미국의 법철학자, 정치철학자, 윤리학자, 고전학자이자 여성학자이다. 누스바움은 미국 뉴욕에서 필라델피아 변호사인 아버지와 인테리어 디자이너인 베티 워렌 어머니에게 태어나며, 이른바 백인, 앵글로색슨, 신교도, 엘리트 사회에서 성장했다.

1966년 뉴욕대학교에 진학하여 서양고전학과 연극학으로 학사학위를 받고, 1972년 하버드대학교에 진학하여 고전철학 석사학위를 받았다. 당시 누스바움은 여학생 최초로 주니어 펠로로 선발되며 두각을 드러냈다. 누스바움은 영국의 저명한 고전철학자이자 아리스토텔레스 전문가 G. E. L. 오언(Gwilym Ellis Lane Owen)의 지도를 받으며 아리스토텔레스 연구로 박사학위를 받는다. 졸업 후 하버드대학에서 조교수에 이어 부교수로 재직하다가, 1984년 브라운대학으로 옮겨 정교수에 부임했다. 누스바움은 1986년 운명과 선의지의 상관관계에 대한 고대 그리스 철학자들의 논의를 다룬 「선의 연약함」을 출판하며 학문적 명성을 얻게 된다. 더불어 누스바움은 UN대학 부설 세계개발경제연구소(World Institute for Development Economics Research, WIDER)에서 연구자문으로 활동하며 GDP보다 인간의 행복에 집중하여, 진정한 발전과 사회적 정의란 인간이 역량을 발휘할 자유를 가지는 데에 있다고 설명하는 '역량이론'을 창시하며, UN의 인간개발지수(HDI: Human Development Index)의

초석을 마련하였다. 정치철학과 윤리학에 대한 관심을 바탕으로 미국 외교전문지 「포린폴리스(Foreign Policy)」가 선정하는 세계 100대 지성에 노암 촘스키(Avram Noam Chomsky), 움베르트 에코(Umberto Eco)와 함께 2차례 선정되기도 했다. 누스바움은 1988년 미국 학업우수 대학생 모임인 파이베타카 협회의 초청으로 미국 내 여러 대학을 방문해 강연과 토론을 진행하며 대학 현장에서 교수진과 학생들을 만나며 면밀한 조사와 성찰을 거쳐 「인간성 수업」을 출판하기도 했다. 이 외에도 한국에 2008년 한국학술진흥재단의 주최로 열린 인문강좌를 통해 강연을 진행하기도 했으며, 국내에서는 교육 현안부터 혐오 문제까지 다양한 사회적 현안을 분석할 때에 함께 읽히는 고전의 집필가로서 명성을 얻고 있다.

주요 저서로 「인간다움의 함양」, 「정치적 감정」, 「성과 사회정의」, 「혐오에서 인류애로」 등이 있다.

급진적 공화주의자인 선스타인(Cass Sunstein)은 자본주의 시장경제 사회가 주체로서 개개인들의 시민성을 파괴하고 있다고 비판한다. 그는 실존적 관점에서 시장의 논리와 상품화의 욕망 지배에 몸과 마음을 내맡기게 된 개인들의 시민성 몰락을 비판하면서 그런 비극적인 종속적인 시민성의 운명을 바꿔야 한다고 주장해 왔다. 선스타인은 시장만능주의(자)를 비판하면서 사회적 정의는 자유시장에 대한 보호보다 훨씬 상위의 개념이며 시장은 오직 그 효용성에 의해서만 평가되는 수단일 뿐이라고 역설해 왔다. 시장은 정치적 제도적 고안물이기 때문에 현재 시점에서 소유 및 분배 원리는 정의할 수 없으며 그 원리는 얼마든지 달라질 수 있다. 따라서 민주주의 국가들은 부정의한 지배관계를 극복할 수 있도록 분배 조치를 취해야 하며 국가는 언제나 시장보다 우위에 있어야 한다. 그러므로 선스타인은 사적 이익집단들 간의 '거래' 혹은 협상으로서 입법이나 정책을 추진하는 체제 및 정치세력은 정치공동체에 해악을 미친다고 비판한다. 부정의한 지배관계를 극복한 민주 국가의 성립을 위해 파벌이나 이익집단들로부터 정부가 자유로워야 한다는 것은 충분조건은 아니지만 필수적인 조건이다.

또한 강한 민주주의자들은 시장경제에 작동하는 정치 왜곡의 논리, 즉 정치에 대한 경제학적 모델을 거부한다. 경제학적 모델에 의하면, 개인들과 이익집단들은 이미 고정된 자신의 선호를 정치적 시장에서 가져오고, 그 정치적 시장에서 그들은 정치적 자본과 협상 능력을 사용하여 그들을 위한 최고의 거래를 이루어낸다. 다시 설명한다면, 다운스(Anthony Downs)는 선거에서 후보자(생산자), 공약(물건), 유권자(소비자) 간의 경제적 거래가 이루어진다고 주장했다. 유권자는 후보자의 공약을 보고 선택한다는 것이다. 공화주의적 관점에서 이런 종류의 정치는 제아무리 개방적이고 합법적으로 이루어진다 해도, 시민들을 소비자로 환원시키는 모순의 한 형태로 볼 수도 있다. 선거를 시장이라는 정치적 공간으로 설정했을 때 시민은 소비자의 입장으로 볼 수 있다. 시민이자 투표자는 아무리 이익 투표일 때조차도, 굳이 후보자에 대한 정보를 알아야 하는지, 더구나 '수고롭게' 투표를 하면서 공공적인 업무에 참여해야 하는지 의문을 갖게 될 수 있다. 결국 소비자의 관점에서 본다면, 시민은 자신의 직접적 이득을 느낄 수 없기 때문에 수고스럽게 정보를 찾는 행위나 투표행위를 거부할 수 있다. 그 결과는 자유주의적 정체성을 극복할 기회를 스스로 포기하는 것이다.

시장 관계에 대해 가장 비판적인 공화주의자로서 가우스(Gerald Gaus)는 아리스토텔레스적인 정치적 주체의 형성과 진정한 정치의 복원을 위해서는 사적 소유 관계의 일정한 철폐가 필요하며 거대 규모의 기업은 급진적으로 국가 소유로 전환시켜야 한다고 주장한다. 물론 그가 시장의 폐기를 요구하거나 중앙집권화된 계획경제를 요구하는 것은 아니다. 다만 경제의 핵심에 있는 시장과 화폐가 모든 가치의 중심이 되는 시장중심적인 공동체를 비판하고자 이와 같은 주장을 하는 것으로 이해할 필요가 있다. 가우스의 이러한 주장은 현대사회가 다양한 도덕적 세계관이 공존하는 다원적 질서라는 믿음에서 시작한다. 우리 모두는 각기 다른 도덕체계와 합리성을 소유하고 있는데 이러한 자율적 가치가 화폐와 효율성을 추구하는 시장중심 자본주의에 의하여 무너지고 있다고 강조한다. 그렇다면 그의 대안은 무엇일까? 정당화적 자유주의(Justification Liberalism)로 사회질서의 기준은 단순히 효율적 지표가 아니라 시민 상호간에 그러한 질서의 기준이 정당화될 수 있냐는 동의의 유무이다. 즉, 다양한 자율적 세계관을 가진 개인들에게도 수용 가능한 이유가 제공된다면 급진적 강제력도 정당하다는 것이다.

공화주의적 자유주의자 대거(Richard Dagger)는 자유란 간섭이 없는 상태만이 아니라 법과 제도 속에서 모두가 평등하게 참여하여 보호받을 수 있는 상태라는 점을 강조하면서, 시장중심 자본주의의 문제점을 제시한다. 그 역시 시장 관계의 초월적 군림(reign supreme)을 비판하면서 삶의 영역에 침투하고 정치사회적 의식을 부패시키는 시장사회를 극복해야 한다고 주장한다. 소비자-시민은 상품의 논리가 자극하는 소비욕과 사치품의 지배를 받으면서 공공선에 대한 희생에는 무관심한 채 무임승차, 편법 같은 기회주의적 요령들에 익숙해질 것이며 이러한 시민성의 부패는 배타적인 사회적 분열로 이어질 것이다. 물론 대거를 포함한 자본주의 비판자들 역시 특정한 미덕을 증진시킬 수 있는 시장의 원리는 옹호될 수 있다고 인정한다. 예컨대, 재화들을 공급하는 도구적 의미에서 그리고 시장의 참여가 자극하는 신중하게 행동하는 것과 장기적인 안목의 함양이라는 미덕의 관점에서 시장의 순기능은 옹호될 수 있다. 실제로 신중한 소비자는 질문하고 비교하고 숙고하는 기질과 같은 좋은 시민으로서 덕을 가질 수 있다. 그러나 시장 참여를 통해 소비자는 공공선을 위해 자신의 이익을 양보 혹은 희생할 수 있는 합리적 이유를 가지지 못할 것이다. 예를 들면, 공공업무에 참여하지 않고서도 다른 이들의 노력으로부터 파생되는 무임승차 기회를 포기할 이유가 전혀 없다. 장기적인 안목을 가진 신중한 소비자는 시장에서 사고파는 능력이란 법에 의해 강제되는 계약들과 같은 복잡한 관행들의 집합을 요구한다는 것, 그리고 그가 세금을 지불하고 타인들의 재산을 존중해야 한다는 것을 이해할 것이다. 그러나 이러한 소비자는 역설적으로 그런 관행들이나 법을 손상시키지 않고서도 보상과 이익을 극대화할 수 있는 편법이나 요령을 숙지하고 활용하는 데 특별한 양심의 가책을 느끼지 못할 것이다.

이렇게 유대와 연대, 시민적 책무성을 위축시키고 소비주의적 경향을 조장하는 자본주의에서 부의 불평등은 정치로 스며들어 정치적 불평등의 기원이 된다는 점에서 교정의 대상이다. 공화주의적 공동체 미덕을 명료화시켜 온 공동체주의자 샌델(Michael Sandel) 역시 신자유주의가 지배적인 시장원리로 확산되기 시작한 오래전부터 『민주주의의 불만(Democracy's Discontent)』이라는 제목의 저서를 통해 현재 지배적인 대의민주주의를 비판하면서 자유주의적 한계를 가진 분배 개념을 '시민성의 정치경제(political economy of citizenship)'로 증진시켜야 한다고 주장해 왔다. 앞에서 다룬 복합적 평등을 주목한 공동체주의자 왈처와는 다르게 샌델은 공동선을 강조한다. 샌델에 의하면, 민주적인 시민적 덕성은 '사회적 평등'의 정신과 기풍에 의해 강화될 수 있다. 만약 불평등이 커진다면 시민들은 더 이상 그들이 동일한 운명을 공유하고 있다고 생각하지 않을 것이고 정의와 연대에 대한 그들의 의무감은 멀어질 것이다. 불평등은 사회 내 정치적 영향의 격차를 증가시키고 평등한 시민성이라는 자치의 토대를 침식할 것이다. 이런 맥락에서 샌델은 개인의 자유는 공동체의 자치에 따라 그 실현 여부가 달라진다고 주장했다.

더불어 샌델은 그의 저서 『돈으로 살 수 없는 것들(What Money Can't Buy)』에서 시장지상주의 문제점을 지적한다. 그의 주장에 따르면 현재 우리 사회는 시장경제를 가진(having a market economy) 시대에서 시장사회를 이룬(being a market society) 시대로 이행됨에 따라 기존에 시장논리의 영역에서 배제되었던 분야들마저 시장 논리를 바탕으로 화폐를 통한 거래가 가능해졌고, 불평등과 부패가 양산되고 있다. 돈으로 사고팔 수 있는 요소가 증가할수록 불평등 및 부의 분배 문제는 더욱 심화될 것이다. 동시에 시장은 그 자체로 부패하는 성향을 가지고 있는데, 이는 시장가치가 비시장가치인 윤리를 밀어내고 삶 속에 나타나는 올바른 가치들을 상품화하여 그 가치를 변질시키거나 저평가하게 되는 결과를 가져오게 되기 때문이다. 샌델 역시 시장경제 자체는 생산 활동을 조직하는 효과적인 도구라는 사실을 인정한다. 하지만 시장사회는 시장가치가 인간 활동의 모든 영역에 퍼진 바람직하지 않은 생활방식이라고 정의 내린다. 결국 두 개념을 구분 짓고, 나아가 현대 사회가 시장의 역할과 영향력의 범위를 적절한 방식으로 논의해야 한다는 것이다. 더불어 샌델은 공적 미덕을 강조하면서 부의 평등 자체가 정치적 목표는 아니지만 공공선에 대한 대중의 무관심과 무능력을 유발하고, 결과적으로 정치적 불평등과 정치적 소외를 확산시키는 현실을 직시하고 구원하는 것이 현대정치의 가장 중요한 과제라고 강조한다.

정리하자면 샌델은 정의를 판단하는 기준을 행복, 자유, 미덕을 들었다. 정의가 사회 구성원의 행복에 도움을 줄 수 있는지, 혹은 사회 구성원 각각의 자유로움을 보장할 수 있는지, 아니면 사회에 좋은 영향을 끼치는지로 정의로움을 결정할 수 있다고 주장하였다.

급진적 공화주의자들에 대하여 좀 더 알아보자. 시민과 시민의 관계에서 그 누구도 주인이 되어서는 안 된다고 주장하는 패팃(Philip Pettit)의 연장

선에서 화이트(Stuart White) 역시 개인들의 경제적 독립성이 자본주의의 폐해를 최소화하고 민주주의 이상을 실현할 수 있는 토대임을 강조한다. 그는 생산수단을 소유하고 있지 못한 개인들이 노동력이라는 상품을 공급하는 능력이나 기회와 상관없이 최소한의 수준에서 자신의 기본적인 물질적 필요를 충족시킬 수 있는 독자적인 가능성을 확보해야 한다고 주장한다. 특히 종속적인 고용관계나 관료적 의존관계로부터 자유로운 재원을 확보할 수 있어야 한다는 것이 그의 주장의 핵심이다. 직장의 유지 및 박탈 여부는 한 인간의 자존감 및 독립성에 지대한 영향을 미치기 때문에 고용주의 직접적이고 자의적인 지배로부터 어느 정도는 자율성을 가져야 할 뿐만 아니라 자본의 논리에 따른 종속을 최소화시키기 위해서라도 일정 기간은 생계 걱정을 하지 않으면서 '고용되지 않을 자유' 혹은 '노동하지 않을 자유'를 가질 수 있어야만 '타인의 자의적 의지에 종속되지 않는 상태'인 비지배(non-domination) 자유 관계를 유지할 수 있기 때문이다.

예를 든다면 조선시대 소작인이 지주와 가깝게 지내서 소출의 일부를 면제해 주었다고 하자. 자유주의자들의 입장에서는 더 이상 경제적 수탈 즉 간섭이 없어졌으므로 자유로워졌다고 할 수 있다. 하지만 비지배 자유의 측면에서는 지주가 갑자기 마음이 바뀐다면 소작인의 경제적 수탈은 다시 시작되어 자유를 잃게 될 것이다. 이처럼 자유를 비지배로 본다면 국가가 개인의 자유를 보장하기 위하여 개입하는 것은 문제가 되지 않는다는 점이다. 앞부분에서 설명한 자유시장주의자들에게는 국가의 개입을 개인의 간섭받지 않아야 할 자유를 침해한다고 볼 수 있지만, 공화주의적 전통에서는 빈곤 때문에 타인의 의지에 예속되는 것을 방지하기 위하여 국가가 복지를 제공하는 것은 결과적으로 개인의 자유를 신장하는 길이라는 것이다. 정의란 '공정한 상호성(fair reciprocity)'으로 이해한다면, 우리 모두 사회에 기여하는 만큼 정당한 보상을 받아야 한다는 것이다. 그런 지원의 핵심적 동기는 정치적 평등성과 자기통치를 사회의 거의 모든 구성원에게 가능하게 한다는 점이다. 그의 주장은 기본소득제도, 급진적 상속세 등과 같은 정책에 철학적 정당성을 제공해 주고 있다. 동시에 시민의 의무와 책임을 강조하면서 정치적 결정과정에 기여하고 공동체 이익에 기여해야 한다는 공화주의적 자유주의 관점을 유지한다.

낸시 프레이저(Nancy Fraser)는 좌파의 길(Cannibal Capitalism)을 통해 자신의 문제의식을 명료하게 밝힌 바 있다. 그녀에 따르면 자본주의 체제는 그 탄생 시점부터 사람을 먹어치우는 '식인성(cannibalism)'을 내장하고 있으며, 오늘날의 자본주의 체제가 민주주의 체제를 압박하고 있다고 지적한다. 이때 '식인'은 첫째로, 자본가 계급의 노동 착취와 식민지 수탈의 구조를 의미하며 둘째로, 자본주의 경제를 유지하기 위해 '비경제적 주변영역' 곧 가족과 공동체와 생태계에서 생산된 노동력을 착취하는 것을 의미한다. 쉽게 말해서 가정에서 이루어지는 돌봄 노동을 비롯한 간접 노동에 대해 아무런 대가도 지불하지 않는다는 것이다. 셋째로, 중심부의 자본이 대책 없이 자원채취를 위하여 토지와 자원을 수탈하는 자연파괴 현상 그리고 기후위기를, 마지막으로 자본주의가 공권력뿐 아니라 민주주의 시스템을 통해 제도까지 유리하게 확보하는 등 공공재의 권한까지 영향력을 끼치는 정치적 위기 현상을 의미한다. 더불어 프레이저는 선출된 지도자가 부를 축적하고 공공재를 사유화한다고 하여도 민주적인 절차로 선출되었다는 정당성을 확보하였기 때문에 언론과 시민사회의 감시와 견제도 어렵다는 점 또한 강조하고 있다.

그렇기 때문에 정의를 단순히 경제적 평등에만 집중하지 말고 자원의 공정한 분배를 통한 경제적 불평등 해소, 사회적 차별과 다름에 대한 존중과 인정 그리고 정치적 의사결정 과정에서의 공정한 참여를 보장해야 한다. 이러한 접근을 통하여 복합적인 불평등구조를 해결하여 모든 개인이 동등하게 사회적 상호작용에 참여할 때 정의로운 사회로 발전할 수 있다는 것이다.

경제인류학자이자 작가인 히켈(Jason Hickel)은 자본주의가 반민주주의적 체제를 양산하다고 주장한다. 초기 자본주의의 자국내 토지집약적 생산에서의 자원조달의 한계는 자본가들의 눈을 해외로 돌리게 되었다. 결과적으로 제국주의 또는 식민주의 수탈이 시작되었고 현재도 세계화라는 자본주의 가치사슬을 통해 진행형이라고 주장한다. 이러한 과정에서 선진자본주의 국가들은 친서방 세력을 지원하는 쿠테타 또는 폭력을 동원하여 자율적 발전국가 정책을 지향하는 정부를 무너트리기 까지 하였다. 즉 자본주의는 국내 수탈 구조를 그대로 해외에도 적용하기 때문에 가난한 나라 국민들의 생존과 안녕을 위협하고 있다고 설명하면서, 헤켈은 원조담론은 수탈의 패턴을 가리는 도구일 뿐이라고 주장한다. 이러한 자본주의 가치사슬의 구조적 불평등을 해소하기 위하여 구조개혁 등을 추진할 강력한 글로벌 거버넌스의 역할을 주장한다.

프레이저와 히켈의 주장에 이어 생각해 보자면, 과거의 자본주의 위기는 불평등, 계층간 격차, 권력의 집중이었고 이를 정치영역과 시민사회에서 어느 정도의 원인 규명을 통해 해결 방안을 찾아낼 수 있었다면, 현재의 자본주의는 착취의 문제가 아니라 수탈의 문제라는 점에서 다른 접근 방식을 요구한다. 그 이유는? 현대 자본주의는 단순히 경제영역에서만 이윤을 뽑아내는 것이 아니라 경제영역 바깥의 사회적 영역도 수탈이 발생하기 때문이다. 그 결과는 전 지구적인 삶과 생태계의 위기다. 때문에 프레이저는 시장을 단순히 계급착취인 경제적 관점으로만 보는 것이 아니라 사회적 관점, 즉 돌봄이나 자연과 같은 비경제적 관점까지 포함해 바라보아야 하며, 그렇기에 국가나 공권력이 시장을 일정 부분 통제하게 해야 한다고 주장한다. 기존의 계급투쟁에 더해 현대 자본주의 체제에서 경제와 비경제 사이의 '접합 부위'에서 벌어지는 '경계 투쟁'을 확대해서 수탈로부터 벗어나 민주적 권리를 찾아야 한다는 것이다.

강한 국가의 역할을 주장하는 정치경제학의 흐름은 적극적인 시민적 참여를 보장하는 민주주의로 시장중심 자본주의의 불균형적 배분을 조정하여 사회적 정의를 실현해야 한다고 주장한다. 시장중심 사회는 인간성마저 무관심하게 만들어 유대와 연대 그리고 시민적 책무성마저 위축시킨다는 것이다. 결국 지나친 부의 추구는 경제영역, 정치영역 그리고 국제영역까지 침투하여 양극화를 강화하기 때문에 교정되어야 한다는 주장이다.

VI.

상생을 위한 균형의 이론: 정치경제학의 시대적 사명

Ⅵ. 상생을 위한 균형의 이론: 정치경제학의 시대적 사명

자본주의의 진화와 발전의 역사적 변천 과정을 통해 경제와 정치의 관계 그리고 경제적 불평등의 극복과 재분배의 정당화 논리, 민주주의의 특징과 범주, 통치의 주체와 자격 등과 무엇보다, 법치주의의 중요성에 대하여 살펴보았다.

고대 사상가부터 근대의 정치철학자들 그리고 현대 정치경제 이론가들을 중심으로 자유주의, 자본주의, 민주주의 등의 상호적 관계와 영향, 쟁점들을 역사적, 시대적으로 살펴보았다. 특히 현대 정치경제를 조율하는 지배적인 흐름으로서 자유주의와 자본주의 그리고 민주주의의 관계를 둘러싼 다양한 접점을 비교, 분석했다.

19세기 전까지만 해도 계몽주의 사상가들조차 자본주의와 민주주의가 함께 공존하기 힘든 체제라는 주장이 주류였다. 그러나 19세기 이후부터 공리주의의 등장과 함께 자본주의와 민주주의는 상호보완이 가능하다는 주장들이 나오기 시작하였다. 자본주의는 성장을 가져오고 성장의 결과물을 분배하여 불평등을 완화시키므로 민주주의와 공존할 수 있다는 것이다. 두 이념은 지향점이 다르지만, 시대의 흐름에 따라 조정되고 교정되는 공존의 논리가 개발되기도 했고 이는 현재진행형으로 이어지고 있다.

현대 정치경제의 지배적인 정치이념이자 정책철학이기도 한 자유주의, 경제제도로서의 자본주의, 그리고 정치제도로서의 민주주의는 현대 사회의 이데올로기적 스펙트럼을 구성하는 구체적 요소들이다. 그 가운데 자본주의와 민주주의는 가장 중요한 공적 제도일 뿐만 아니라 가장 심오한 정책이념과 정책수단으로써 뜨거운 논쟁의 대상이 되어 왔다. 물론 서구 사회에서 자본주의 시장경제와 민주주의가 오랫동안 병존해 왔다는 사실은 자본주의와 민주주의가 양립이 가능하거나 정합적인 관계를 이룰 수 있음을 의미하기도 한다. 그러나 외견상 공존과 달리 많은 국가들에서 자본주의와 민주주의의 모순과 갈등, 충돌 등이 표출되었고 많은 변형된 형태의 정치경제적 양극화와 같은 사회적 현상을 양산해온 것도 사실이다. 다수의 정치경제학자들이 지적한 것처럼, 심지어 인간의 존엄성 및 유대와 연대의 공동체적 토대를 위협한다는 비판이 제기되기도 한다. 서구의 선진자본주의 국가들의 역사와 현대 정치문제들은 근본적으로 자본주의와 민주주의의 관계 설정과 집단적 대응이 중대한 정치, 사회적 결과를 산출한다는 것을 증명하고 있다. 그러므로 자본주의와 민주주의의 일시적인 절충을 넘어서서 내적이고 구조적으로 통합적인 정치경제 질서와 원리를 창출하는 것이야말로 향후 인류에게 중대한 시대적 과제가 될 것이다.

지금까지 논의한 것처럼, 현대 정치경제학은 자본주의 형성기와 밀접히 연관되어 있으며 이후 자유주의, 사회주의, 보수주의 등과 상호영향을 받으면서 다양한 흐름으로 진화해왔다. 18, 19세기 자본주의 발전과 산업혁명을 배경으로 등장한 자유주의는 이기적 개인주의를 당연시하는바, 합리적 자기 이익 추구자인 자족적인 개인들로 구성된 원자론적 사회를 배경으로 사유재산의 신성화와 국가는 필요악이라는 최소국가론에 따른 자유방임이라는 기둥으로 구성 되어왔다. 특히, 근대적인 사유재산권의 신성화는 자유주의 정치경제학의 중요한 주춧돌로 남아 있는바, "나의 적이 나의 목숨을 뺏을 수는 있어도 나의 재산을 뺏을 수는 없다"는 로크의 연설은 봉건 영주와 귀족 계급, 무산대중의 수탈과 공격으로부터 보호받아야 하는 재산을 인간의 존엄성과 동일시하는 자유주의 정치경제학의 관점을 웅변하고 있다. 고전적 자유주의를 계승하고 있는 현대의 신고전파 경제학 역시 분배와 불평등 문제를 금기시하는바, 1995년에 노벨경제학상을 수상한 거시경제학자인 루카스(Robert E. Lukas Jr.)는 "건전한 경제학에 유해한 경향들 중에서 가장 유혹적이고, 내 생각에 가장 유독한 것은 분배 문제에 초점을 두는 것이다"라며 자유경쟁 시장의 불평등에 대한 정치(국가)의 개입을 단호하게 비판했다. 고전적 자유주의를 계승한 자유지상주의 혹은 우파자유주의는 사회를 고대철학에서처럼 개인보다 상위의 가치, 고유한 특성을 지닌 존재로 파악하지 않고 단순한 개인의 합으로 간주하는바, 기계의 부속품이 마찰하지 않고 잘 돌아가듯이 이익추구적인 개인들 간에 서로 무간섭을 보장하면 사회가 잘 돌아가며 정부는 이익의 상호교류만 잘 관리하면 된다는 입장을 제시한다. 이는 시장(경제)과 정치사회의 작동원리는 본질적으로 다르지 않다는 전제로서 정치적 영역의 고유한 역할을 축소하고 경제적 논리와 동일시하는 주장으로 나아간다. 때문에 국가의 역할은 최소한에 그치며 민주주의 역시 최소한의 절차적 정의로 한정한다. 그 결과, 고전적 자유주의는 과거 재산을 가진 남성만이 사회계약의 주체로서 정치를 담당할 책임이 있으며, 그들이 자신의 재산권을 지키는 것이 정치공동체의 중요한 역할임을 주창한 바 있다. 특히 자본주의가 발전하면서 고전적 자유주의는 민주적 다수결주의에 대한 불안감을 내포하고 있는바, 이는 절대다수인 무산자 계급이 소수 유산자 계급의 소유권을 강탈할 수 있다는 대중에 대한 공포를 전제하고 있음을 의미할 수 있다. 분배의 원리를 강조하는 공리주의의 등장도 소수의 자산가들을 보호하고 다수의 불만을 잠재우려는 시도에서 시작되었다고 볼 수 있다.

이러한 민주주의와 자본주의의 결합에 대한 대립적인 관점은 현대 우파 자유주의라 볼 수 있는 신자유주의, 자유지상주의에 의해 변용되어 재생산되고 있다. 물론 신자유주의 혹은 자유지상주의 역시 자본주의와 민주주의를 동시에 중시하지만, 개인의 자유라는 측면에서 정부의 권력을 제한하며, 시장의 우선성을 강조하며 시장경제에 근본적인 중요성을 부여한다. 자유로운 경제활동으로 경제적 생산성을 키운다는 것이다. 이들은 노동의 대가를 강조하며 사유재산권을 생명이나 자유의 중요성과 동등한 수준으로 중시한다. 이런 맥락에서 보자면, 개인의 생명과 자유를 보장하기 위한 사유재산권이 민주적 권리를 주장하는 민주주의의 또 다른 측면보다 더욱 근본적인 중요성을 가진다. 또한 우파 자유주의자들은 민주주의는 통제받지 않는 대중주의로 타락할 가능성이 높기에 민주주의는 '게임의 룰'처럼 절차를 통해 다수의 권리를 인정받아야 한다는 입장이다. 민주적 권리는 대의제와 투표권으로 한정되고 선거를 통해 선택된 공직자는 임기 만료시 재평가를 받게 된다. 정부가 공공선의 추구를 위해 재산권을 제약하는 일은 지양되어야 한다. 빈부격차 등의 결과는 자본주의 시장의 결과로써 불가피한 것이다. 자유로운 시장 활동으로 증가할 생산성이 격차를 점진적으로 해소할 것이기에 이를 시정하기 위한 국가의 노력은 오히려 시장 기능을 왜곡시키는 역효과를 발생시킬 수 있다. 극단적 사례를 볼 때, 사유재산권과 경제적 자유를 보장하는 권위주의와, 시민권은 보장하면서 경제적 권리를 제약하는 민주주의 사회 중에서 이들은 전자를 채택할 가능성이 있다. 실제로 이런 자유지상주의적 입장에 속한 이론가들의 논의 속에는 민주적 정치과정에 적극적으로 참여할 수 있는 자격인 정치적 권리에 대한 논의는 많지 않다. 민주주의를 공동체의 공존방식과 경제체제까지도 결정할 수 있는 포괄적 참여라는 의미로 이해한다면, 이들에게 그런 민주주의는 포퍼(Karl Popper) 식의 "열린 사회의 공공의 적"인 다수의 지배를 정당화하는 전체주의로 간주될 것이다. 실제로 이들은 의회의 다수결에 의한 결정이 사유재산권과 거래의 자유를 침해한다면 이것은 정당성을 결여한 결정이기에 무효라고 주장한다. 이들에게 정치적 권리에 기반한 민주적인 의사결정과정은 사적인 자유 혹은 사유재산권을 안전하게 보호하는 역할이 강조될 것으로 볼 수 있다.

자유방임시장에서의 조화로운 분배는 시장의 불안정성과 독점적 경쟁으로 인해 왜곡되기 때문에 발생하는 불평등의 구조화를 정부의 개입으로 조정해야 한다는 주장은 공리주의 전통에서 시작되었다. 벤담과 밀의 공리주의와 칸트의 규범적 자유주의(도덕적 규범과 보편적 법칙을 강조)의 영향을 받은 현대적 자유주의는 자신과 타인의 자유를 보호하고 증진하는 고전적인 국가의 역할을 주요하게 본다. 그렇기에 현대적 자유주의는 정부의 시장경제, 사적 영역 등에 대한 최소 개입이 아니라 복지정책을 통해 재분배 또는 기회의 평등을 통해 모든 사람의 자유를 적극적으로 증진하는 정부의 도덕적 역할을 강조한다. 이런 이유로 인해 시장경제, 자본주의에 대한 민주적 통제와 감독의 필요성을 인정하는 균형적 자유주의 또는 평등주의적 자유주의로 불리기도 한다. 특히, 이런 현대적 자유주의는 정치참여의 자격을 확장하고 공적인 의사결정의 통로를 확장하면서 민주주의의 질적인 발전에 큰 기여를 하였다. 자본주의와 민주주의의 균형을 지향하는 현대 자유주의 입장에 의한다면, 민주적 정치과정에 참여하는 정치적 권리는 재산권과 경제적 자유만큼이나 중요한 권리로 간주된다. 그렇기 때문에 시장의 불평등한 결과가 민주주의를 왜곡하고 개인의 자유를 위협하는 현상을 비판하며 국가의 개입주의적 분배정책을 지지하였다. 시장의 실패로 인하여 생존을 위협하는 실업의 결과로 이어진

경제 공황을 타파할 수단으로 케인즈는 정부의 개입을 강조하였다. 또한 롤스 등과 같은 균형적 자유주의자들이 공정한 기회균등, 최소수혜자에 대한 배려 등 복지권을 강조하는 것은 복지 자체의 평등 때문이라기보다 사실상 민주적 정치과정에 참여할 수 있는 기본권의 평등한 향유를 위한 것으로 본다. 요약하자면 현대적 자유주의는 고전적 자유주의가 강조하는 국가 간섭 없는 자유를 뛰어넘어 개인을 기반으로 한 사회구성원들이 진정한 자유를 누릴 수 있도록 국가가 실질적 여건을 조성해야 한다는 주장이다. 즉, 누구나 원하는 삶을 스스로 실현할 수 있는 능력이 만들어질 수 있는 교육, 의료, 복지 등을 통한 기회의 평등이 조성될 때 자유가 실현될 수 있다.

위에서 논의한 균형적 자유주의에서 주장하는 정부의 역할보다 더 광범위한 공동체 구성원들의 평등을 주장하는 급진주의이다. 좌파 자유주의는 시장에 대한 민주주의의 우선성을 강조하면서 강한 민주주의를 통해 사본주의 시징경제의 불평등이 필연화되는 모순과 폐해를 적극적으로 통제하여 민주주의가 가진 역할과 역량을 극대화해야 한다는 입장이다. 민주주의가 충분히 발전하지 못한다면 자유주의는 온전하게 실현 불가능하다. 왜냐하면, 민주적 권리는 사적·경제적 권리와 시장원리보다 더욱 근원적인 기반이기 때문이다. 특히, 공동체 전체에 영향을 미치는 정책 결정 권력의 평등한 분배는 민주주의의 심화와 확장을 의미하는바, 좌파 자유주의자는 이것이 시장 경쟁보다 훨씬 더 중요한 가치이며 민주주의의 확장으로서 사회경제적 평등과 참여를 강조하고 있다. 이러한 좌파 자유주의는 마르크스주의와 사회주의로부터 큰 영향을 받았기에, 비록 공화주의적 관점을 유지하지만 정치적, 경제적으로 급진적인 정책을 지지하는 경향이 있다.

루소의 전통을 이어받는 좌파 자유주의에 의하면, 인간은 선천적으로 이기적이거나 공격적이지 않다. 어떤 경우라도 인간은 사회적이며 공동체적인 본성을 가지고 있다. 따라서 급진주의는 각각의 개인들이 협력과 공유에 가장 높은 가치를 두고, 집단적 선의 증가를 가장 중요한 목표로 삼게끔 정치경제적 환경을 조성하는 국가의 역할을 강조한다. 물론 급진주의 역시 개인의 자유와 권리를 강조하지만 가장 중요한 가치는 사회 전체의 공동의 이익이다. 따라서 가족과 지역 조직, 그리고 국가 조직 등에 이르는 모든 집단들은 공공선에 대한 협력과 봉사의 태도를 장려해야 하며, 강한 평등주의적 정책과 공적인 의사결정에 대한 다수 대중의 직접적인 참여가 요구된다. 정부는 모든 시민들이 교육, 거주, 건강, 직업, 재정적 안정성 등 삶의 여건에 동등하게 접근할 수 있도록 최대한 평등하게 물질적 여건을 제공해야 한다. 나아가 급진주의는 모든 구성원들의 정치적·사회적 평등의 실현뿐만 아니라, 전체의 물질적인 생산을 증가시키기 위하여 시장에 적극 개입하는 국가의 정책을 지지한다. 나아가 좌파 자유주의는 자본주의의 시장원리보다 많은 제약을 두어야 하며 동시에 주요 기업의 공적인 소유와 민주적 통제를 지지하는 경향이 있지만 자유주의에 기반은 두고 있기에 시장의 기능과 노동의 대가인 소유권을 존중한다.

이처럼 이념적으로 다양한 부류에도 불구하고 정치경제학은 부의 생산 및 분배와 민주주의의 관계를 중심으로 보다 바람직한 정치공동체를 고찰하고 모색하는 실천적 학문이라고 볼 수 있다. 아리스토텔레스가 민주적인 정치공동체의 경제적 토대를 논의한 이후로 인류의 역사는 경제적 영역과 민주주의의 바람직한 관계와 조화를 추구해 온 실험과 도전이라고 평가할 수 있다. 이러한 인류의 여정은 지금도 여전히 진행 중이기에 다음의 질문과 화두는 앞으로도 여전히 시대적 과제로 제기될 것이다. 이 책의 맥락에 살펴보자면, "과세는 상당히 정치적이며 철학적인 문제이고, 아마도 모든 정치적인 문제 가운데 가장 중요할 것이다."(데이비드 리카도

(David Ricardo)) "경제체제를 민주화하지 못하는 정치적 민주주의는 본질적으로 불안정하다."(캐롤 굴드(Carol Gould)) "부의 분배의 역사는 언제나 매우 정치적인 것이었으며, 순전히 경제적인 메커니즘으로 환원될 수 없다."(토마스 피케티(Thomas Piketty)) "정치통합을 위한 국가의 역할을 무시하는 스미스의 자유무역은 성공할 수 없다."(프리드리히 리스트(Friedrich List)) "사람들을 동등하게 대하는 것과 모든 사람을 똑같이 만드는 것은 전혀 다르다."(프리드리히 하이예크(Friedrich Hayek)) 이들 모두의 공통된 문제의식은 경제와 정치의 밀접한 관계에 주목하면서 어떻게 자본주의와 민주주의가 공존하는 상생의 공동체를 구성할 수 있느냐이다.

그림 6-1

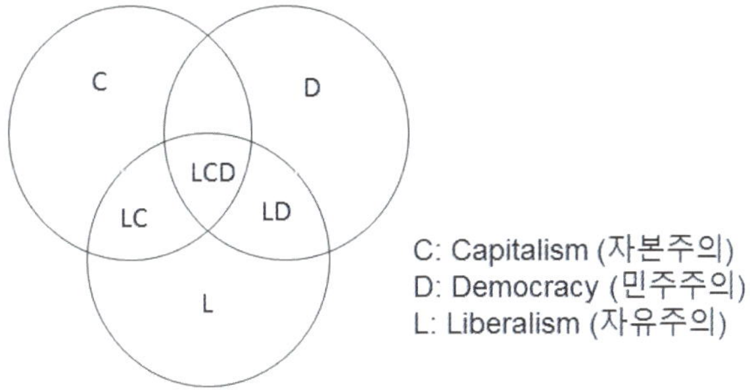

그렇다면 지금까지 논의해 본 맥락을 바탕으로 자본주의와 자유주의, 그리고 민주주의가 상호보완적으로 조화를 이룬 정치공동체의 구성 원리를 제안해 보겠다. 다소 도식적이지만, 충분히 성숙한 근대적인 산업자본주의 사회를 배경으로 우리는 위의 그림에서 정도의 차이는 있겠지만 세 가지 원이 중첩되어 있는, 자유주의적 자본주의에 민주주의가 결합된 LCD(Liberal Capitalist Democracy)의 정치공동체가 바람직하다는 주장에 큰 틀에서 동의할 수 있을 것이다(그림 6-1). 현실적으로는 자본주의, 자유주의, 민주주의는 고유의 논리를 가지면서 밀접하게 연결되어 있고 시대적,

국가적, 지역적, 상황적 맥락에서 어떤 가치나 원리가 강조되거나 약해지거나 배제될 수 있다. 그리고 기본적으로 현대 사회가 자본주의 경제체제를 공통적인 물질적 토대로 삼고 있고 자본주의가 자유주의와 친화력이 있다면 궁극적인 문제는 자유주의적 자본주의와 민주주의의 이론적, 현실적 조합 방식이 될 것이다.

자본주의란 무엇인가에 대해서는 명확한 정의가 있는 것은 아니다. 그러나 자본주의(C=Capitalism)에서 생산수단의 사적 소유와 사유재산권 보장, 개인의 이익 추구와 시장경쟁, 노동력의 상품화 즉, 임금노동이 일반화된 사회라는 요소는 대부분의 현대 국가가 공통적으로 공유하고 있는 제도적 요소이다. 현대 자본주의의 핵심은 자유로운 시장경제활동을 통해 발생하는 계급분화이며, 시장은 경제적인 자원의 활용 가능성과 생산성 모두를 증가시키는 필수적 메커니즘으로 이해되고 있다. 이러한 요소의 성장동력은 이윤추구행위와 경쟁으로 형성된다. 물론 자본주의가 필연적으로 시민들의 정치적, 시민적 자유와 민주적 참여를 요구하는 것은 아니다(C=비(非)자유주의 비(非)민주주의적 자본주의). 초기 자본주의 시대에 봉건 귀족 계급이나 신흥 부르주아, 혹은 권위주의적인 정치세력이 다수의 시민들을 배제하고 자신들만의 배타적인 정치경제적 독점을 유지하고자 했던 것과 같은 체제도 가능할 수 있다. 홉스가 이러한 사회를 묘사하였다. 자본주의 사회이지만 절대적인 리바이어던이 정치체계를 운영하는 사회다. 이것은 시민적, 정치적 자유가 있는 자유주의적 체계가 아니다. 민주주의의 우선성을 주장하는 학자들이 주장하듯이 자본주의의 모순은 때에 따라 다수의 자유가 제한되는 상황이 발생할 수도 있다는 것이다. 현재 신자유주의가 강화되고 정부의 역할이 축소되면서 양극화가 심화되고 특권층의 영향력이 커지면서 발생하는 정치적 불평등 현상을 이러한 관점에서 이해할 수 있을 것이다.

다음은 자유주의(L=Liberalism)이다. 자유주의의 핵심은 개인의 자유와 권리를 사회의 최우선 가치로 삼는 철학적 이념이다. 개인의 존엄성을 인정하고 타인에게 피해를 주지 않는 범위 내에서 개인의 자유를 보장하는 데 있다. 어느 집단에도 속박되지 않는 개인의 자율성을 내포한다. 이와 관련해서 소박한 소유주의 경제(simple proprietory economy)를 상상할 수 있다. 자본주의적 사회는 아니지만 사회구성원 대부분이 자산을 소유하여, 개인적인 경제적, 정치적 자유가 보장되어 있으며 계급적으로 분화된 사회가 아니기에 개개인이 평등한 사회에 가깝다. 이러한 사회에서 개인의 일정한 권리는 사회나 정부가 침해할 수 없다. 19세기 프랑스 시골에서는 일반적으로 개인의 자유는 가지고 있었지만 완전히 민주주의적이지는 않았다(L=비(非)민주주의 비(非)자본주의적 자유주의). 자유주의와 마찬가지로 소박한 소유주의 경제에서 자유적이며 민주적인 사회를 마음속에 그릴 수 있다. 무엇보다도 자유주의는 개인주의, 평등주의, 보편주의의 종합체라고 볼 수 있다. 즉 정부의 간섭이 배제된 자유로운 형태, 정부의 능력을 제한하며, 동시에 사회 구성원 누구나 자신의 의지에 따라 자유롭게 정치와 경제활동에 참여하는 모습을 그릴 수 있다. 자유주의는 정부의 권력과 개인의 자유 보장을 기반으로 하기에 다수의 권력을 절제하게 하는 기반이 된다. 간단하게 정리하자면, 개인의 자유와 권리를 최대한 보장하기 위하여 법 앞에 누구나 평등한 법의 지배가 기반되면서 정부의 권력은 제한되어야 하며, 동시에 다수의 권리를 보장하기 위하여 정부의 역할은 공정한 절차에 따라 수행되었다고 볼 수 있다. 결국 자유주의는 개인과 다수의 상호절제적 덕망을 내재하고 있다고 해석할 수 있다.

그렇다면 민주주의(D=Democracy)는 무엇일까? 국민이 주권을 행사하는 이념과 체재로 정의할 수 있다. 실질적으로 다수의 권력이 모아지는 제도적 장치이다. 일반적으로 보통선거, 정치적 평등, 다수결의 원칙, 권력분립 그리고 법치주의(Legalism) 등을 상정한다. 즉 사회적 결정의 방식이다. 민주주의 역시 공리주의 등장 이후 점진적으로 진화되었기에 명확한 정의가 있는 것은 아니지만, 고전적 정의는 모든 개인이 자유롭게 그리고 평등하게 정치에 참여하는 대중에 의한 지배라 할 수 있다. 이상적인 사례로서 아테네의 직접 민주주의를 상상할 수 있다. 계몽주의의 등장 이후 민주주의는 두 가지 전통으로 나뉜다. 자유주의적 측면은 개인의 자유를 우선시하여 정부의 간섭을 최소화하는 것을 주장한다면, 공화주의적 측면은 공공선을 우선시한다. 민주주의에 대한 공통된 현대적 정의는 자유와 평등이라는 규범적 해석과 정치 현실에 바탕을 둔 경험적 해석의 조합 속에서 민주주의가 발전되어 왔다는 사실이다. 민주주의는 '국민을 누가 통치할 것인가를 결정하는 권리를 국민 스스로가 지니는 것'이라고 정의내릴 수 있다. 이를 위해서는 사회적 불평등이 개인의 정치적, 경제적, 시민적 자유를 제한하여 동등한 정치참여의 기회와 기회의 평등을 침해해서는 안 된다는 전제가 필요하다. 경험적 측면에서, 매디슨(James Madison)은 정부가 개인의 자유와 권리를 위해 운영되도록 하면서도 민주주의의 폐해를 막기 위한 방법을 제안한다. 다수 지배인 민주주의의 큰 해악은 특정 파벌(faction)에 의해 정부가 통제됨으로써 소수자의 권리가 침해받게 되는 것이다. 다수를 차지하는 파벌은 다른 세력들의 자유를 희생시키면서 자신의 이익을 추구할 위험성이 있기 때문이다. 매디슨은 다수의 폭정을 막기 위해 권력의 분립과 서로 중첩되기 힘든 다양한 이익을 반영하는, 상충되는 파벌 발생을 독려함으로써 단일 세력이 다수를 차지하기 힘든 입헌적인 제도를 제시하였다. 즉 자기이익의 추구는 시민의 덕성을 교육함으로써 해결될 수 있는 것이 아니라는 것이다. 중요한 것은 특정 세력의 독립적인 통제하에 들지 않게 방지할 수 있는 정부의 제도적 배열이며 '분리된 제도 안에서 권력의 공유'이다. 한편으로 아리스토텔레스가 걱정했듯이, 다수의 의견을 수용하는 민주주의는 자유주의에 기반을 두지만 대중주의로 변질되는 경우 중우정치로 전락할 위험이 있다. 대중주의는 법과 제도보다는 감성에 호소하기 때문에 법치주의를 훼손할 수 있다. 표현의 자유와 정치적 다양성은 하나하나 무너지게 된다. 그에 맞는 대안은 단순 비판이 아니라 원인을 해결하고 제도와 공동체 신뢰를 회복하는 방안이 요구된다. 또한 문화자본으로 레비츠키(Steven Levitsky)와 지블랫(Daniel Ziblatt)은 민주적 규범의 핵심인 상호관용(mutual tolerance)과 이해(understanding) 그리고 제도적 권리를 행사할 때 신중함을 잃지 않는 자제(tolerance)가 이루어지지 않으면 형식적 법치주의만으로는 민주주의를 지킬 수 없다고 지적한다.

다음은 자유주의와 민주주의의 접목이다. 자유민주주의로 이해할 수 있다. 루소나 제퍼슨 혹은 마르크스가 꿈꾸었던 자족적인 사회는 시민적, 정치적, 그리고 경제적 자유가 존재하면서도 반드시 노동력의 상품화와 시장경쟁의 원리를 요구하지는 않는 소유주의의 경제일 것이다(LD=비(非)자본주의적 자유주의적 민주주의). 즉 모두가 자산을 소유하였기에 계급갈등이 없는 사회로, 정부의 역할은 자산가들의 의견을 반영 또는 소통의 창구 기능을 담당하는 모습을 상상해 볼 수 있다. 제퍼슨은 동일한 버전의 수정된 형태를 주장했다. 그가 주장한 형태는 순수한 소유주의 경제는 아니었으며 노예제와 자본주의가 섞인 것이었다. 그러나 제퍼슨식의 경제 또한 자유주의와 민주주의가 결합된 소박한 소유주의의 경제라 할 수 있다.

다음은 고전적 자유주의자와 신자유주의자들이 주장하는 자유주의와 자본주의가 접목된 모델이다. 스미스가 꿈꾸는 '보이지 않는 손'에 의하여 시장 스스로 균형점을 찾아가는 자유로운 시장 경쟁 속에서 시민의 정치적, 경제적 자유를 허용하는 자유주의적 자본주의 사회가 존재할 것이다(LC=비(非)민주적인 자유주의적 자본주의). 개인들이 정부의 간섭 없이 국경을 넘어서 자유롭게 상품을 사고팔고, 직장과 시장을 찾으며, 자신들이 원하는 곳에서 저축과 투자를 할 수 있는 경제체제를 말한다. 벤담과 제임스 밀은 자유주의적 자본주의 안에서 정치적, 시민적 자유의 요소들인 표현의 자유, 결사의 자유, 최소한 특정 사람들에 한해서 피선거권, 의회의 존재 등 민주주의를 얘기한다. 그 이유는 그들이 자유주의적 자본주의를 지키기 위하여, 정치적인 요인들을 상정하며 논의를 시작했기 때문이다.

어떻게 자본주의와 민주주의가 상호조정될 수 있을지 살펴보자. 앞에서 얘기한 벤담과 밀의 공리주의와 연관지어 생각해 볼 수 있다. 민주주의로 자본주의를 보완하는 것이다. 자본주의는 기본적으로 노동의 대가로서 소유권을 인정하기에 생산의 수단을 선점한 자, 즉 자본가에 의해 지배되는 사회로 볼 수 있다. 자본주의가 산업화 단계로 진화하면서 자본가들은 시장에서 경쟁을 통하여 더 많은 이익을 소유하게 된다. 반면에 생산의 수단이라고는 노동밖에 없는 대다수의 사람들은 임금에 의존하며 최저 생활을 유지하게 된다. 결국 생산의 수단을 소유한 소수와 노동만을 소유한 다수의 삶의 격차가 증가한다. 경제적 불평등은 생활뿐 아니라 자유로운 선택과 표현을 제한받게 된다. 이러한 불만은 결과적으로 사회갈등의 원인이 된다. 갈등의 원인을 해소하기 정치참여를 통해 다수의 의견을 받아들이는 제도적 장치로 민주주의가 소환된다. 여기서 등장하는 민주주의는 다수의 가난하고 무지한 시민들의 불만을 완벽하지 않지만, 참정권 보장으로 경제성장의 주체이자 소수자인 자본가와 기업인의 권리를 보호하는 의미에서 보호적 민주주의로 볼 수 있다. 이후 교육을 통해 시민의식 향상과 기업가와 노동자 소통을 강조하는 도덕적 목적을 내재한 발전적 민주주의 그리고 이러한 규범적, 도덕적 목적이 아닌 정부의 구성은 단순히 선출하고 권위를 부여하는 일종의 균형적 민주주의로 진화하였다고 볼 수 있다. 이렇듯 민주주의는 시대적 그리고 자본주의의 발전단계에 따라 반응하며 사회갈등을 조정해 왔다.

이젠 자유주의로 위 논의를 좀 더 구체화해 보자. 자유주의는 봉건주의, 그 기반이 되는 세습주의를 붕괴시키는 사상적 기반이 되었다. 누구나 노동의 대가를 보장받고 소유권을 인정받아 부의 척도와 능력에 따라 사회적 지위가 보장되는 자본주의를 촉발시켰다. 동시에 자유주의는 국가 권력의 과도한 행위를 거부한다. 즉 국가 권력이 개인의 자유를 침해해서는 안 되며 동시에 민주주의라는 이름으로 다수의 권력이 개인의 자유 또한 침해해서는 안 된다. 이 지점이 바로 아리스토텔레스가 다수의 지배를 축으로 하는 민주주의를 중우정치라고 평가 절하한 이유이다. 그렇기 때문에 법은 모든 사람과 권력자 앞에 평등해야 하고 예측가능성 그리고 사법적 독립의 원칙인 법의 지배(법의 존재 자체가 통치의 근거가 되는 법치주의와 구분)가 강조되는 것이다. 결과적으로 자유주의는 다수의 지배로 인한 소수의 가진자의 자유를 침해해서도 안 되며 동시에 가진 자가 다수의 가지지 못한 자들의 자유 역시 침해해서는 안 된다는 양날의 검을 가진 정치철학이다.

이러한 논의를 바탕으로 자유주의에 기반을 둔 다음과 같은 결론을 만들어 낼 수 있을 것이다. 자유민주주의(LD)와 자유주의적 자본주의(LC)의 공통분모는 정치적 자유(political freedom)와 경제적 자유(economic freedom)이다. 결국 윤리적 법적 기준을 설정하는 자유주의 가치가 존재하기 때문에 자본주의와 민주주의는 긴장 속에서 공존할 수 있다는 결론을 도출할 수 있다. 그렇다면 우리가 이상적으로 생각하는 사회는 세 가지 원리가 균형 있게 조합을 이룬 자유주의, 자본주의, 그리고 민주주의(LCD: Liberal Capitalist Democracy)라는 점에 잠정적 합의를 도출할 수 있다. 자본주의 입장에서 볼 때 민주주의는 자유에 기반해 자유로운 활동을 보장하는 정치제도이기에 좋은 파트너가 될 수 있다. 하지만 민주주의 입장에서 자본주의는 불평등이 필연적으로 나타나기 때문에 민주주의의 기반이 되는 자유 그리고 나아가 평등의 원리를 침해하기 때문에 불편한 파트너라 볼 수 있다. 하지만 민주주의는 대중의 정치참여를 보장하여 불평등 견제하고 동시에 자유주의의 가치 중 하나인 권리보장을 제도화한다. 그렇기에 자본주의, 자유주의, 민주주의가 균형적인 조합을 이룬 정치경제를 구성하는 것이 정치공동체의 역사적인 조건인 셈이다. 즉, 자유주의적 자본주의 모델에 동등한 목소리를 낼 수 있는 정치적 참여와 기회, 그리고 정부의 역할을 통해 절차적으로 다수의 권리가 보장되는 자유민주주의가 접목되는 모델이다. 주의 깊게 보아야 할 지점은 자유주의는 개인의 자유와 권리에 기반을 두기 때문에 다수의 의지가 수용되는 민주주의라 할지라도 소수의 권리 역시 보호해야 한다는 것이다. 그렇기 때문에 자유주의는 공정한 법의 지배를 강조하여 다수의 권리를 절차적으로 인정하지만 다수의 권력을 제한하는 가치를 동시에 제공한다. 지금까지 서술한 자유주의적 자본주의와 관련된 저작들 대부분이 인간과 사회의 상호관계에 초점을 맞추고 있으며, 모든 인간이 부와 권력을 극대화하기 위하여 노력할 필요성을 상술했던 까닭이 바로 이 때문이다. 그렇기 때문에 자유주의적 자본주의 체제 안에서 자유주의적 민주주의는 인간과 사회의 상호관계를 공정한 법의 지배를 통해 발전적으로 조정해 나가야 한다.

민주주의가 법치를 기반으로 작동하기 위해서는 '권력의 거리'가 필요하다는 주장이 경험적 측면에서 연구되었다. 한 조사 결과에 따르면 항공기 사고는 부기장이 조종할 때보다 기장이 조종할 때 더 많이 일어난다고 한다. 왜 그럴까? 부기장이 조종할 때는 기장이 옆에서 반론을 제기할 수 있지만 기장이 조종할 때는 부기장이 반론을 제기하기 어렵다는 것이다. 이처럼 권력 집중을 배제하는 제도적 장치가 필요하다. 바로 삼권분립이다. 특히 미국식 공화제의 영향을 받은 삼권분립은 행정부와 입법부의 견제와 균형이 매우 중요하다. 균형점이 흔들리는 경우는 사법부가 독립적으로 판단의 역할을 해 주어야 한다. 그러므로 선거를 통하여 보호받는 다수의 요구라는 '권위에의 복종' 현상이 행정부와 입법부 외에 사법부에도 발생하게 된다면 사회적 정의 실현과 소수의 권익은 보호받을 수 없다. 바로 이런 점이 사법부의 정치적 독립성이 요구되는 이유이다. 사법부 구성원은 정치로부터 독립된 제도적 영역으로써 선거를 통해 선출되는 것이 아니라 공인된 시험을 포함한 자격요건을 취득한 법조인들로 구성된다, 즉 다수의 정치적 요구 또는 특정 권력의 정치적 영향으로부터 자유로워야 한다는 이유이다.

이러한 세 가지 원의 조합 비율에 관해 시대적, 국가적 상황과 맥락을 초월하는 '최상의', '유일한' 방식은 없다고 생각하는 것이 타당하다. 자유주의와 자본주의, 민주주의의 관계는 특정하고 구체적인 사회적 문화적 맥락 안에서 잠정적으로 조정되어야 할 원리로 분석되어야 한다. 이들의 관계는 상호보완적 관점에서 평가되어야 한다. 따라서 이론적, 현실적 조합을 고민할 때 우선적인 원칙은 현실의 모순과 병리를 해결하기 위해 세 가지 이념들이 서로를 제약하거나 상쇄하지 않으면서 서로의 상호적, 순환적 발전을 고무하는 최적의 상생을 위한 조합을 모색해야 한다.

현대사회에서 상생의 조합을 모색하는 데 있어서 현실적으로 이해해야 할 부분이 있다. 사유재산권으로 상징되는 경제적 권리와 천부인권으로 이해되는 정치적 권리의 갈등이다. 상술했듯이, 경제적 영역의 불평등에 대한 국가의 개입과 효과 그리고 정당성이 갈등의 핵심이다. 자본주의 시장경제에서 사유재산은 자신의 능력과 노력의 대가인 사적인 영역이기 때문에 국가가 함부로 개입해서는 안 된다는 주장은 전통적으로 설득력을 얻어 왔다. 그러나 자유주의, 자본주의, 민주주의가 복잡하게 얽혀 있는 현대 사회에서 문제는 그렇게 단순하지 않다. 무엇보다도 시장 자체가 순수하게 우파 자유주의자 혹은 신자유주의자들이 기대하듯이 모두에게 동등한 기회를 만들어 주지 않는다. 그 이유는 다음과 같다. 현대 자본주의 시장경제에 대하여 물질만능주의를 비판한 베블런의 제자 갤브래이스(John Galbraith)는 신자유주의자들이 주장하는 바와 달리, 시장에서는 노동이 상품으로서 갖는 가치에 대한 자발적 교환이나 신용평가에서 모두에게 적용되어야 하는 자산의 중립화가 이루어지지 않으며, 실제로는 계획경제에 가까운 모습으로 일어난다고 강조한다. 시장은 수요와 공급에 영향을 받지 않을뿐더러 임금과 가격 역시 시장의 산물이 아니라는 것이다. 그 이유는 다음과 같다. 생산과 노동은 교환이 아니라 기업소유주의 통제하에 있다. 또한 투자는 시장의 효율성보다는 기업의 이익이 우선이므로 기업 소유주에 의하여 결정되곤 한다. 국가의 경제정책 역시 성장과 효율성 위주로 집행되어 시장이 스스로 균형점을 찾을 시간을 주질 않는다(신고전학파는 실업은 개인의 선호와 경기순환과정에서 나오는 자발적인 현상으로 보아 수요와 공급의 균형점에서 해결될 것이라고 주장한다). 투자, 생산, 노동, 국가정책 모두 시장을 인위적으로 조정하며 이러한 조정은 사회 구성원 모두에게 영향을 미치게 된다. 결국 경제영역은 더 이상 개인의 범위가 아니라 대중의 범위(공적 영역)로 이해되어야 하고 민주주의 원칙의 적용이 고려될 수 있다는 것이다.

20세기 동안 그리고 지금까지도 선진국과 개발도상국 모두에서 자본주의 성장과 경쟁을 통한 효율성 추구의 과실이 모든 사람에게 자연적으로 공평하게 분배되었던 것은 아니었다. 대부분의 자본주의 국가에서 국내적 불평등은 갈수록 심화되어 왔다. 특히 신자유주의가 등장한 1980년대 이후에는 소득의 불평등이 자산의 불평등으로 이어졌다. 특정 국가들의 문제로 치부되어 왔던 불평등 문제는 2008년 세계 금융위기 이후 선진국을 포함한 모든 나라에서의 심각한 사회적 문제로 부상했다. 2010년 유럽

재정위기에 영향을 받은 국가들이 긴축재정 정책을 강력하게 추진하였고 2019년부터 발생한 코로나 팬데믹은 국가재정을 더욱 약화시키면서 복지 제도가 축소되었다. 이에 따라 많은 사람들이 빈곤에 내몰리면서 심각한 사회문제로 대두되고 있다. 이처럼 불평등과 분배 문제는 복지, 연금, 노동, 기업지배, 자본통제, 국부펀드, 금융규제, 지역통합, 기후위기 등 일국적, 국제적 정치경제적 문제들의 핵심을 차지하게 되었다. 이런 현상들로 인해 지향점을 잃은 대중들은 가짜뉴스에 선동되고, 외부의 희생양을 찾으며, 우리는 영원히 변하지 않는 하나라는, 민족·인종·진영 등을 신봉하는 반이민주의, 고립주의, 대중주의로 빠져들며 상대방을 적대시하는 경우가 나타난다.

결과적으로 개인의 자유와 다수의 권리를 지탱해 주는 자유주의의 위기이다. 공동체가 흔들리고 있다. 소유와 거래의 자유를 주장하는 시장주의 원칙으로 국가의 역할이 축소되면서 진보 정치가 주장하는 보편적 평등 구현은 노동자들과 사회적소수지들의 공동 연대를 가능하게 하였다. 하지만 산업화로 노동의 분화와 사회의 세속화로 공동 연대의 기반이었던 보편적 평등 구현이라는 공통의 정체성이 무너지고 자신들이 소속된 집단의 정체성(identity)만을 강조하는 현상이 등장하면서 사회 균열구조는 더 세분화되었다. 각각의 정체성을 기반으로 하는 정체성 정치가 강화되고 있다. 결국 정치가 편파적으로 급진화되면서 상대방을 인정하지 않고 자신의 정체성만을 주장으로 발생하는 진영 정치는 사회를 혼란스럽게 한다. 무엇보다 임계점을 넘지 않는 절제(moderation)와 존중(tolerance)이 요구되는 시점이다.

다른 관점에서, '선거와 투표'로 상징되는 절차적 민주주의를 넘어서 공동체의 의사결정에 다수 국민의 실질적인 참여를 통해 공동체의 운명을 결정해야 한다는 규범적 민주주의 요구는 타당하다. 그러나 다수의 요구 또는 소수의 조직화된 이익집단이 경쟁적인 자본주의 원리를 제약하여 시장의 효율성을 상쇄하거나 기업가의 진취적인 혁신을 추구하는 경제적 행위자를 위축시킨다면 그런 민주주의 역시 교정되어야 할 것이다. 증오와 대립의 정치보다는 관용과 타협을 목표로, 진영논리보다는 균형적으로 권력이 사용되어야 한다. 무엇보다 절차적 정당성도 중요하지만 타인의 자유를 속박하지 않는 민주주의 정신과 규범을 파괴하지 않으며, 대중의 감성적 주장에 의존하기보다는 전문성 있는 정책적 운영이 필요하다. 정치적 목적을 위하여 대중 선동의 기반이 되는 갈라치기 정체성 정치는 지양되어야 한다.

정치경제학의 중요한 시대적 사명 중 하나가 현실의 문제점에 대안을 제시하고, 보다 살기 좋은 공동체를 만들어가는 것이라면, 자본주의 경제 성장이 공동체 구성원들의 능력과 재능을 자동적으로 신장시키고 시민적 도덕성을 발현시켜 주리라는 통념은 경계할 필요가 있다. 이런 관점은 삶의 편의성 측면에서 어느 정도는 옳지만, 바로 그런 생각이 19세기 초 이후에 양산된 양극화, 유대와 연대의 해체 등을 정당화하면서 오직 시장 경쟁에서 승자들의 미덕을 미화시키는 정치적 수사로 사용되기도 하였다. 개인의 자유와 권리가 존엄한 인간으로서 자율성을 실현하는 필수적인 조건이라는 자유주의는 하나의 공리로 이해되어야 하듯이, 그런 자율성을 누릴 수 있는 사람들이 소수이고 사회의 다수 사람들이 어려운 물질적 물론 민주주의 조건에서 실질적인 자유 행사에 제약을 받고 있다면 조정될 필요가 있듯이 다수의 의해 소수의 자유와 권리 침해에도 관심을 가져야 한다.

그러므로 자유주의, 자본주의, 민주주의가 최적의 조합을 이루고 서로의 긍정적인 기능과 역할을 극대화하는 상생의 정치경제학을 구성하는 것은 학문적인 차원을 넘어서 시대의 모순을 치유하고 더욱 정의롭고 행복한 삶과 사회의 진보를 향해 나간다는 실존적인 함의까지 갖는다. 그럼에도 아리스토텔레스(Aristotle) 이래로 인류 역사와 사회의 진보를 위한 이런 과제에 대해 인류가 단기간에 대안을 수립한다는 것은 무리한 기대이다. 그러므로 책을 마무리하는 시점에서 상생의 공동체를 만드는 과업에 기여할 수 있는 정치경제학적 지혜를 제시하고자 한다.

첫째, 자유주의적 자본주의 민주주의는 시민구성원 개개인에게 최소한의 사회적 지원과 기회구조가 보장되어야 한다. 달리 말해, 노동능력을 상실한 시민에게는 노동력 상품을 공급하는 능력이나 기회와 상관없이 최소한의 수준에서 존엄한 인간으로서 자신의 기본적인 물질적 필요를 충족시킬 수 있는 조건을 제공해야 한다. 그런 지원의 핵심적 동기는 존엄한 인간으로서 자존감과 상생의 공동체를 위해서이다. 아리스토텔레스와 루소 등을 거쳐 현대 좌파 자유주의에 이르기까지 정치경제에 대한 일련의 사상가들의 긴 계보에 의해 명시된 핵심사상은 자유와 독립은 물질적 기반을 가진다는 것이며 만약 시민들이 자유와 자립을 위한 사회적 자원에 대한 접근권, 즉 적어도 기회의 평등을 갖고 있지 못하다면 그는 타인에 대한 종속적인 지위로 전락할 가능성이 높다는 것이다.

시민 간 인격적 종속관계는 개인과 사회에 대한 자유주의와 민주주의 양자의 원리 간의 조화를 어렵게 한다. 민주주의가 다수결로 개인의 자유와 권리를 제한할 위험 역시 존재한다. 그렇다면 자유주의와 민주주의 양자의 원리를 보호할 수 있는 현실적 방안은 무엇일까? 조건부로 혜택을 주는 기존의 복지제도와 달리 모든 사람들에게 동등한 혜택을 제공하는 '기본소득 제도'를 생각해 볼 수 있다. 적용을 위한 조건은 분명히 존재한다. 기본소득 제도는 모든 사람들에게 조건 없이 지급되기 때문에 개인의 노동시간을 단축할 수 있게 되어 노동과 자기 개발을 위한 교육 및 자원봉사 등의 사회활동을 병행할 수 있다는 장점이 존재한다. 하지만, 무엇보다 이러한 원칙은 실업수당, 채무조정 등 기존의 보장제도와 조세제도의 전반적 수정 및 보완이 필요하다. 특히 기본소득을 바우처 같은 형태로 특정 분야(식용품 구매에만 사용할 수 있는 미국의 푸드 스탬프(food stamp) 같은 공공부조 형태)에만 사용할 수 있게 하여 근로유인을 떨어뜨리는 기본소득의 부작용에 대응해야 한다. 동시에 기본소득제도는 원칙적으로 온정주의를 지양해야 한다. 인간의 이기심을 인정하고 효율성을 극대화하는 방안을 찾는 것이다. 1997년 멕시코에서 저소득층 대상으로 프로그레사(Progresa)라는 조건부(선별적) 현금이전(CCT: Conditional Cash Transfer) 정책을 실행했다. 일정 조건을 충족하면 현금을 지급하는 프로그램으로 자녀가 일정 출석률을 유지하며 정기적인 건강검진과 예방접종을 받아야 하며, 영양교육에 참여하여 아동과 임산부 영양상태를 점검해야 한다. 결과적으로 빈곤의 대물림과 질병발생 현상을 방지하는 중장기적 정책으로 볼 수 있다. 실질적으로 성과평가 결과, 빈곤층이 줄어들며 취학률 증가와 질병 등이 감소하였다. 이러한 정책의 성과는 주변 남미 국가를 비롯해 아프리카까지 퍼져 나갔다. 물론 사회적·경제적 환경의 차이는 존재한다. 하지만 이와 같이, 복지를 통한 자기개발은 정치적 후견주의의 대상이 아니라 능동적 책임의식이 고려될 때 가능할 것이다.

능동적 책임의식은 한편으로는 보수주의적 관점에서 주장하는 사회적 책임으로 국가의 복지제도보다 가족으로부터 시작하여 다양한 집단들의 '상호부조' 형태의 원조제공으로 볼 수도 있다. 그러기 위해서는 인공지능으로 대체되고 있는 노동시장을 감안해서라도 시민사회 영역이 활성화되어야 하며, 이처럼 사회 공동체 활동(건강, 교육, 연구, 예술, 스포츠, 서비스, 여가활동, 종교, 사회활동)이 늘어나는 것은 세계적 추세라고 할 수 있다. 이 분야의 고용의 활성화를 위해, 정부의 재정 부담을 줄이면서 기업의 사회적 책임을 실행할 수 있는 자원 확보 방안으로 세금 전가(tax shifting)를 고려할 수 있다. 즉 기업 법인세를 대체하는 기업이 사회적 책임을 이행할 때 감세와 기업이 사회적 책임보다는 생산성에 주력한다면 환경·오염세 등의 증액을 통해 공동체 활동 분야의 고용 보조금을 확보하는 것이다.

또 한편으로 조정해야 하는 제도는 조세이다. 보편적 복지를 논할 때 북유럽 국가들의 예를 든다. 하지만 우리가 이상적으로 생각하는 국가들은 개인의 세율부담을 평균적으로 올리면서 시장활성화에 주요한 법인세는 평균 20%에 불과하며 최저임금도 고용보장제도도 존재하지 않는다. 상속세는 거의 없는 수준에 가깝다. 물론 이러한 제도는 개인의 부담을 가중하는 역설은 존재한다. 그럼에도 불구하고 재원확보는 어떠한 조화가 필요할까? 이들 국가들에서 채택하는 25% 이상 되는 간접세(부가세)와 현재 우리나라의 10% 비율에 대한 세밀한 검토가 있어야 한다. 또한 2024년 우리나라 종합소득세의 85%를 소득상위 10%가 부담했고 면세자 비율은 2022년에 비해 단지 0.6% 감소한 33%였다. 이렇듯 높은 면세자 비율은 세부담 불형평뿐 아니라 세금의 정상적인 재분배 기능을 약화시키는 원인으로 볼 수 있다. 추가적인 공제 확대보다는 복잡한 각종 소득공제와 세액공제 제도를 단순화하여 모두가 사회간접자본의 부담자이며 수혜자가 되어 사회 구성원 모두가 상생의 사회적 책임을 나누는 방향으로 조정되어야 한다. 이러한 정책은 보편적 복지를 위한 재원을 확보하는 동시에 사회적 유대감을 강화시킨다는 부가적 역할도 수행할 수 있다.

둘째, 경제적 번영과 결실이 노력하는 개인의 자율성과 창조성을 격려하고 지지하는 방향으로 확산되어야 한다. 따라서 노동과 복지의 상호연동적인 시스템이 필요하다. 물론 이런 이야기는 새로운 것은 아니지만, 종종 눈앞에 보이는 성과에 치우쳐 정책철학이 실종되는 경우가 적지 않게 벌어진다는 점에 유의해야 한다. 우리가 이해하듯이 시장은 경쟁에서 승리해야 하기에 능력 우선 사회이다. 자유주의는 세속된 신분사회를 개인의 자유로운 의사에 기반한 능력사회로 변환시켰지만, 국가의 역할이 축소된 신자유주의가 강화되면서 능력을 기반으로 한 고학력 엘리트 사회로 더욱 진화되었다. 그만큼 성공의 기회구조가 줄어든 것이다.

법률학자 마코비츠(Daniel Markovits)의 지적을 살펴보자. 그는 "현대사회는 또 다른 형태의 세습사회이다"라고 지적한다. 능력주의는 불평등을 심화하는 해결책이 아니라 근원이라는 주장이다. 능력주의로 만들어진 지위와 부는 그대로 귀족적 승계를 촉진하기에 비민주적이고 경제적인 불평등을 증가시킨다. 그의 논리는 단순하면서 정확하다. 고학력으로 성공한 사람들은 부와 권리를 유지하기 위하여 자신들의 재산을 이용하여 자녀들에게 좋은 교육환경 과 사교육에 투자한다. 이러한 엘리트 교육은 귀족적 전이를 매개하게 된다. 엘리트 노동은 교육으로 구축된 능력주의적 상속의 가치에 대한 보상일 뿐인 것이다. 더불어 플랫폼 자본주의가 강화되는 현실의 기술발전은 중간 관리자들의 일자리를 점점 축소시킴으로써 중간 숙련직이 대다수인 중산층은 사회적 그리고 경제적으로 설 자리를 잃게 되어 자녀에게 투자할 여력까지도 잃게 된다. 결국 다수의 중산층과 저소득층들은 기회의 사다리가 무너지게 되면서 다음 세대에까지 빈곤이 세습된다. 이러한 불편한 심리상태는 이성에 의한 사회적 연대보다는 정치인들의 선동에 끌리게 되어 거리의 정치로 이어지게 만들기도 한다.

이러한 자본주의 사회의 세습화 현상으로 인한, 경제적 축적 과정이 소수의 부에만 기여하고 대수의 시민들의 자율성과 주체성을 위축시킨다면 시민적 자유와 민주적 평등이 축소될 가능성이 높다. 소수가 누리는 자유가 시민들이 공유하고 있는 자유와 큰 격차를 가진다면, 그런 사회는 고전적인 정치경제학자들이 우려했던 분노와 적대, 갈등과 저항을 확산시킬 수 있다. 그러므로 시장경쟁의 효율성의 분배의 원리는 최대한 보장되어야 하겠지만 그것이 개인이나 집단의 경제적 보상에 대립적이거나 일상생활을 제약하는 불평등을 양산한다면 경제적 부의 생산과 분배에 대한 국가의 개입은 정당화될 수 있다.

국가의 개입은 궁극적으로 산업혁명 모델의 생산성주의가 아니라 노동과 노동시장의 자율성이 보장되고 경제발전의 기제가 개인의 실존적 성장, 시장의 공정성에 대한 신뢰, 타인과의 조화와 대립되지 않는 방향으로 경제성장이 인도돼야 한다. 우리나라의 획일적인 주 52 노동시간이 과연 노동과 노동시장의 자율성보장에 도움이 되는지 심도 있게 고려해야 한다. 실질적으로 획일적 52시간 적용은 노동자의 노력과 도전이 하찮게 되어 근로의욕이 감소하며 필요한 인력을 적재적시에 공급할 수 없기에 기업성장 동력을 떨어트리고 있다. 물론 보상 없이 장기간 노동을 강요받는 것은 수정되어야 한다. 그렇다고 일할 자유를 뺏는 것 역시 노동자들의 자유로운 선택권을 제약하는 것이다. 무엇이 필요할까? 산업 직군에 따라 노동시간 적용 대상에서 제외한다든지, 지역과 산업권에 따라 차등 적용한다든지, 추가로 혜택을 받기 위하여 노동자 본인이 원하면 적용하지 않는 제도(Opt-Out) 등을 고려해야 한다. 이런 원칙은 사회와 국가의 책임뿐만 아니라 시장과 근로자의 능동적 책임을 수반하게 만든다.

위 논의의 연장선에서 현재 논의되고 있는 노란봉투법 논쟁을 살펴보자. 노란봉투법은 노동조합법개정안으로 하청 노동자까지 포함하는 사용자 개념 확대, 노동쟁의 개념 학대, 노조의 손해배상책임제한 등이 해당된다. 찬성하는 쪽에서는 노동조합법에서 보장하는 단결권과 협상권등 노동자의 기본권을 실질적으로 보장할 수 있고 파업 시 발생하는 불공정한 손해배상 청구를 방지할 수 있다고 주장한다. 한편, 반대 주장은 해당 법안이 노동자들의 불법 행위를 조장하고 기업의 경영 활동을 위축시켜 기업의 경쟁력이 약화되면서 오히려 일자리가 줄어들게 될 것이라는 점을 강조한다. 지루한 논쟁 속에 양측의 의견이 잘 조정되어 합의안이 만들어진다면 최선이겠지만, 우리나라 노동시위가 노동조합 연합체의 지원 속에 대다수가 불법적인 점거와 폭력적인 방식의 시위 그리고 무기한 파업 등으로 진행되고 있음에도 현재 대처 방안이 명확하지 않다는 점을 간과해서는 안 된다. 이러한 문제점들에 대한 법과 원칙에 따른 집행이 우선 적용(법의 지배)되어 노사 양측의 권리 범위가 명확해져 서로 상대방의 입장이 예측가능할 때 합의안 도출의 가능성도 높아질 것이다.

셋째, 성장전략은 성장과 분배의 선순환으로 나아가야 한다. 성장과 분배의 관계는 낙수효과(top down track)와 분수효과(bottom up track)의 선순환 관계로 설명된다. 낙수효과는 선도 산업의 성장 효과가 다른 부문으로 흘러 다수의 생활 수준이 향상될 수 있다는 논리이다. 분수효과는 중소기업이나 비정규직 노동자, 소상공인 등 국민 대다수의 고용과 소득 증대가 대기업 등의 발전으로 이어져 궁극적으로 국가 경제 전체가 번영할 수 있다는 논리이다. 경제적 현실 속에서 낙수효과와 분수효과의 선순환의 결합은 지난한 과제가 될 것이다. 특히 후발 국가로서 대한민국은 경쟁적인 세계 경제 체제에서 생존하기 위해 복지보다는 성장이 필요하고, 성장하기 위해서는 시장논리에 충실해야 한다는 경제정책의 논리가 더욱 힘을 얻어 왔다. 소유권을 보장하는 '포용적 성장모델'로 볼 수 있다. 하지만 이러한 포용성이 사회 여러 분야로 잘 분산되어 분수효과로 발산되게 할 것인가에 대해서는 고민이 필요하다. 그 이유는 시장이 완벽하지 않기 때문이다. 공평하게 제공되지 않는 정보의 비대칭성과 시장에서 발생하는 금융거래, 고용계약, 임대계약 등 다양한 거래속에서 비용이 발생하기 때문이다. 결국 시장은 제도안에서 작동한다는 결론에 힘이 실린다. 문득 학생의 질문이 생각난다. 아프리카는 자원이 많은데 왜 발전이 안 되나요? 그 이유는 제도의 불안정성 즉 게임의 규칙 그리고 소유권보장이 미비하고 식민지 잔재가 남아있기 때문에 있다. 그 결과 거래비용만 높아지고 부정부패의 확률이 높아 성장으로 이어지지 않는다. 상술하였듯이, 권리를 보장하는 소유권과 더불어 거래비용을 안정화하는 예측이 가능한 게임의 규칙, 즉 명료한 제도가 존재하는 낙수와 분수의 조화가 필요한 이유이다.

석유자원 강국 베네수엘라가 국제유가 폭락으로 경제가 어려워지자, 국민의 불만을 잠재우기 위하여 일정 품목에 대해 유통업체와 제조업체의 이윤을 30% 이내로 제한하는 정책을 발표했다. 위반 시 기업주는 구속하고 사업체를 몰수해 국유화시켰다. 일시적으로 많은 국민들이 저렴하게 물품을 구입할 수 있었지만 기업은 정상적인 이윤을 확보하지 못하게 되면서 생산과 유통을 축소하거나 궁극적으로는 파산하거나 폐업했다. 베네수엘라 경제는 더욱 수렁에 빠지게 된다. 이유는 무엇일까? 공산품 30% 마진율 정책이 성공하기 위해서는 기업이 생산한 모든 물품이 재고 없이 완판되어야 기업을 유지할 수 있는 이윤이 발생하기 때문이다. 공산품은 보관이라도 가능한데, 유통기한이 있는 농수산물에서 이 정책의 문제점이 극명하게 나타났다. 3년 새 80%의 기업이 사라졌다. 식료품뿐 아니라 모든 물품의 품귀현상이 발생하자 국민들은 정상가로 구입할 수 없는 물품을 찾기 위해 수요가 암시장으로 이동하면서 물가가 폭등하였다. 정부는 또 다시 인플레이션을 잡기 위해 가격을 억제하려 시도하였지만 실질적인 국민체감 가격은 더 올라가면서 빈부격차와 불평등은 악화되었다. 결국, 국민을 위한 제도가 국민을 더욱 힘들게 한 "제도의 역설"로 볼 수 있다. 시장경제의 기본원리를 무시했을 때 생긴 대표적 사례이다. 이렇듯 제도는 섬세하고 게임의 규칙을 유지할 때 그 효과가 나타날 수 있다.

대기업은 인수합병(M & A)과 정관계 로비 등으로 몸집을 키우며 후발주자들의 기회를 제한하면서 건전한 경쟁을 저해하곤 했다. 특히 네트워크 기반으로 독점화가 강화되는 플랫폼 자본주의가 지배하는 현대사회는 신생기업과 중소기업들에게 공정한 기회가 만들어지기 더욱 힘들어지고 있다. 반독점규제 또는 탈자본주의 분산화 정책으로 독점을 조정하여 산업 혁신과 일자리 창출로 확대되도록 유도해야 한다. 플랫폼 자본주의 대표 주자인 전자상거래의 확장성이 다른 산업 분야까지 잠식될 때 일정 부분에 정부의 개입을 고려해 볼 수 있다.

또한 중소기업 간의 경쟁력이 강화되어 자생력을 가질 수 있도록 중소기업 정책은 보호보다는 육성적 방향으로 손질되어야 한다. 제조업의 경쟁력이 떨어지고 있는 제조업 기업의 실정을 직시하고 이들의 서비스, 유통 등 다른 영역으로의 진출에 대한 제한이 고용 창출에 부정적으로 작용할 수 있다는 점 역시 고려되어야 한다. 공정한 경쟁을 위한 대기업의 규제가 중소기업의 특권화로 변질된다든지 노조의 지나친 주장과 정부의 규제로 낙수효과를 이끄는 경제적 엘리트의 혁신과 기업의 투자와 활동을 위축시켜서는 안 된다.

넷째, 민주주의 확장과 관련하여 원자화되고 고립된 개인들의 자유주의적 공동체의 병폐를 치유하기 위해서는 국가가 연대와 유대의 공동체를 수립하기 위한 역할을 수행해야 한다. 이런 문제의식은 시장에 의해 추동되는 자기이익에 몰두한 소비자들이 진정한 시민으로서 어떻게 공통의 사회적 연대와 실천에 참여할 수 있는가를 모색하는 사회적 프로젝트를 의미한다. 이익 추구와 상충하는 이해관계를 가진 개인들이 어떻게 동료 시민들을 향한 시민적 의무나 감정적 애정을 가지게 할 것인가? 이익의 거래가 아닌 정서적이고 정치적인 소속감에 기반해 공적 업무에 참여하면서 서로에 대한 우정과 연대의 의무를 가진 공동체의 운영 원리를 어떻게 창출하고 조정할 것인가? 동시에 개인의 자유가 침해되는 대중주의의 등장으로 민주주의가 소수의 과두제로 변환되는 현상을 어떻게 방지할까? 이는 뭉크(Yascha Maunk)의 제안을 살펴볼 필요가 있다. 민주적인 시민의 역량을 함양하는 시민교육을 통해 집단주의보다는 존엄을 가진 독립된 존재인 개인 스스로 판단하고 행동하고 책임지는 자유민주의식을 지닌 시민을 육성하는 기획과 프로젝트가 필요할 것이다. 이런 기획을 위해서는 우리 사회에서 자생된 다양성을 이해하고 어우르며 정체성을 살리는 '역사교육'과 존중과 관용의 '도덕과 윤리' 교육이 필요하다. 물론, 고전적 사고만 고집하지 않고 시대적 변화에 탄력적으로 대응하는 혁신적인 내용도 포함되어야 한다. 역사 교육은 현재 교육과정과 같은 시기적 이해가 아니라 고대부터 현대까지 이어지는 역사적 맥락에서 스스로 사고를 수립할 수 있는 장편영화 같은 접근이 필요하다.

또한, 이유과 경쟁의 논리가 우선되는 자본주의 사회일지라도 상호이해와 존중 그리고 협동의 도덕적 원리에 의해 유지되는 개인적 관계들과 집단을 육성하고 확산시키는 프로젝트가 포함되어야 한다. 이를 위한 교육은 무엇보다 '정치적 중립성과 다양성', '시대가 요구하는 넓은 정체성', '중용의 가치' 그리고 '참여자 중심'에 초점을 맞춰야 한다. 운영 주체가 필요하다면 '독립성과 자율성', '공적지원', '개방성과 접근성'의 기본적 원칙이 유지되어야 한다. 이는 불확실성의 시대 속에 경쟁사회를 살아가는 원자화된 개인들 간 거래에 기반하지 않은 신뢰와 유대를 어떻게 만들어갈 것인지에 대한 국가적, 사회적 차원의 대응을 의미한다. 그러므로 이러한 신뢰와 연대를 위한 정치를 위해 정부 및 시민사회에서는 능동적 신뢰가 창출되고 유지될 수 있는 상황을 형성해야 한다. 또한, 보편적 가치 기준을 유지할 정도의 제도가 원칙적으로 작동될 때 신뢰는 더욱 강화될 수 있다. 로버트 퍼트넘(Robert Putnam)이 강조하는 사회적 자본과 같은 방식으로 구체화 가능하다. 시행착오 과정에서 만들어지는 신뢰와 공적 규제를 기반으로 하는 사회적 자본은 무임승차 문제를 해결하며 공동체를 부드럽게 움직여 상호신뢰를 강화하며 타인과의 관계 수립으로 인식의 폭을 넓혀줄 수 있다.

대한민국은 해방 이후 미군정에 의해 미국식 자유민주주의 정치체제와 시장중심 자본주의 경제가 도입되었다. 이러한 전통은 권위주의 통치체제 하에서도 사유재산 보장을 최대한 존중하고 실현하면서, 정부가 경제정책을 선도하면서 민간기업 중심의 경제체제가 사회의 근간을 이룰 수 있도록 유지하였다. 식민지 지배와 6.25 전쟁의 폐허 속 가난으로부터 벗어나기 위해, 경제발전은 지상과제였다. 이러한 압박은 효율적 자원배분을 위하여 강한 정부의 중상주의적 통치 정당성을 부여했다. 정부는 천연자원과 인적자본이 부족했던 우리나라의 상황에 맞추어 수출 위주의 경제정책을 수행하기 위하여 중점산업선택과 투자에 집중했다. 대기업 중심의 산업구조가 만들어졌고 성공 신화도 만들 수 있었다. 경제적 영역만큼은 효율적 성장에 초점을 맞춘 국가의 경제정책으로 활성화되었지만 공적 영역에서 정치적 자유는 제한적으로 실현되었다. 자유민주주의체제에 접목된 미국의 시장경제 모델이 한국에서는 단순히 경제발전은 민주주의를 강화할 것이라는 근대화 담론 속에서 자본과 대기업에 친화적인 경제발전 모델로 편중되어 왔다.

국가주도의 경제성장은 민주주의의 등장을 지연시켰다. 대기업 중심의 경제 성공의 신화는 노동자 및 중소기업에게 많은 양보를 요구하였다. 민주화에 대한 지속적인 요구가 있었고 마침내 1987년 민주주의로 전환되었다. 현재 대한민국의 민주주의는 공고화되고 있다. 어느 다른 사회와 다를 바 없이 우리 사회 역시 자본주의와 민주주의의 관계, 달리 말해 경쟁을 통한 시장경제의 효율성과 개인의 자유를 침해하지 않는 선에서의 민주적 평등의 가치를 놓고 자원을 어떻게 분배할 것인가에 대해 수많은 논쟁이 현재진행형으로 존재하고 있다. 전 세계적으로 신자유주의적 시장주도의 성장모델이 지배적인 정책이념이 되면서 국가의 역할이 줄어들어 계층 간 격차가 늘어나게 되면서 기업부문과 가계부문의 양극화는 갈수록 심화되고 있다는 주장에 힘이 실리고 있다. 더불어 디지털 플랫폼 기업의 초국가적 확장은 권력과 자본의 새로운 결합을 보여주고 있다. 아무리 경제가 성장하여도 많은 사람들이 상대적 박탈감에 시달리게 된다면 정치사회의 건전한 토대는 뿌리부터 위험에 처하게 된다. 무엇보다 파생된 정치공동체의 분열과 위기는 이념을 막론하고 적극적으로 대응해야 할 공동의 과제이다. 이제 글로벌 영역에서 조차 경제적 영역에서 민주적 가치를 고려하자는 주장이 토론의 주제로서 광범위한 동의를 얻고 있다. 지속가능한 성장을 위하여 사회적 양극화와 시장의 불평등 등 분배의 공정성을 지속적으로 다듬어 나가야 한다.

우리나라뿐 아니라 세계적으로 자원분배과정에서 발생한 불만들을 정치세력이 민생을 어우르는 정책보다는 지지세력 공고화를 위해 갈등을 부추기는 선동 도구로 사용한다. 이는 결국 정책적 판단보다는 대리만족을 충족해 주는 누군가를 좋아하는 팬덤정치로 이어진다. 팬덤은 운동선수나 연예인을 향한다면 자신의 만족으로 이어질 뿐이지만, 정치인들에 대한 팬덤은 다수의 삶이 존재하는 공적 영역까지 침범한다는 점에서 심각한 문제를 양성한다. 팬덤정치는 전근대적 사회의 공동체와 비슷한 모습으로, 좁은 정체성을 대변하고, 진영화는 정치적 부족주의로 진화하곤 한다. 반대 의견은 가짜뉴스로, 반대파는 적으로 치부된다. SNS의 놀라운 발달은 가짜뉴스를 빛의 속도로 전파시켜 진영화를 빠르고 쉽게 강화시킨다. 정치학자 에이미 추아(Amy Chua)는 “정치적 부족주의가 기록적 수준의 불평등과 결합하면서 오늘날 우리는 양 정치 진영 모두에게서 맹렬한 정체성 정치를 목격하게 됐다”라고 지적한다. 우리 사회에도 맹목적이고 비이성적인 성격이 혼합된 정치적 부족화 행위가 종종 나타나고 있다. 협소한 정체성에 매몰된 팬덤 현상이 강화된다면, 이는 균형과 절제를 미덕으로 하는 민주주의의 붕괴를 초래할 수 있다. 민주주의 실현을 위해서는 자기편을 설득하기보다는 상대방을 설득하는 자세가 필요하다.

자본주의와 민주주의가 공존하는 사회 내에서 갈등이 필연적인 것이라면 대안은 없을까? 갈등은 대중을 분열시키는 동시에 통합할 수도 있다. 그러기 위해서는 전제되는 조건이 있다. 통합 과정은 분열 과정만큼이나 갈등에 필수적이며 갈등은 격렬해질수록 상호적대적인 두 진영의 내적 통합은 강화된다. 단, 상대방이 틀린 것이 아니라 다르다는 것을 이해해야 한다. 샹탈 무페(Chantal Mouffe)는 경합적(agonistic) 모델을 제안한다. 반대자의 요구를 합당한 것으로 인정해 주며 갈등상태를 다룰 방법을 찾는 것이다. 정치인 그리고 시민단체들이 해야 할 과제는 무엇인가? 바로 어떤 위기 상황에서도 회복할 수 있는 민주주의의 탄력성의 기반이 되는 문화자본 형성에 기여해야 한다. 문화자본은 역사집단주의 또는 정치적 부족주의에 의해 균열적으로 형성된 것이 아니라 사회적 공동체 구성을 목적으로 형성된 것이어야 한다. 그러기 위해서는 무엇이 필요할까? 사회적 분열을 강화하는 좁은 정체성의 갈라치기 정치가 아니라 통합적이고 넓은 성격의 국가 정체성을 구축해 나가는 아우름의 정치를 지향해야 한다. 바로 자유주의 기본적 가치인 누구의 자유도 구속하지 않는 다름을 인정하는 자세이다.

연대와 공동체를 건강하게 유지하기 위한 조건은 무엇인가? 시위 문화를 통한 의사 표현은 법치를 대신할 수 없다. 광장의 열기가 식은듯하면 여론기관에서 남발하는 지지율 공시가 법치를 대신하는 것처럼 보이기도 하지만, 이는 착시에 불과하다. 자신들이 속한 진영에 유리한 선택적 결과만을 확대 재생산하여 스스로를 방어할 논리를 만들어 낸다. 결과적으로 누구도 건드릴 수 없는 성역을 만들어 사회의 근간인 학문과 양심의 자유, 사상과 표현의 자유인 기본권리를 위협한다. 또한 금기는 사실보다 감정에 치우쳐 스스로를 피해자로 만들어 대중주의로 빠져들게 한다. 때문에 법이라는 공동의 절대적 기준에 의한 통치의 중요성이 강조되어야 한다.

하지만 절대적 기준이 되어야 할 법관의 판결이 공정하고 상식적이며 정의롭냐에 대한 의구심은 또 다른 논쟁을 낳을 수 있다. 법 집행은 법적 전문성을 갖고 있는 법조인 개인들만의 영역이기 때문이다. 법의 집행이 법관의 이념적 그리고 정치적 유불리에 따라 흔들린다면, 이로 인한 사회적 갈등은 확대되고 국가의 근간은 흔들릴 수밖에 없다. 우리는 3번의 대통령 탄핵사태를 맞이했고 그 과정에서 사회가 어떻게 갈라지는지를 목격했다. 사법부의 판결이 사회적 정의 실현 또는 논란의 해소가 아니라 국민 다수로부터 비판을 받는다면 제도적 대안이 필요한 것이다. 다수의 국민들이 갖고 있는 우리 사법부에대한 법감정은 무엇일까? 판사의 주관에 따른 증인과 증거 채택의 문제점, 전관예우의 문제점, 특정 대학과 소모임의 편향성, 그리고 판사의 판결문에 포함된 사실관계에 대한 불만으로 늘어나는 항소 비율의 문제 등으로 정리할 수 있다.

2008년부터 도입된 판사재판을 보조하는 성격의 국민참여재판에서 판결에 영향을 주는 배심원 재판 확장판을 고려해 보았으면 한다. 배심원 재판을 대표적으로 실행하고 있는 미국의 사례를 살펴보고 한국식 배심원제도를 찾아보자. 미국은 수정헌법 제7조에서 배심원 재판을 국민의 권리로 보장하며 수정헌법 제6조에서는 형사재판은 배심원 재판을 특별히 보장한다. 우선 배심원 재판에서는 판사는 사회자의 위치에서 재판을 진행하면서 배심원들이 전문증거(hearsay)의 영향을 받지 않도록 증거원칙을 엄격하게 적용하는 역할을 담당한다. 우리는 미국 법정 드라마에서 증거 인정과 증인신문 방식에서 재판의 당사자 간 이의신청이 수시로 제기되고 판사는 그때마다 판단하는 모습을 보았을 것이다. 즉 판사는 검사나 변호사가 제출하는 증거들의 법적 효력 유무 정도만을 해결하는 역할이지 주관적으로 판단을 내리는 역할을 수행할 수가 없다.

또한 배심원 재판에서는 검사나 변호사는 배심원을 설득하는 역할에 집중해야 하기에 전관예우는 설 곳이 없다. 판사는 재판 일정을 시작하기 한두 달 전에 무작위로 추출된 100여 명 내외 시민들에게 배심원 소환장을 보낸다. 여기서 다양한 패널을 통해서 민사재판은 6명의 소배심제, 형사재판은 재판참여인 경우에는 12명 또는 기소평결을 요하는 경우에는 20명의 대배심제로 배심원을 선발하는데 이 과정에서부터 검사와 변호사의 싸움이 아주 치열하게 시작된다. 재판이 진행되면, 배심원 제도는 만장일치로 재판을 끝내게 되는데 만장일치가 나오지 않는다면 판사는 재판을 연기하고 새로운 배심원 꾸려 새로운 재판을 시작하거나 검사가 재판을 포기함으로 재판을 마무리하게 된다.

마지막으로 판사는 법률판단의 영역에 머무르며 배심원들이 밀실에 모여서 확정한 사실관계를 공포하는 역할을 담당한다. 때문에 사실관계 판단을 판결문에 쓰지도 공개하지도 않는다. 물론 항소는 할 수 있지만 항소심에서 법률판단을 받기 위해서는 많은 선례를 찾아 근거를 준비해야 하기에 어렵고 힘든 작업이다. 다시 재판을 여는 것이 아니라 판사, 변호사, 검사 등이 재판 중 범했을 만한 법률적 실수를 확인하는 법률심만을 한다. 우리나라는 판결문에 기재된 사실관계 확정에 대한 불만으로 항소하게 되고, 재판부가 바뀌면 사건을 다시 파악해야 하기에 시간이 걸리기도 하고 전임 재판부와 다른 결론이 나오기도 한다. 이런 절차로 인해 정치적 사안에 대한 판결은 결국 사회적 분열을 확대하는 원인이 되곤 한다. 무엇보다 배심재판은 배심원이 출석하는 재판에서 증거채택과 증인심문이 이뤄지고 모든 절차가 종결된다. 따라서 재판부 변경이 판결을 뒤집을 경우가 거의 없고 재판도 지연도 되지 않는다. 이러한 과정에서 우리가 당면하고 있는 검수완박과 공수처의 불안정한 조화가 보완될 수 있을 것이다. 경찰이나 검찰이 자의적인 기소를 했다는 논란은 사라지고 국민이 배심원으로 참여하여 기소 여부를 결정하기에 사회적 논란도 적어질 것이다.

물론 배심원제도의 부작용도 존재한다. 배심원들의 전문성 부족, 지역사회로부터 구성된 배심원단의 이해관계 및 연민의 마음에서 발생하는 감정 개입 그리고 시간과 비용 문제 등이 그것이다. 하지만, 전문성 부족의 문제는 재판 당사자가 법리에 따른 전문적인 판결을 원하는 경우에는 배심제를 신청하지 않을 수 있는 '한국형 배심제'를 유지하면 된다. 두 번째인 이해관계 또는 감정적 개입 배제는 어려운 문제지만 배심원들을 선발한 이후에도 증거재판주의, 피고인의 무죄추정 원칙들에 관한 설명과 배심원 선발 과정의 투명성 강화, 성숙한 시민의식, 그리고 만장일치제를 유지하는 것이 대안이 될 수 있을 것이다. 마지막으로 시간과 비용 문제는 의구심을 갖게 되는 판결로 인해 발생하는 혐오와 갈등, 이로 인해 증폭되는 국론분열의 사회적 비용과 시간은 더 크고 심각하다는 점이다. 우리나라 상황에 맞추어 배심재판과 판사재판을 병행하는 운용의 묘를 이끌어 보자. 사법개혁이라는 큰 틀에서 의견들을 모아가는 자율적 공론장이 활발하게 운영되었으면 한다. 그 이유는, 법의 지배는 민주주의를 지탱하는 국민주권, 권리와 자유 그리고 복지에 근간이 되며, 예측가능한 법의 집행은 상호존중과 관용에 기반이 되기 때문이다.

정치경제학의 흐름을 역사적 맥락에서 자유주의, 자본주의 그리고 민주주의가 어떻게 조화되고 변용되는지 살펴보았다. 그렇다면 현 시대의 최선의 조합은 무엇일까? 사회적 요구는 어느 사회나 존재한다. 그러한 요구는 정의롭고 공정한 우리 사회를 위한 국민적 행동으로 해석할 수 있다. 어떤 진영을 지지하든 또는 유사 보수주의를 지향하든 유사 진보주의를 지향하든, 향후 한국 사회를 위한 우선적인 과제는 "함께 더불어 성장"하는 동시에 상호신뢰가 바탕이 되어야 한다. 그러기 위해서는 "개인의 자유를 보장하기 위하여 국가권력이 제한되고 다수의 권리가 법치주의에 기반해 절차적으로 용인될 때 지속가능한 성장이 가능하다"라는 주장이 중요한 포용적 담론이 되어야 한다. 이 책의 맥락에서는 자유주의에 기반한 자본주의와 민주주의의 생산적인 균형과 조정이 시대적 조건에 맞추어 조정되어야 한다.

따라서 상생을 위한 공동체를 구성하기 위한 정치경제 원칙은, 모든 시민이 각각의 구성원들의 존엄성을 서로 인정하고 보호하기 위해서는 모두가 존엄성을 누릴 수 있는 조건과 환경이 구비되어야 한다는 점이다. 정치경제적 변명 역시 이런 조건 향상에 기여해야 한다. 우리가 시장경제를 지향하는 자본주의에 대해 보내는 지지 못지않게 국민주권을 보장하는 민주주의의 확장에 대한 요구 역시 존재한다는 사실이다. 이는 경제와 정치의 선순환을 이룩하기 위해 요구되는 현실과 시대의 요구이다. 즉, 자유주의는 개인의 자유와 권리를 강조하기에 자본주의의 경제적 자유와 민주주의의 정치적 자유의 철학적 토대를 제공하였다. 그러한 전통은 자본주의는 사유재산을 보호하고 경쟁기반의 시장경제로 경제적 번영과 다원성을 제공하여 민주주의 발전에 기여하였고, 민주주의는 선거와 시민사회의 역할 등을 통한 정치참여로 권력을 행사하는 정치체제로 자본주의의 시장 실패와 불평등을 보완하며 사회적 정당성을 부여하여 자본주의의 지속 가능성을 높이고 있다. 둘 사이에 긴장은 존재하지만 자본주의와 민주주의의 시작은 개인의 자유와 권리를 추구하는 자유주의 가치라는 점을 상기할 때, 그렇기 때문에 조화가 가능한 것이다. 두 체재가 상호공존하며 상생의 공동체로 번영하기 위해서는, 자본주의와 민주주의 간의 역동적인 간극을 이해하고 균형점을 찾기 위한 법의 지배와 절차적 합의를 기반으로 한 유연하고 책임감 있는 정책적 판단이 필요하다.

그 어떤 위대한 사상가의 제안이나 선진 국가의 정책 역시 특정하고 구체적인 사회적 문화적 맥락 안에서 잠정적으로 조정되어야 할 원리이자 한시적이고 반복적으로 재조정되는 정책이지 영원한 것은 아니라는 것을 책을 마무리하면서 다시 한번 깨닫게 된다.

참고문헌

본 QR코드를 스캔하시면 '정치경제학'의
참고문헌을 확인하실 수 있습니다.

색인

(ㄱ)

(ㄴ)

(ㄷ)

(ㄹ)

(ㅁ)

(ㅂ)

(ㅅ)

(ㅇ)

(ㅈ)

(ㅊ)

(ㅋ)

(ㅌ)

(ㅍ)

(ㅎ)

저자 약력

김성수

한양대학교 정치외교학과를 입학한 후 American University로 편입하여 정치학학사, Marymount University에서 인문학석사 그리고 University of Southern California(USC)에서 정치학석사와 비교정치와 정치경제로 박사학위를 취득하였다. 현재 한양대학교 정치외교학과 교수와 유럽-아프리카 연구소 소장과 미래문화융합연구센터 센터장 그리고 『글로벌 거버넌스와 문화』 편집장으로 활동 중이다. 해외연구로 탄자니아 다르에 살렘 대학교 한국학 연구센터(KSC—USDM) 책임코디네이터와 남아공 스테렌보쉬 대학과 함께 아프리카 스타트업 아카데미 강좌를 국내 최초로 한양대학교 정규과정으로 운영하고 있다. 현재 다양한 학회 임원 및 외교부·법무부·한-아프리카재단·재외동포청·민주평통 등 공공기관 정책 자문위원 및 한-아프리카 경제협력위원회 한국위원으로 활동 중이다. 주요 저서로는 『위기의 국가』, 『새로운 패러다임의 비교정치』, 『한국정치의 이해』, 『자본주의와 민주주의』, 『세계 속의 아프리카』, 『현대아프리카의 이해』, 『The Role of the Middle Class in Korea Democratization』 외 12권의 저서를 집필하였으며 비교정치와 정치경제 그리고 아프리카지역 관련 상당수의 논문을 KCI와 SSCI에 게재하고 있다. 여러 언론매체에 칼럼을 기고하고 있으며 연합뉴스와 내일신문에는 아프리카 관련 주제로 연재 중이다.

정치경제학

초판발행 2025년 7월 15일

지은이 김성수
펴낸이 안종만 · 안상준

편 집 이수연
기획/마케팅 최동인
표지디자인 BEN STORY
제 작 고철민 · 김원표

펴낸곳 (주) 박영사
서울특별시 금천구 가산디지털2로 53, 210호(가산동, 한라시그마밸리)
등록 1959. 3. 11. 제300-1959-1호(倫)
전 화 02)733-6771
f a x 02)736-4818
e-mail pys@pybook.co.kr
homepage www.pybook.co.kr
ISBN 979-11-303-2312-1 93340

정 가 23,000원